# 易學과 河圖洛書

# 易學과 河圖洛書

임 병 학

한국학술정보(주)

# 책머리에

　사람은 사랑을 근본으로 하여 살아가기 때문에 우리말의 '사람'은 '사랑'이 현상적으로 드러난 것을 의미한다. 즉 時間의 영원성을 상징하는 圓(○)은 사랑이며, 시간이 드러난 空間의 다양성을 상징하는 方(□)은 사람이다. 또한 漢字의 '사람 人'은 위에서 아래로 비치는 빛을 상징하는 │(時)과 빛에 順承하여 사방으로 퍼져가는 확장성을 상징하는 一(空)이 하나로 합해져 이루어진 글자이다.

　人間은 시간과 공간이 만나는 宇宙의 중심에서 살아가면서 시간과 공간의 본래적 의의에 대하여 물음을 가지기 때문에 철학의 근본문제인 인간 존재의 해명은 시간적 지평과 공간적 지평으로 나누어지게 된다. 『周易』에서 시간과 공간은 인간을 포함한 현상적 존재자인 만물의 존재 범주에 그치지 않고, 근원적 존재원리인 易道를 표상하는 범주로 규정되고 있다. 공간은 시간의 세계가 드러난 것으로 시간이 근원이기 때문에 철학에 있어서 공간보다 시간이 언제나 핵심적 문제로 다루어지고 있다.

　易學에서는 '數'와 '干支'를 통해 시간의 문제를 해명하고 있다. 數와 干支는 단순히 물리적 시간을 계산하는 것에 그치는 것이 아니라 시간의 근거가 되는 시간성의 원리(易道)를 표상하기 때문에

‘曆數’와 ‘干支度數’로 밝히고 있다. 이 두 가지 방법에서 數를 위주로 易道를 표상한 것이 河圖와 洛書이며, 十天干과 十二地支의 合德을 통해 易道를 표상한 것이 六十干支度數이다.

河圖와 洛書는 一에서 十까지의 天地之數로 구성된 圖上이며, 이것을 『周易』에서는 ‘神物’, ‘蓍龜’, ‘數’ 등의 개념을 통해 상징적으로 밝히고 있다. 河圖洛書가 근원적 존재원리인 易道를 표상하는 체계이기 때문에 易學史에서 그 논쟁의 중심에 있었으나, 현재 학계에서는 河圖洛書가 표상하는 易道에 대해서는 생각이 미치지 못하고, 신비스러운 물건이나 중국 고대의 수학적 자료를 제공하는 도상 정도로만 인식하고 있는 실정이다.

『周易』에서 밝히고 있는 河圖洛書原理의 본래적 의의를 새롭게 闡明한 경전은 韓國易學인 『正易』이다. 『正易』은 十五聖統에 참여한 乾策聖人이신 一夫 聖人께서 저작한 경전으로 天道인 曆數原理를 위주로 易道를 표상하고 있다. 따라서 이 책은 『正易』을 근거로 先秦聖學에서 말씀하고 있는 河圖洛書原理의 본래적 면목을 밝히는 데 그 의의가 있다.

이 책의 구성은 본문 9장과 부록으로 되어 있다. 제1장에서 제5장까지 그리고 제9장은 필자의 박사학위논문(『易學의 河圖洛書原理에 관한 연구』)을 수정·보완한 것이다. 제1장은 서론이며, 제2장은 河圖洛書의 내력에 대하여 易學史的으로 고찰하였으며, 제3장은 河圖洛書原理가 易道인 變化之道(시간성의 원리)를 표상하고 있음을 밝혔으며, 제4장은 河圖洛書原理의 논리적 구조를 고찰하였으며, 제5장은 河圖洛書原理의 曆數原理的 내용에 대하여 밝혔으며, 제9장은 맺음말이다.

그리고 제6장에서 제8장까지는 새롭게 보충한 것으로 제6장의 '河圖洛書原理와 선진 성학 경전'에서는 선진성학 경전이 河圖洛書原理에 근거하여 일관된 논리체계로 저술된 학문적 체계가 있음을 밝히고자 하였다. 제7장의 '河圖洛書原理와 한국 성리학'에서는 한국 성리학의 모태인 宋代 성리학은 송대 圖書易學에 근거하기 때문에 退溪와 栗谷의 易學에 나타난 河圖洛書를 찾아봄으로써 한국 성리학의 학문적 근거가 河圖洛書原理에 있음을 밝히고자 하였다. 제8장의 '曆數原理와 干支度數原理의 연원'에서는 干支度數原理가 天道인 曆數原理를 표상하고 있음과 그 연원에 대하여 고찰하였다.

특히 부록으로 『正易』원문을 실은 것은 본 연구의 바탕이 『正易』에 있음을 밝힘과 동시에 학계에서 『正易』의 원문에 대한 이해가 부족한 현실에서 자료로 제공하는 의미가 있다.

『正易』을 학계에 소개하여 학문적 연구의 기틀을 마련한 학자는 故 鶴山 李正浩선생님이며, 『正易』의 연구를 통해 河圖洛書原理와 干支度數原理가 天道인 曆數原理를 표상하고 있음을 밝혀 '天之曆數'가 易學의 근본문제이자 先秦聖學(儒學)의 근본명제임을 제기한 학자는 충남대 명예교수인 觀中 柳南相선생님이다.

이 책은 『周易』과 『正易』을 평생 연구한 觀中선생님의 결과물을 토대로 필자가 그 배운 바를 정리하고, 새로운 연구의 계기점으로 삼고자 출판하게 되었음을 조심스럽게 밝히는 바이다. 혹 내용 중에 曆數原理에 일치하지 못하는 부분은 전적으로 필자의 책임이며, 앞으로 曆數原理 연구에 專心盡力할 것을 대안으로 삼고자 한다.

필자는 庚辰年(2000)에서 乙酉年(2005) 2월까지 충남대 대학원 철학과에서 正中 南明鎭선생님의 지도로 동양철학(易學)을 전공하여 학위를 마쳤으며, 현재는 乙酉年 1월에 研經院 講伯이신 觀中선생님의 부름을 받아 研經院에서 여러 선생님 속에서 『周易』·『正易』을 전적으로 공부하고 있다.

필자가 研經院에서 易學을 공부할 수 있는 인연은 庚辰年 봄 庸正 趙東旭선생님의 안내로 觀正 金滿山·以正 李鉉中선생님을 만나면서 시작되었다. 두 분 선생님은 研經院에서 3년 여 동안 間斷없이 '中國哲學史', '韓國哲學史', '易學槪論', '『周易』원문강독' 등을 강의하여, 易學에 근거한 동양철학의 본래적 면목을 체계적으로 가르쳐 주셨다. 특히 두 분의 강의는 필자의 마음속에서 갈망하고 있는 '내가 왜 여기 존재하고 있는가?'라는 물음에 눈을 뜨게 하였으며, 易學을 공부할 수 있는 길잡이가 되었다.

마지막으로 天地의 위대한 사랑에 감사드리며, 『周易』의 말씀을 인용하면서 마치고 한다.

"사랑과 지혜의 마음으로 살아가면, 이 세상은 아름다운 곳이니, 부디 사랑 가득한 삶되기를..."("仁者ㅣ 見之애 謂之仁하며 知者ㅣ 見之애 謂之知오"「繫辭上篇」제5장)

戊子年 立秋之節 儒城 研經院에서
**和正 林炳學**

# 목 차

# 목 차

# 제1장

## 들어가며

哲學은 '나는 누구인가?'라는 물음에서 시작하기 때문에 철학의 출발은 인간 존재에 대한 해명에 있다고 하겠다.[1] 인간이 스스로 자신이 어떠한 존재인가를 물을 수 있는 것은 오직 인간은 만물의 靈(영)으로[2] 고귀한 존재이자, 인간이 고유하게 가지고 있는 시간의식을 통해 有限한 現生에서 자신의 죽음을 앞당겨 봄으로써 참된 삶의 의미를 찾을 수 있는 존재이기 때문이다. 또한 인간은 有限한 現生에서 죽음을 생각할 수 있을 뿐만 아니라 죽음 이후의 세계에 대해서도 생각하기 때문에 근원적 존재에 대해 물음을 가지게 된다. 이러한 인간의 고유한 특징 때문에 인간은 철학을 할 수 있는 유일한 존재이자 스스로 철학의 출발점이 되는 것이다.

---

1) 『孟子』 盡心章上에서는 "盡其心者는 知其性也ㅣ니 知其性則知天矣니라" 이라 하여 인간의 존재 의의를 心性에 두고 자신의 心性의 해명을 통해 天道를 자각하게 됨을 밝히고 있다. 이러한 일련의 과정이 哲學이라 하겠다.
2) 『書經』, 「周書」, 泰書上, "惟天地는 萬物之父母ㅣ오 惟人은 萬物之靈이니"

인간 존재의 해명이 철학의 출발점이지만 근본문제는 여기에서 그치지 않는다. 인간은 스스로 존재 근거를 갖는 자체 존재가 아니므로 인간 존재의 해명을 위해서는 그 존재 근거가 되는 근원적 존재를 밝혀야 한다. 『周易(주역)』에서는 "한 번은 陰으로 작용하고 한 번은 陽으로 작용하는 것을 일러 道라 하며, 계승해 가는 것이 善이고, 이루어 가는 것이 性이다."3)라고 하여 陰陽原理인 天道4)가 인간 본래성으로 주체화됨을 말씀하여 天道에 근거하여 인간이 존재함을 밝히고 있다.5) 따라서 인간 존재의 해명을 위해서는 먼저 天道가 인간 주체적 관점에서 밝혀져야 할 것이다.

그런데 漢代 이후 유학자들은 天道를 인간 주체적 관점에서 밝히기보다는 천문학적 관점에서 四時氣節의 물리적 법칙으로 인식하였다. 그들은 天道를 근거로 존재하는 인간의 본성 역시 물리적 차원에서 파악하여 그것을 본능과 혼동함으로써 인간 존재를 올바로 해명하지 못하였다. 이는 先秦 聖學의 학문적 특성인 形而上學的 차원에서 天道를 연구하지 못했기 때문이다.

선진 성학의 존재 근거인 天道를 밝히고 있는 학문이 易學이다. 역학에서는 인간의 존재 근거인 天道의 내용을 밝히고 있을 뿐만 아니라 인간이 어떠한 존재이며, 삶의 원리가 무엇인지를 제시하고 있다. 따라서 인간 존재와 그 존재 근거인 天道를 밝히기 위해서는 易學的 관점에서 연구하여야 한다.

---

3) 『周易』, 「繫辭上」, 第五章, "一陰一陽之謂 道 繼之者 善也 成之者 性也"
4) 『周易』에서는 "天道를 세워서 陰陽이라 이르고"(「說卦」, 第二章, "是以 立天之道曰 陰與陽")라 하여 陰陽原理를 天道로 규정하고 있다.
5) 『中庸』, 第二十章, "思事親인댄 不可以不知人이오 思知人인댄 不可以不知天이니라"

易學은 聖人이 천하의 근원적 존재원리인 '易道(역도)'를 자각하여 사물적 존재의 形容에 비겨서 存在의 마땅함을 상징적으로 표상함으로써[6] 형성된 학문이다. 『주역』에서는 易道가 天道·地道·人道의 三才之道(삼재지도)[7]를 일관하는 근원적인 존재원리로서 만물의 생성변화의 근거가 되는 變化之道(변화지도)[8]임을 밝히고, 易道를 밝히는 易學에 대하여 "形而上的 존재를 道라고 한다."[9]라고 하여 形而上學임을 천명하고 있다.

그런데 『주역』에서는 變化之道인 易道에 대하여 "易은 逆數이다."[10]라 하고, "易은 象이다."[11]라 하여 '數'와 '象'으로 표상하고 있다. 또 六爻로 표상되는 易道에 대하여 "六爻의 움직임은 三極之道이다."[12] 하고, "六爻는 다른 것이 아니라 三才之道이다."[13]라 하

6) 『周易』, 「繫辭上」, 第八章, "聖人 有以見天下之賾 而擬諸其形容 象其物 宜 是故謂之象"
7) 『周易』, 「繫辭下」, 第十章, "易之爲書也 廣大悉備 有天道焉 有人道焉 有 地道焉 兼三才而兩之 故 六 六者 非他也 三才之道也"
8) 變化之道(변화지도): 易道에 대하여 『주역』 「계사하」 제8장에서는 "상하내 외의 변화를 요하는 위치에 따라 적합하게 變動遷移됨을 뜻하는 것이 다."("(易之)爲道也 屢遷 變動不居 周流六虛 ……" 「繫辭下」, 第八章)라 고 하여, 易의 三義인 易簡·變易·不易에서 '變易'을 말씀하는 것으로 시간적 隨時變動과 공간적 出入變動으로서의 時位的 變化之理를 뜻하 는 것이다. 이 變化之理야말로 易의 가장 본질적인 내용을 의미하는 易 道로서 變化之道를 나타내는 것이다.
變化之道는 시간의 차원에서 밝혀지는 물리적 존재의 변화 법칙이 아니 라 시간의 존재 근거인 時間性의 차원에서 밝혀지는 근원적 존재의 存 在原理이다. 따라서 易道는 變化之道로서 時間性의 原理이다.
9) 『周易』, 「繫辭上」, 第十二章, "是故 形而上者 謂之道"
10) 『周易』, 「說卦」, 第三章, "是故 易 逆數也"
11) 『周易』, 「繫辭下」, 第三章, "易者 象也"
12) 『周易』, 「繫辭上」, 第二章, "六爻之動 三極之道也"

여 三極之道와 三才之道로 표상됨을 밝히고 있다. 즉 『주역』에서는
하나의 易道를 표상하는 데 있어서 數理를 통한 방법과 卦象을 통
한 방법이 있음을 밝히고, 그것을 三極之道와 三才之道로 규정하고
있음을 알 수 있다.14)

선진 성학 경전인 『書經(서경)』에서도 "이에 羲氏와 和氏에게 명
하여 공경히 하늘에 순응하여 日月星辰의 운행원리를 曆數와 卦象으
로 밝혀 인간에게 시간을 공경히 주어라."15)고 하여 變化之道를 드러
내는 日月星辰의 운행원리를 曆數原理(曆)와 卦象原理(象)로 표상하
였음을 밝히고 있다. 또 『서경』과 『論語(논어)』에서는 "天道인 曆數
原理가 네 몸에 있으니, 진실로 그 中을 잡아라."16)라고 하여, 易道
의 내용인 天道가 曆數原理임을 밝히고 있다.

이러한 易道의 표상에 있어서 三極之道는 數理로 표상되는 河圖
洛書原理를 의미하며, 三才之道는 卦象을 표상되는 卦爻原理를 의
미하는 것이다. 數理로 표상되는 三極之道는 時間性의 原理로 天道
인 曆數原理를 위주로 표상하는 것이라면, 卦象으로 표상되는 三才

---

13) 『周易』, 「繫辭下」, 第十章, "六者 非他也 三才之道也"
14) 이러한 두 가지 표상 방법은 『周易』이 밝히고 있는 卦爻原理의 기본이
    되는 陽爻(━━)와 陰爻(━ ━)를 각각 '用九'와 '用六'으로 규정하여
    陰爻와 陽爻를 六과 九로 말하고 있으며, 六十四重卦에서는 陽爻
    (━━)를 '初九·九二·九三·九四·九五·上九'로, 陰爻(━ ━)를 '初
    六·六二·六三·六四·六五·上六'으로 표상하는 것에서도 분명하게
    드러난다고 하겠다.
15) 『書經』, 「虞書」, 堯典, "乃命羲和하사 欽若昊天하여 曆象日月星辰하여
    敬授人時하시다"
16) 『書經』, 「虞書」, 大禹謨, "天之曆數ㅣ 在汝躬이라 汝終陟元后하리라
    人心은 惟危하고 道心은 惟微하니 惟精惟一하야사 允執厥中하리라"
    『論語』, 「堯曰」, "堯曰咨爾舜아 天之曆數ㅣ 在爾躬이니 允執其中하라"

之道는 空間性의 原理로 人道인 性命之理를 위주로 표상하는 것이
라 하겠다.

『주역』에서는 三極之道와 三才之道를 모두 말씀하고 있지만,『주
역』의 저작 목적에 대하여 "옛날에 성인이 易을 지으심에 장차 性
命之理에 순응하고자 함이니."[17]라 하여, 人道인 性命之理를 위주로
밝히고 있기 때문에 性命之理의 존재 근거가 되는 天道인 曆數原理
에 대해서는 대체만 밝히고, 구체적인 내용에 대해서는 '退藏於密
(퇴장어밀)'[18]하여 은밀하게 감춰 놓고 있다.[19]

반면에 天道인 曆數原理를 위주로 易道를 밝힌 한국 역학 경전인
『正易(정역)』[20)에서는 "易은 曆이다."[21]라고 하여 직접 易道가 曆數
原理임을 밝히고 있다. 『정역』에서 易道를 曆數原理로 규정한 것은
『周易』을 비롯하여 선진 성학에 비장된 '天之曆數'를 易學의 근본

---

17) 『周易』,「說卦」, 第二章, "昔者聖人之作易也 將以順性命之聖 是以立天
    之道曰陰與陽 立地之道 曰柔與剛 立人之道曰仁與義. 兼三才而兩之"
18) 『周易』,「繫辭上」, 第十一章, "是故 蓍之德 圓而神 卦之德 方以知 六
    爻之義 易以貢 聖人以此洗心 退藏於密"
    「繫辭下」, 第六章, "夫易 彰往而察來 而微顯闡幽"
19) 柳南相,「正易의 圖書象數原理에 關한 研究」,『論文集』, 제8권 제2호,
    忠南大學校 人文科學研究所, 1981, 184~185쪽 참조.
20) 『정역』은 조선의 유학자인 一夫 金恒에 의해 저작된 한국역학의 경전
    이다. 『정역』을 학계에 소개하여 학문적 연구의 기틀을 마련한 학자는
    故 鶴山 李正浩 박사이며, 『정역』의 연구를 통해 天道인 曆數原理가
    선진 성학 이래 易學의 근본문제임을 제기한 학자는 충남대 명예교수
    인 觀中 柳南相 교수이다. 유남상 교수는 "『정역』은 선진 성학의 근거
    인 曆數原理를 밝힌 경전으로서 한국 역학의 결정체이다."라고 하여 『정
    역』의 易學的 위상을 강조하였다. 현재 유남상 교수는 易經哲學研究所
    인 '研經院'을 개원하여 『정역』의 역수원리를 중심으로 강학하고 있다.
21) 金恒,『正易』,「大易序」, "易者 曆也"

문제로 闡明한 것이다.

曆數原理는 形而上的 존재이기 때문에 일정한 상징체계를 통하여 드러나게 되는데, 『정역』에서는 曆數原理를 六十干支度數原理와 河圖洛書原理를 통해 표상하고 있다.[22] 『정역』에서는 본 연구의 주제인 河圖와 洛書에 대하여 "天地의 理致는 三元이니 元에서 聖人을 내리시고 神物을 보이시니 이것이 河圖와 洛書이다."[23]라고 하여, 天地의 이치를 자각한 성인이 易道의 표상체계로 밝힌 것이 河圖와 洛書임을 말씀하고 있다.

그러나 漢代 이후 유학자들은 『서경』과 『논어』에서 말씀한 '天之曆數'를 단순히 천문학적 차원에서 四時變化의 법칙에 의한 冊曆에 불과한 것으로 보고, 天子의 王位 계승의 순서나 冊曆에 의한 四時氣節의 先後的 순서를 대비하는 뜻으로 이해하였다. 그 결과 漢代 이후 역학자들은 易學의 근본문제인 天之曆數原理를 상실하게 되었으며, 曆數原理를 표상하는 河圖와 洛書의 내용도 분명하게 밝히지 못하고 議論이 분분하다가 宋代에 와서야 河圖와 洛書의 圖上을 확정되게 된 것이다.[24]

이 책은 『정역』과 『주역』을 중심으로 河圖洛書原理[25]가 표상하는

---

22) 曆數原理는 體用 一元의 관점에서 干支度數를 통하여 표상되고, 體用的 구조를 중심으로 河圖와 洛書를 통하여 표상된다. 본 연구에서는 曆數原理를 체용적 구조를 중심으로 표상한 河圖와 洛書의 고찰을 통하여 曆數原理의 본래적 의의를 밝히고자 한다.

23) 金恒, 『正易』, 「十五一言」, 第二張, "天地之理는 三元이니라 元降聖人하시고 示之神物하시니 乃圖乃書로다"

24) 柳南相, 「正易思想의 根本問題」, 『論文集』, 忠南大學校 人文科學硏究所, 제7권 제2호, 1980, 233쪽 참조.

25) 이하 本 연구에서는 '河圖洛書原理'를 '河洛原理'와 함께 사용하고자

曆數原理의 본래 면목을 밝히고자 하는 것을 목적으로 하며, 河圖洛書원리의 본래적 의의를 구명하기 위한 학문과 연구방법으로는 '反經(반경)'과 '以經解經(이경해경)'을 사용하고자 한다.

먼저 학문방법으로 '反經(반경)'은 孟子가 제시한 것으로 선진 유학을 집대성한 공자의 철학을 계승한 맹자는 "군자는 경전으로 돌아갈 뿐이니 경전이 바른즉 서민이 흥하고 서민이 흥하면 사특함이 없는 것이라."[26] 하여 후세 학자의 학문방법으로 '반경(反經, 경전으로 돌아감)'의 방법을 제시하고 있다. 즉 동양철학의 학문적 의의는 그 근본이 되는 경전으로 돌아가는 '반경'의 방법을 통해 성인이 경전에서 밝힌 인간 삶의 참된 길이 무엇인지 밝히는 데 있다고 하겠다.[27]

그리고 연구방법은 '경전으로써 경전을 연구하는 방법(以經解經)'을 위주로 하고, '賢人의 傳으로써 경전을 연구하는 방법(以傳解經)'도 필요에 따라서는 사용하고자 한다. 경전으로써 경전을 해석하는 방법은 『주역』을 비롯한 선진 성학 경전이 易道를 자각한 성인에 의해서 저작된 일관된 논리체계가 있음을 인정하고, 성인의 말씀을 통해서 경전을 해석하는 해석학적 방법이라 하겠다.[28]

이에 제2장에서는 漢代 이후 象數論에서 논의된 河圖洛書的 象數說의 史的 검토를 통해서 그 성과와 한계를 도출함으로써 曆數原

---

한다.

26) 『孟子』, 盡心章句下, "君子 反經而已矣 經正則庶民 興 庶民 興 斯無邪慝矣"
27) 맹자는 자신의 핵심적 철학인 '성선설(性善說)'을 말하면서 반드시 先성인인 堯・舜이 밝힌 도에 근거하고 있음을 볼 때(孟子 道性善 言必稱堯舜, 『孟子』, 滕文公句上) '경전으로 돌아가는 反經의 학문방법을 실천하였음을 알 수 있다.
28) 유남상, 역경철학연구소 연경원 강의 노트, 2005년 12월 28일.

理의 본래적 의의를 지금 다시 문제로 삼을 수밖에 없는 문제 제기의 가능 근거를 밝히고, 선진 성학에서 河圖洛書를 어떻게 이해하였는지를 고찰함으로써 曆數原理의 본래적 의의를 밝힐 수 있는 실마리를 찾고자 한다.

제3장에서는 易學의 학문적 탐구과제인 易道가 變化之道이며, 變化之道가 時間性의 原理임을 밝히고, 이 時間性의 原理가 天之曆數原理임을 밝히는 동시에 曆數原理를 表象하는 체계가 河圖와 洛書임을 고찰하고자 한다.

제4장에서는 河圖洛書原理의 體用構造와 三極之道를 고찰하고, 三極之道의 내용을 本體度數와 作用度數 중심으로 구명하고자 한다.

제5장에서는 하도낙서원리가 표상하는 曆數原理의 내용에 대하여 十五本體度數와 九·六作用度數를 중심으로 고찰하고, 그것을 바탕으로 河洛原理와 인간 삶의 길인 人道와의 관계를 밝히고자 한다.

제6장에서는 선진 성학 經典에 나타난 河圖洛書原理에 대하여 고찰하여 선진 성학 경전인 三經과 四書가 天道인 역수원리를 표상하는 하도낙서원리와는 어떠한 관계인지 해명하고자 한다.

제7장에서는 한국 성리학을 대표하는 퇴계와 율곡 역학에 나타난 하도낙서원리에 대하여 고찰하고자 한다. 한국 성리학이 주자가 집성한 도서역학에 근거한 송대 성리학을 그대로 수용하면서도 하도낙서에 대한 독창적인 주장은 무엇이고, 퇴계와 율곡 성리학의 근거가 하도낙서원리에 있음에 대하여 밝혀 보고자 한다.

제8장에서는 역수원리를 표상하는 간지도수원리의 연원에 대하여 고찰함으로써 역수원리를 음양으로 나누어 표상하는 하도낙서원리와 음양합덕원리를 표상하는 간지도수원리의 의의에 대하여 이해할 수

있을 것이다.

본 연구를 통하여 河洛原理의 내용인 曆數原理가 밝혀짐으로써 인간의 존재 근거인 天道의 본래적 의의가 易學的 관점에서 드러나는 동시에 인간의 삶의 길을 밝힐 수 있는 근거가 제시될 것으로 기대한다.

# 제2장

## 河圖洛書原理의 연원적 검토

하도낙서 연구에 대하여 易學史的으로 일별해 보면, 먼저 漢代 역학자들은 聖人劃卦作易說(성인획괘작역설)과 聖人受命圖書說(성인수명도서설)을 근거로 洛書九數說(낙서구수설)과 五行原理에 입각한 十數說을 주장하였으나, 하도와 낙서의 수가 표상하는 철학적 원리에 대하여 망각하고, 河圖洛書를 신비스러운 물건이나 術數의 법칙을 밝힌 것으로 오해하였다. 하도낙서원리의 망각은 한대 유학이 秦始皇에 의한 분서갱유를 거치면서 선진 유학의 학문적 연원과 단절되어 先秦 고전을 다시 발굴하는 데 급급한 나머지 訓詁學的 차원에서 철학적으로 심화되지 못하였기 때문이다.[1] 즉 한대 象數易學은 易을 물리적 자연의 구조나 미래를 예견하는 수단으로 이해하여 河圖洛書의 수가 가지는 철학적 의의에 대해서는 밝히지 못하였다.

그리고 한대 費直系(비직계) 역학을 이은 魏晉시대의 王弼(왕필)로 시작된 義理易學에서는 상수역학을 부정하면서 河圖洛書를 역학

---

1) 유남상, 「동양철학에 있어서의 주제의 변천(Ⅰ)」, 『東西哲學研究』, 창간호, 한국동서철학연구회, 1984, 9쪽.

의 밖으로 밀어내어[2] 河圖洛書가 표상하는 철학적 원리마저 부정하게 된 것이다.

송대에는 한대 상수역학과 왕필의 의리역학을 종합하고자 하는 圖書易學的 입장에서 河圖洛書가 표상하는 철학적 원리에 대하여 밝히고자 노력하고 河圖洛書의 도상을 확정하였으며, 淸代의 고증학자들은 河圖洛書가 北宋의 陳喜夷(진희이)가 저술한 『河洛理數』에 등장하는 '龍圖'에 연원하고 있다고 주장하고, 『주역』을 비롯한 선진 성학에서 밝히고 있는 河圖洛書의 철학적 원리에 대해서는 완전히 배격하게 되었다.


# 1. 漢代 이후의 河圖洛書 상수론의 내력


易道의 曆數的 표상체계인 河圖와 洛書의 본래적 의의를 밝히기 위해서는 먼저 그 연원에 대하여 고찰하여야 할 것이다. 왜냐하면 하도와 낙서가 한대 이후 易學史에서는 어떻게 논의되고 있는가를 검토함으로써 선진 성학의 근거로서의 하도낙서원리를 밝히는 단서를 찾을 수 있기 때문이다. 따라서 본 절에서는 漢代 이후 역학자들이 하락상수에 대하여 어떻게 이해하였는지를 고찰해 보고자 한다.

한대 이후 역학의 연구를 역사적 흐름으로 일별해 보면, 크게 易

---

2) 스즈키 요시지로(鈴木由次郎), 『漢易硏究』, 명덕출판사; 昭和 38년(1963), 92쪽.

을 象數的인 측면 위주로 해석하는 경향과 義理的인 측면을 위주로
하는 경향 두 줄기로 대별돼 전개되어 왔음을 볼 수 있다.

漢代 이후 象數論을 주도한 큰 흐름을 세 가지로 보는 견해가 있
다. 첫째로 한대의 역학자들은 대체로 象과 數를 자연세계―자연과
인간 생활 등―의 구조를 반영하는 것으로 간주하였고, 둘째로 京
房[3]을 중심으로 하는 학자들은 象數를 물리학적 자연에 근거한 자
연 철학적 입장에서 우주론적 힘의 법칙으로 이해하여 이를 바탕으
로 현재의 상태와 미래를 예견하는 수단으로 생각했으며, 셋째로 邵
康節을 대표로 하는 宋代의 象數論者들은 數理에 의거하여 세계 전
개의 윤곽을 파악할 수 있다고 주장한 것이다.[4]

이러한 견해는 한대 이후에 나타난 상수론의 역사적 전개를 분류
한 점에 있어서는 一理가 있으나, 한대 이후 상수론자들의 象數觀의
근본문제점을 해명하는 데는 한계가 있다.

한대 이후의 상수론이 역을 물리적 자연세계의 구조나 미래를 예
견하는 수단으로 이해한 것은 秦始皇의 焚書坑儒(분서갱유)로 선진
성학과 단절되었기 때문이다. 한대 유학자들은 유학을 국교로 지정
하여 부흥시키고자 하였으나, 고전을 다시 발굴하는 데 급급한 나머
지 訓詁學的(훈고학적) 차원에 머물러 철학적으로 심화되지는 못하

---

3) 京房(B.C. 77~37)은 西漢의 금문 역학인 '京氏學'의 개창자이고 律學家
　 (음률에 관한 이론)이다. 일찍이 孟喜의 門人인 焦延壽에게서 易을 배워
　 '변화를 꿰뚫어 하는 것(通變)'으로서 '易'을 설명하였다. 또한 음양의 재
　 변으로써 '易'을 논하여 卦氣說을 말하고 있다. 저작은 『京氏易傳』 3권
　 이 있다.(한국철학사상연구회 편, 『哲學大辭典』, 「東洋哲學篇」, 도서출판
　 동녘, 2002, 1490쪽.)
4) 슈츠스키 著, 오진탁 옮김, 『주역연구』, 한겨레, 1988, 111쪽 참조.

였다. 특히 天道論에 있어서는 陰陽五行說을 易術的 관점에서 이해하였기 때문에 한대 역학은 鄒衍(추연)[5]을 중심으로 하는 陰陽家的 易理論을 근거로 하여 卦氣說(괘기설)·卦變說(괘변설)·納甲說(납갑설) 등으로 발전하였으며, 그 주제는 術數論과 陰陽災異說 등 讖緯的인 것을 위주로 전개되었다. 이러한 한대 역학을 牟宗三 교수는 "한대 상수역학에서 그 탐구대상은 감각적 경험을 통하여 비춰진 자연계이다. 따라서 자연을 해석하는 데 있어서 사물과 사물 사이의 관계·근본원소 또는 범주들을 상수론으로 설명한다. 그래서 이들의 논의는 물리세계 내지는 과학적 세계의 구조를 추상적인 상수로 체계화하는 데 있다고 보인다."[6]라고 하였다.

그러면 한대 역학자들은 象數의 핵심 근거인 河圖洛書에 대하여 어떻게 보았는가?[7]

한대 역학자들의 易學理論은 象數論인데, 이들이 자신의 상수론에 신빙성을 부여하기 위해 聖人劃卦作易說과 聖人受命圖書說에 결부시킴으로써, 河圖洛書를 역학의 중요한 문제로 취급하게 되었다. 그러나 본래 '聖人劃卦作易說'과 '聖人受命圖書說'은 『주역』「계사하」

---

5) 鄒衍(B.C. 305?~240)은 戰國時代 末期의 陰陽家이다. 그는 戰國時代 유행한 五行說을 사회역사의 변동과 왕조 교체에 갖다 붙여 '機祥度制'를 주장했는데, 後에 兩漢시대 讖緯說의 주요한 근거 중 하나가 되었다.(한국철학사상연구회 편,『哲學大辭典』,「東洋哲學篇」, 도서출판 동녘, 2002, 1638쪽)

6) 牟宗三, 『周易的自然哲學與道德函義』, 대만 文津出版社, 1988, 103쪽 참조.

7) 이하 漢代와 宋代의 河圖洛書 내력 부분은 주로 柳南相 교수의 「河洛象數論에 關한 研究(一)—正易의 象數論을 中心으로 —」(『論文集』, 제5권 제1호, 忠南大 人文科學研究所, 1978)와 金滿山 교수의 『易學의 時間觀에 關한 研究』(忠南大 大學院 博士學位論文, 1992)를 재인용하였다.

제2장과 「계사상」 제11장에서 논의된 것으로 역학이 성인에 의해서 완성된 학문임을 밝힌 것이다. 즉 聖人劃卦作易說은 그 경전적 근거를 『주역』 「계사」에 두고 '伏犧始劃八卦說'(복희시획팔괘설)8)에 이어 神農, 黃帝, 堯, 舜 등 역대 성인의 受命承統(수명승통)9)과 더불어 易卦取象說(역괘취상설)이 기록되어 있음을 근거로 한 것이다. 이에 처음으로 聖人劃卦作易說과 聖人受命圖書說을 결부시켜 자신의 역학이론을 주장한 학자는 漢代 孔安國(공안국)이다. 이러한 내용은 朱子의 『易學啓蒙(역학계몽)』에서 밝히고 있는데, 河圖洛書와 성인을 결부하여 다음과 같이 밝히고 있다.

"공안국이 말하기를 하도는 복희씨가 천하에 왕도정치를 베풀 때 용마가 황하에서 나오니 그 문채를 본받아 팔괘를 그린 것이며, 낙서는 우가 치수할 때 신령스러운 거북이 등에 문채를 지고 나왔는데 그 수가 아홉에 이르므로 이를 정리하여 九類를 완성하였다."("孔安國云, 河圖者, 伏犧氏王天下 龍馬出河, 遂則其文, 以畵八卦, 洛書者, 禹治水時, 神龜負文而列於背, 有數至九, 禹遂因而弟之, 以成九類")10)

---

8) 伏犧始劃八卦說(복희시획팔괘설): 伏犧始劃八卦說은 복희씨가 처음으로 팔괘를 그었다는 것으로 『주역』, 「계사하」, 제2장에서는 밝힌 "옛날에 복희씨가 王道政治를 베풀 때 우러러 하늘의 象을 관찰하고 엎드려 살피어 땅의 法을 관찰하며 鳥獸의 문체를 살피어 땅의 마땅함과 더불어 가까이는 몸에서 취하고 멀리서는 만물에서 취하니 이로써 八卦를 비로소 지으시고 신명한 덕에 통하며 만물의 뜻을 그 무리에 맞게 나누니"("古者包犧氏之王天下也 仰則觀象於天 俯則觀法於地 觀鳥獸之文 與地之宜 近取諸身 遠取諸物 於是 始作八卦 以通神明之德 以類萬物之情")를 근거로 하고 있다.
9) 『주역』, 「계사하」 제2장에서는 伏犧, 神農, 黃帝, 堯, 舜, 禹, 湯, 箕子, 文, 武, 周公, 孔子, 一夫 등 十三 聖人을 十三卦와 결부하여 밝히고 있다.

위의 인용문을 보면 공안국은 복희가 하도를 본받아 팔괘를 완성하고 禹가 낙서에 의해서 구류를 완성하였다고 하였다. 이러한 공안국의 설을 계승하고 河圖洛書가 「계사」에 등장한 점을 중시하면서 河圖洛書의 發生的 二元說을 확정시킨 학자는 한대 중엽의 劉歆(유흠)으로 전해진다.11) 유흠은 伏犧河圖說(복희하도설)과 夏禹洛書說(하우낙서설)을 확정하고, 낙서와『書經(서경)』의 洪範九疇(홍범구주)를 다음과 같이 결부시키고 있다.

> "『주역』에서 말씀하기를 하늘이 상을 드리워서 길흉을 보이니 성인이 상을 법받고, 河水에서 圖가 出하고 洛水에서 書가 出하거늘 성인이 본받았으니 유흠은 '복희씨가 천도를 계승하여 왕도정치를 베풀 때 하도를 받아서 법칙으로 삼아 그린 것이 八卦이고, 禹가 治水할 때 낙서를 받았는데 이것을 법칙으로 삼아 진열한 것이 洪範이다.'라고 하였다."("易曰天垂象見吉凶 聖人象之, 河出圖洛出書, 聖人則之, 劉歆以爲伏犧氏繼天而王, 受河圖則而劃之, 八卦是也, 禹治洪水, 賜洛書法而陣之, 洪範是也")12)

유흠은 前漢 중말기에 이미 제시된 九數說(구수설)과 낙서를 결부시켜 낙서구수설이 정착할 수 있는 기초를 닦아 놓은 것이다. 한대의 九數에 대한 설은 유흠 이전에 이미 易緯說(역위설)13)로 주장된

---

10) 朱子,『易學啓蒙』, 本圖書第一.
11) 今井宇三郎,『宋代易學の硏究』, 明治圖書出版株式會社, 昭和 33年, 150∼157쪽 참조.
12) 班固,『漢書』, 「五行志 上」.
13) 易緯說(역위설): 易緯說은 漢代에 유행한 易學의 이론으로『주역』을 신비적으로 해석한 것이 특징이다.

太一下行九宮說(태일하행구궁설)에서 보인다. 鄭玄(정현)의 『易緯乾
鑿度(역위건착도)』卷下에서는 태일하행구궁설에 대해서 다음과 같
이 밝히고 있다.

"태일은 그 수에서 취하여 구궁으로 행하니 네 正方과 네 維方이
모두 15로 합하는 것이다."("太一取其數, 以行九宮, 四正四維, 皆合於
十五")[14]

즉 태일하행구궁은 1부터 9까지의 아홉 개의 자연수로 각 數를
三行三段으로 배치하여 四正四維(사방사유)의 합수가 모두 15가 되
도록 한 것이다. 이를 도표화하면 다음과 같다.

| 4 | 9 | 2 |
|---|---|---|
| 3 | 5 | 7 |
| 8 | 1 | 6 |

이 태일하행구궁설에 나타난 구수설은 고대 王政制度의 하나인 명
당제도의 明堂月令(명당월령)과 明堂九室(명당구실) 및 九數排列論(구
수배열론)에 근거를 둔 것이다. 『大戴禮記(대대예기)』盛德篇에서는

---

14) 鄭玄, 『易緯乾鑿度』卷下.

"명당월령은 붉은 문과 흰 들창문으로 한다. 2·9·4, 7·5·3, 6·1·8의 형식을 갖추며, 당의 높이는 삼 장이고 동서의 길이는 구 인으로 남북은 칠 연이며 위는 둥글고 아래는 네모지게 한다. 이것은 9실과 12당으로 이루어지는데 실은 네 개의 문으로, 문은 두 개의 창문으로 만든다."("記明堂月令, 赤綴戶也, 白綴牖也, 二九四七五三六一八, 堂高三丈, 東西九仞南北七筵, 上圓下方, 九室十二堂, 室四戶 戶二牖")15)

라고 하여 明堂九室의 9수 배열에 있어 5수를 중심으로 하여 2·9·4, 7·5·3, 6·1·8의 순서로 배치한 것은 위의 태일하행구궁설의 선구가 되는 것이다. 이것이 유흠에 이르러 한대 역학의 구수설로 집약되고, 한편 「계사상」에 기록된 洛出書說(낙출서설)16)이 체용되는 동시에 『서경』 洪範篇의 禹受九疇說(우수구주설)과 결부됨으로 洛書 九數說이 정착된 것으로 추정된다.17)

이상에서 洛書 九數說의 완성은 漢代 易學의 큰 공헌이며, 禹受洛書說과 洛書 九數說의 성립 전거가 『대대예기』설을 거쳐 『서경』 홍범으로 귀결된 것임을 알 수 있다.

漢代에는 洛書 九數說과 더불어 十數思想도 易學의 중요한 문제로 연구되었으나 十數思想이 河圖와 연결되지는 못하였다. 十數的 象數論은 『주역』 「계사상」의 "하늘은 一 땅은 二 하늘은 三 땅은

---

15) 孔廣林, 『大戴禮記』, 盛德篇 補注.
16) 『周易』, 「繫辭上」, 第十一章에 기록된 "河出圖 洛出書 聖人 則之"를 말한다.
17) 柳南相, 「正易의 圖書象數 原理에 關한 研究」, 『論文集』 제8권 제2호, 忠南大學校 人文科學研究所, 1981, 187쪽 참조.

四 하늘은 五 땅은 六 하늘은 七 땅은 八 하늘은 九 땅은 十이니"[18]의 天地之數節을 근거로 하여 五行生成數思想으로 전개되었다. 이 五行生成說을 내용으로 十數思想을 성립시킨 학자는 정현이다. 그는 『禮記正義』에서 五行生成說을 다음과 같이 밝히고 있다.

"목은 생수 3이고 성수는 8이다. 정현이 『주역』 「계사」의 주에서 말하기를 천1은 북으로서 수를 생하고, 지2는 남으로서 화를 생하며, 천3은 동으로서 목을 생하고, 지4는 서로서 금을 생한다. 천5는 중으로서 토를 생하는데, 음양이 배합되지 않으면 서로 이루지 못하므로 지6은 북으로서 수를 성하여 천1과 더불어 병합되고, 천7은 남으로서 화를 성하여 지2와 더불어 병합되며, 지8은 동으로서 목을 성하여 천3과 더불어 병합되고, 천9는 서로서 금을 성하여 지4와 더불어 병합되며, 지10은 중으로서 토를 성하여 천5와 더불어 병합된다."("木生數三成數八者, 鄭注易繫辭云, 天一生水於北, 地二生火於南, 天三生木於東, 地四生金於西, 天五生土於中, 陽無耦陰無配, 未得相成 地六成水於北, 與天一幷, 天七成火於南, 與地二幷, 地八成木於東, 與天三幷 天九成金於西, 與地四幷, 地十成土於中, 與天五幷也")[19]

이러한 정현의 十數論적 五行生成說은 『尙書正義』와 『春秋正義』에도 동일한 내용을 밝히고 있다.

"『주역』 「계사상」에서 말하기를 천1·지2·천3·지4·천5·지6·천7·지8·천9·지10이라 하였으니 이것들은 곧 오행생성의 수이다. 천

---

18) 『周易』, 「繫辭上」, 第九章, "天一地二天三地四天五地六天七地八天九地十"
19) 孔穎達, 『禮記』, 「月令篇」, '其數八'의 正義.

1은 수를 생하고, 지2는 화를 생하고, 천3은 목을 생하고, 지4는 금을 생하며, 천5는 토를 생하는데 이런 수들은 생수이다. 만약 이에 그친 다면 음양은 각각 자신의 존립근거를 상실하게 된다. 따라서 지6은 수를 완성하고, 천7은 화를 완성하고, 지8은 목을 완성하고, 천9는 금을 완성하며, 지10은 토를 완성한다. 이로써 음양은 서로의 존립근거를 확보함으로써 사물이 형성되므로 이를 일컬어 성수라고 한다."("易繫辭曰, 天一地二天三地四天五地六天七地八天九地十, 此卽是五行生成之數, 天一生水, 地二生火, 天三生木, 地四生金, 天五生土, 此其生數也, 如此則陽無匹, 陰無偶, 故地六成水, 天七成火, 地八成木, 天九成金, 地十成土, 於是陰陽各有匹偶而物得成焉 故謂之成數也")[20]

"『주역』「계사상」에서 말하기를 천1 · 지2 · 천3 · 지4 · 천5 · 지6 · 천7 · 지8 · 천9 · 지10이니 천수는 다섯이요 지수도 다섯이니 다섯 자리에서 서로 얻어 각각 합하면······ 정현은 말하기를 천지의 기는 다섯 가지가 있으며, 오행의 차서는 1을 수이니 천수요 2를 화이니 지수요 3을 목이니 천수요 4를 금이니 지수요 5를 토이니 천수라 이 다섯 가지 수가 양이 짝 없고 음이 짝이 없는 까닭에 또한 합하니 지6은 천1과 짝이 되고, 천7은 지2와 짝이 되며, 지8은 천3과 짝이 되고, 천9는 지4와 짝이 되며, 지10은 천5와 짝이 된다. 두 가지 다섯이 각각 합한 연후에 기를 서로 얻어 변화가 이루어지니 이것은 오행이 각각 짝으로 합하는 것을 말한다."("易繫辭云, 天一地二天三地四天五地六天七地八天九地十, 天數五地數五, 五位相得而各有合, 鄭玄云天地之氣各有五, 五行之次, 一曰水 天數也, 二曰火 地數也, 三曰木 天數也, 四曰金 地數也, 五曰土 天數也, 此五者陽無匹陰無偶, 故又合之, 地六爲天一匹也, 天七爲地二偶也, 地八爲天三匹也, 天九爲地四偶也, 地十爲天五匹也, 二五陰陽各有合, 然後氣相得施化行也, 是言五行各相妃合")[21]

---

20) 孔穎達, 『尙書』, 「洪範」, '一五行'의 正義.

정현은『주역』「계사상」제9장에서 밝히고 있는 1부터 10까지의 천지지수를 근거로 천수와 지수를 구분하고, 홍범오행의 차례에 근거하여 1水, 2火, 3木, 4金, 5土 등으로 수와 오행을 결부하였으며, 월령의 오행방위에 근거하여 1水北, 2火南, 3木東, 4金西, 5土중앙 등과 같이 10수에 오행과 방위를 결부시킴으로써 陰陽匹耦說(음양필우설)에 의한 한대의 오행생성수사상을 완성하였다. 그러나 정현의 오행생성십수설은 그 이전에 유흠설로 추정되는 大數說에 근거한 것이라 하겠다.『한서』「五行志上」에 의하면,

"천은 1로서 수를 생하고, 지는 2로서 화를 생하고, 천은 3으로서 목을 생하고, 지는 4로서 금을 생하고, 천은 5로서 토를 생하여 다섯 위가 모두 다섯으로 합하고 음양의 위가 바뀌게 된다. 그러므로 5로서 짝이 되어 완성됨으로 수의 큰 수는 6이고 화는 7, 목은 8, 금은 9, 토는 10이 큰 수가 됨으로 수는 천1로서 화2의 수컷(양)이 되고, 목은 천3으로서 토10의 수컷이 되며, 토는 천5로서 수6의 수컷이 되고, 화는 천7로서 금4의 수컷이 되며, 금은 천9로서 목8의 수컷이 된다. 양수·기수는 수컷이고 음수·우수는 암컷이 된다. 따라서 수는 화의 수컷이며 화는 수의 암컷이다."("天以一生水, 地以二生火, 天以三生木, 地以四生金, 天以五生土, 五位皆而五而合而陰陽易位, 故曰妃以五成, 然則水之大數六, 火七木八金九土十, 故水以天一爲火二牡, 木以天三爲土十牡, 土以天五爲水六牡, 火以天七爲金四牡, 金以天九爲木八牡, 陽奇爲牡, 陰耦爲妃故曰, 水火之牡也, 火水妃也")[22]

---

21) 孔穎達,『춘추좌전』,「소공구년」, '妃以五成'의 正義.
22) 班固,『漢書』,「五行志上」, 昭公九年의 '陳災'조.

라고 하여, 1·2·3·4·5의 生數에 대응되는 6·7·8·9·10을 大數로 규정하고, 1·6, 2·7, 3·8, 4·9, 5·10이 각각 水·火·木·金·土의 五行에 배치되는 동시에 陰陽數가 서로 조화를 이루고 있는 五行生成十數說을 밝히고 있다.

또한 揚雄(양웅)도 『太玄經』에서

"1·6은 수가 되고, 2·7은 화가 되며, 3·8은 목이 되고, 4·9는 금이 되며, 5·10은 토가 된다. 1과 6은 같은 일가이고, 2와 7은 같은 무리이고, 3과 8은 벗이 되고, 4와 9는 같은 길을 지향하고, 5와 10은 서로 보살펴 준다."("一六爲水, 二七爲火, 三八爲木, 四九爲金, 五十爲土. 一與六共宗, 二與七爲朋, 三與八成友, 四與九同道, 五與十相守")[23]

라고 하여 五行生成數에 근거한 十數思想을 밝히고 있다.

이와 같이 漢代 易學에서의 十數說은 五行生成說과 陰陽匹耦說로 象數論을 해명하려 했으나, 十數와 河圖 그리고 十數와 卦爻生成原理를 밝히는 데로는 나아가지 못하였다.[24] 이는 유흠이 河洛二元說을 주장하면서 河圖를 八卦와 결부시킨 데에서 十數說이 河圖傳說과는 별도로 발전하였기 때문이라 하겠다. 따라서 洛書 九數說과 더불어 十數說도 도상화되지 못했던 것으로 생각된다.[25]

---

23) 揚雄, 『太玄經』.
24) 臺灣의 易學者 高懷民은 위에서 인용한 鄭玄의 『易注』와 揚雄의 『太玄經』을 근거로 河圖 圖象이 이미 漢代에 있었다고 주장하고 있다.(정병석 역, 『周易哲學의 理解』, 문예출판사, 1995, 107~108쪽 참조)
25) 柳南相, 「河洛象數論에 關한 硏究(一) —正易의 象數論을 中心으로—」, 『論文集』, 제5권 제1호, 忠南大學校 人文科學硏究所, 1978, 152쪽 참조.

漢代 易學의 九數·十數說은 宋代에 이르러 다시 河圖洛書와 결부되기 시작하였다. 북송의 劉牧(유목)은 하도와 낙서가 모두 복희씨가 천명을 받아 그린 것이라는 河洛一元說과 河洛一元說的 입장에 근거한 圖九書十說을 주장하여 송대 도서역학의 시작을 알렸다. 먼저 유목의 河洛一元說은 『易數鉤隱圖(역수구은도)』에 언급된 다음의 말에서 알 수 있다.

『주역』「계사」의 '하출도 낙출서 성인칙지'라는 문구는 대개 중니가 역을 지으면서 한 말이다. 즉 河圖洛書는 복희와 황제 때에 출현한 것으로서 옛날에 황하에서 용도가 나왔으며 낙수에서 귀서가 출현하니 복희와 황제가 ……팔괘를 긋고 이것을 거듭하여 육십사괘를 만들었다. ……이제 용도를 보면 그 위는 아홉 개이며 사상과 팔괘가 모두 그 안에 포함되어 있다. 또한 그 그림은 종횡으로 무도 천지자연의 수를 합한 것으로서, 뒤 사람이 능히 거짓으로 배치해 놓을 수 있는 것이 아니다. 무른 용도로부터 괘를 드러내 보이는 것은 성인이 아니면 능히 할 수 없으며, 괘가 만상을 함유함에도 성인이 아니면 능히 밝히지 못한다. 이로써 본즉 낙수에서 낙서가 출현한 때는 대우의 시대가 아니다. 『서경』에는 '하늘이 우에게 구주를 주었다.'고 하는데, 대개 이것은 하늘이 우에게 성인의 덕을 주어 진실로 낙서의 의미를 밝게 하고 또한 그것을 구주로 하여금 차례로 펼치게 함으로써 후세에 본보기를 세우도록 한 것이다."("惟易繫辭云, 河出圖洛出書, 聖人則之, 此蓋仲尼以作易而云也, 則知河圖洛書, 出於羲皇之世矣, 乃是古者河出龍圖, 洛出龜書, 羲皇, …… 畫八卦, 因而重之爲六十四卦, …… 觀今龍圖, 其位有九, 四象八卦皆所包韞, 且其圖縱橫, 皆合天地自然之數, 則非後人能假僞而設之也, 夫龍圖呈卦, 非聖人不能畫之, 卦含萬象, 非聖人不能明之, 以此而觀則洛出書, 非出大禹之時也,

書云 天錫禹九疇者 蓋是天生聖德於禹, 誠明洛書之義, 因第而次之,
垂範後世也")26)

즉 유목은 河圖・洛書가 공히 伏犧氏에 의해서 발명되었음을 밝
히고, 아울러 伏犧氏가 八卦를 始劃한 것과 연관하여 河圖가 八卦
의 근본이 됨을 주장하고 있다. 이 河洛一元說은 한대 유흠의 河洛
二元說을 정면으로 부정하는 입장에서 河圖와 洛書의 본원을 伏犧
한 사람에게 둔 것이다. 그런데 유목은 漢代 유흠과 공안국이 주장
한 바와 같이 河圖가 八卦의 근본이 된다고 하면서 九宮說에 맞추
어 八卦를 배치하고 있다. 河圖의 구조에 대하여

"옛날에 복희씨가 천하를 다스릴 때 용마의 상서로움에 감통되었으
니, 그것은 천지지수를 지고 황하에서 출현한 것으로 이것이 용도라
고 한다. 9를 이고, 1을 밟고, 3을 왼쪽에, 7을 오른쪽에, 2와 4를 어
깨에, 6과 8은 다리에, 5는 배에 해당된다. 종횡의 수가 모두 15로서
이것은 『주역』「계사」의 이른바 '삼오이변 착종기수'하는 법칙을 나타
낸 것이다. 태호씨가 이것을 네 정방의 법칙으로 도상화함으로써 드
디어 오행의 수가 정해졌다."("昔宓犧氏之有天下, 感龍馬之瑞, 負天
地之數出於河, 是謂龍圖者也, 戴九履一, 左三右七, 二與四爲肩, 六與
七爲足, 五爲腹心, 縱橫數之皆十五, 蓋易繫辭所謂參伍以變錯綜其數
也, 太皡乃則而象之, 遂因四正, 定五行之數"27)

라고 하여, 한대의 유흠과 공안국 등이 주장했던 대로 하도가 팔괘

---

26) 劉牧, 『易數鉤隱圖』, 龍圖龜書論上.
27) 劉牧, 『易數鉤隱圖』, 遺論九事第一.

의 근본이 된다고 생각하여 九宮說에 맞추어 팔괘를 배치함으로써 河圖九數說을 주장하게 되었던 것이다.

또한 유목은 하도구수설과 더불어 洛書十數說을 주장하는데 그 내용은 다음과 같다.

"낙서의 구주 중 오로지 오행만이 천지자연의 수를 포함하고 있을 뿐, 나머지 팔법은 하우가 천시와 인사를 참작하여 분류한 것으로서, 거북이가 지고 나온 문채는 아니다. 이제 홍범오행전을 상세히 보면 무릇 재이를 말할 때 반드시 오행을 으뜸으로 삼으며, 또한 곤이 덕을 이루지 못하여 오행을 흩어 놓음으로써 이륜이 무너지게 되었다고 하고 있으니, 이로써 오행만이 하늘이 드리운 자연의 수로서 신귀가 지고 나온 문채일 뿐, 나머지 팔법은 모두 오행으로 인하여 펼쳐진 것임을 알 수 있다."("書之九疇, 惟五行是包天地自然之數, 餘八法皆是禹參酌天時人事類之而非龜所負之文也, 今詳洪範五行傳, 凡言災異, 必有五行爲之宗, 又若鯀無成德, 汨陳五行, 是以彛倫攸釋, 則知五行是天垂自然之數, 其文負於神龜, 餘八法皆待遇因而伸之")[28]

"귀서는 오행생성의 수 55를 갖추고 있다."("龜書, 乃具五行生成之數, 五十有五矣")[29]

"낙서는 곧 오행생성의 수이다. 복희씨는 단지 괘를 그어 가르침을 세웠을 뿐, 오행의 수는 드러내지 않았다. 그러므로 하우가 다시 오행을 펼쳐 구류를 드러내 보였다."("洛書則惟五行生成之數也, 然犧皇但劃卦以垂敎, 則五行之數未顯, 故禹更陣五行而顯九類也")[30]

---

28) 劉牧, 『易數鉤隱圖』, 龍圖龜書論.
29) 劉牧, 『易數鉤隱圖』, 龍圖龜書論.
30) 劉牧, 『易數鉤隱圖』, 龍圖龜書論.

즉 유목은 홍범 가운데에 오행만이 천지자연의 수이고 나머지는 모두 오행이 펼쳐진 五行生成의 數라고 하여 홍범구주에서 오행만을 복희씨가 발명한 낙서와 직접 관련시키고, 낙서의 수를 오행생성의 수로 규정하고 그것의 합이 55라고 하여 낙서십수설을 주장하였다.

이 밖에도 象數와 河圖洛書를 연관시킨 것은 陳希夷가 저술했다고 전해지는 『易龍圖(역룡도)』에 근거한 僞陳摶龍圖說(위진단용도설)이 있다. 그러나 이것은 북송 중기 유목 이후에 거짓으로 지어진 것으로서 朱子는 "용도는 위서로서 쓸모가 없다."[31] 하여 중요시 여기지 않았다.

유목의 圖九書十說에 모순을 느끼고 처음으로 圖十書九說을 주장하는 사람은 阮逸(완일)이다. 완일의 圖十書九說을 위관자명설이라고 하는데 그 까닭은 북송 말기에 완일이 『關氏易傳(관씨역전)』 1권을 저술하여 자신의 학설을 北魏 關子明에게 거짓으로 위탁하였기 때문이다. 완일은 처음으로 하도와 十數思想을 결부시킴으로써 이후에 주자가 河圖十數說을 주장하는 데 커다란 영향을 주었다고 할 수 있다.

圖十書九的 象數論에 의하여 현전하는 河圖洛書 도상을 완성한 학자는 주자와 채원정이다. 주자는 유목의 하락일원설에 의한 圖九書十說을 비판하면서 한대 유흠의 하락이원설을 계승하고 아울러 완일의 위관자명설과 소강절의 圓星方土說(원성방토설)에 영향을 받아 하락이원설에 의한 圖十書九說을 확립하였다.

채원정은 유목의 圖九書十說을 비판하면서 圖十書九說을 확정하게

---

31) 『朱子語類』, 卷67, "龍圖是假書 無所用"

됨을 다음과 같이 밝히고 있다.

　"채원정이 말하기를 고금전기에 의하면 공안국, 유향부자, 반고 등은 하도를 복희에게, 낙서를 우에게 주었다고 생각하였으며, 관자명과 소강절 등은 십수를 하도 그리고 구수를 낙서라고 생각하였다. 대전에서 이미 천지지수 55를 말하였고, 홍범에는 하늘이 우에게 홍범구주를 주었다고 하고 있다. 구궁수에 있어서 위에는 9, 아래에는 1 그리고 3과 7은 좌우에, 2와 4는 어깨에, 6과 8은 다리에 배치되어 있는 형태는 곧 거북이의 등에 있는 상이다. 오직 유목만이 진희이의 말을 빌려 구수가 하도요 십수가 낙서라는 억측을 내세우고 있으니 이는 이미 여러 학자들의 견해와 맞지 않는다. 또 「계사」를 이용하여 하도와 낙서는 복희시대에 나왔다고 하고 하도와 낙서의 수를 상호 바꾸어 놓은 것도 결코 증험이 없는 것이다."("蔡元定曰古今傳記自孔安國劉向父子班固, 皆以爲河圖授羲洛書錫禹, 關子明邵康節, 皆以十爲河圖九爲洛書, 蓋大傳旣陳天地五十有五之數, 洪範又明言天乃錫禹洪範九疇而九宮之數, 戴九履一左三右七二四爲肩六八爲足, 正龜背之象也, 惟劉牧臆見以九爲河圖十爲洛書, 託言出於希夷, 旣與諸儒舊說不合, 又引大傳以爲二者皆出於伏犧之世, 其易置圖書竝無明驗")[32]

　주자와 채원정이 圖十書九說을 확정한 근거는 완일의 위관자명설과 소강절의 圓星方土說에서 찾을 수 있는데 그중에서 소강절의 원성방토설의 영향이 지대하다고 하겠다. 소강절은 圓星方土說에 다음과 같이 밝히고 있다.

---

[32] 朱子, 『易學啓蒙』, 本圖書第一의 註.

"원이란 성이다. 역사 기록의 수는 이것으로부터 시작된다. 방이란 토이다. 주를 획정하고 땅을 정전하는 방법은 이것에 의거한 것이다. 대개 원이란 하도의 수이며, 방이란 낙서의 문채이다. 따라서 복희씨와 문왕이 이로 말미암아 역을 짓고 하우와 기자가 홍범을 만들었다."("圓者星也, 歷記之數 其肇於此乎, 方者土也, 畵州井地之法, 其做於此乎, 蓋圓者河圖之數, 方者洛書之文, 故羲文因之而造易, 禹箕敍之而作範也")[33]

주자는 『역학계몽』에서 위에 언급한 소강절의 말을 그대로 인용하면서 圖十書九說을 확정하였지만, 주자는 河圖十數論을 주장하는 근거를 한대 이후 제유들과 마찬가지로 『주역』 「계사상」의 '天地之數節'에 두고 있다. 그는 「계사상」 제9장에서는 天地之數에 대하여 다음과 같이 밝히고 있다.

"이것은 천지지수를 말하는 것으로서 陽은 기수이고 陰은 우수인데 하도를 일컫는 것이다."("此言天地之數 陽奇陰偶卽所謂河圖者也")[34]

『역학계몽』에서도 天地之數를 河圖 十數로 규정하면서 河圖가 陰陽五行原理를 표상함을 다음과 같이 밝히고 있다.

"이 1절은 공부자가 발명한 河圖의 數이다. 천지 사이에는 一氣만 있는데, 나누어 둘로 하면 음양이 되고 오행의 조화와 만물의 종시가 이에 관계되지 않는 것이 없다. 河圖의 자리는 1과 6이 함께 바탕이

---

33) 소강절, 『皇極經世書』, 觀外物篇本.
34) 朱子, 『周易集註』, 繫辭上, 第九章.

되어 북쪽에 있게 되고, 2와 7이 한 무리가 되어 남쪽에 있게 되며, 3
과 8은 같은 길을 가며 동쪽에 있게 되고, 4와 9는 벗이 되어 서쪽에
있게 되며, 5와 10은 서로 보살펴 가운데에 있게 된다. …… 양수는
기수인 고로 1·3·5·7·9이고 모두 천에 속하니 천수 다섯이 되는
것이다. 음수는 우수인 고로 2·4·6·8·10이고 모두 지에 속하니
지수가 다섯이 되는 것이다. 천수지수가 각각 그 무리로서 서로 구하
여 다섯 위에서 서로 얻게 되는 것은 당연한 것이다. 천이 1로서 수
를 행하고 지가 6으로서 성하며, 지가 2로서 화를 생하고 천이 7로서
성하며, 천이 3으로서 목을 생하고 지가 8로서 성하며, 지가 4로서 금
을 생하고 천이 9로서 성하며 천이 5로서 토를 생하고 치가 10으로서
성하니 이것은 또한 각각 합하게 되는 것이다. 다섯 개의 기수를 모
으면 25가 되고 다섯 개의 우수를 모으면 30이 되니 이 두 개를 합
하면 55가 된다. 이것이 하도의 합수이고 모두 부자의 뜻이고 제유의
설이다."("此一節, 夫子所以發明河圖之數也, 天地之間, 一氣而已, 分
而爲二則爲陰陽而五行造化萬物終始無不管於是焉, 故河圖之位, 一與
六共宗而居乎北, 二與七爲朋而居乎南, 三與八同道而居乎東, 四與九
爲友而居乎西, 五與十象數而居乎中 …… 陽數奇故, 一三五七九, 皆屬
乎天, 所爲天數五也, 陰數偶故, 二四六八十, 皆屬乎地 所謂地數五也,
天數地數, 各以類而相求, 所爲五位之相得者然也, 天以一生水而地以
六成之, 地以二生火而天以七成之, 天以三生木而地以八成之, 地以四
生金而天以九成之, 天以五生土而地以十成之, 此又其所爲各有合焉者
也, 積五奇而爲二十五, 積五偶而爲三十合是二者而爲五十有五, 此河
圖之合數, 皆夫子之意而諸儒之說也")[35]

또한 洛書는 한대 易學의 太一下行九宮說과 洛書九數說을 계승

---

35) 朱子, 『易學啓蒙』, 本圖書第一.

하여 도상화하였음을 다음의 내용을 통해서 알 수 있다.

　　"공자가 비록 『주역』 「계사」에서 낙서에 관하여 언급하지는 않았지만, 그 象과 說은 이미 전부터 갖추어져 있던 것으로 (河圖와) 통하는 바가 있는 것이니, 즉 유흠의 이른바 (河圖·洛書) 經緯表裏說(경위표리설)36)을 통하여서도 가히 알 수 있다."("至於洛書則雖夫子之所未言, 然其象其說已具於前, 有以通之則劉歆所謂經緯表裏者可見矣")37)

　朱子는 河圖와 洛書의 구체적인 도상에 대해서는 다음과 같이 밝히고 있다.

　　"이것은 천지의 수를 말하는 것으로서 陽은 奇數이고 陰은 偶數인데 河圖를 일컫는 것이다. 그 位는 一·六은 아래에 居하고, 二·七은 위에 居하며, 三·八은 왼쪽에 居하고, 四·九는 오른쪽에 居하며, 五·十은 中央에 居한다."("此言天地之數, 陽奇陰偶卽所謂河圖者也, 其位一六居下, 二七居上, 三八居左, 四九居右, 五十居中")38)
　　"洛書는 대개 거북이의 象에서 취한 것이니 그 數는 九를 이고, 一을 밟고, 왼쪽에는 三을, 오른쪽에는 七을, 二와 四는 어깨에, 六과 八은 발에 배정된다."("洛書 盖取龜象, 故其數戴九履一左三右七二四爲肩六八爲足")39)

---

36) 經緯表裏說(경위표리설): 朱子의 經緯表裏說은 漢代 劉歆의 說인 '伏犧가 河圖를 받아 八卦를 그리고, 夏禹가 洛書를 받아 九疇를 펼친 것에서 河圖와 洛書는 相互 經緯가 되고 八卦와 九疇는 表裏가 된다.'는 것을 받아들여 '河圖·洛書'와 '八卦·九疇'가 相互 經緯表裏關係임을 말하는 것이다.

37) 朱子, 앞의 책.

38) 朱子, 『周易集註』, 「繫辭上」, 第九章, '天地之數' 注.

이와 같이 주자는 자신의 河洛象數論的 입장에서 한대 상수론의 번쇄함과 王弼(왕필)의 '得意忘象說(득의망상설)'[40] 등을 배격하고, 『주역』「계사상」의 이른바 '天地之數節'와 '大衍之數節'를 근거로 한대 이후의 다양한 학설을 종합·지양하고 상수론의 정합성을 체계적으로 설명하면서 하도와 낙서의 도상을 확정한 것이다. 즉 주자는 河洛象數說에 대한 체계화와 논리적 전개를 수행하여 漢代 象數論의 미비점을 극복하려고 시도하면서 河圖十數說과 洛書九數說에 근거한 河圖洛書의 도상을 확정한 것은 易學史에서 중대한 사건이라 하겠다.

그러나 河圖와 洛書가 卦의 구성 근거라고 말할 뿐 하도와 낙서의 본질 규정에 대해서는 한마디도 언급하지 못한 것으로 朱子 河洛象數說의 한계로 지적된다. 주자는 河圖洛書가 易學의 핵심이라고 강조하면서도 河圖洛書의 본질을 性理學的 최고 범주인 太極이

---

39) 朱熹集錄, 『周易本義』, 河圖洛書 설명 條.

40) 得意忘象說(득의망상설): 남북조시대 魏나라 玄學者 王弼(226~249)은 『周易略例』에서 "象은 뜻을 표출한 것이고 언어(言)란 象을 밝히는 것이다. 뜻을 완전히 표현하려면 象이 제일이고 象을 완전히 표현하려면 언어가 제일이다. …… 따라서 언어는 象을 밝히는 수단이니 象을 얻었으면 언어는 잊어도 되고, 象은 뜻을 보존하는 수단이니 뜻을 얻었으면 象을 잊어도 된다."(夫象者 出意者也, 言者 明象者也, 盡意莫若象 盡象莫若言 …… 故言者所以明象 得象而忘言 象者所以存意 得意忘象.) 고 하여 '得意忘象說'을 주장하였다.(풍우란, 박성규 옮김, 『中國哲學史』 하, 까치, 2001, 725쪽 참조.) 이는 『周易』의 '象'을 '物象'으로 이해하고 '象'에 담긴 '曆數'와 '卦爻'의 뜻을 도외시하였기 때문이다. 王弼은 漢代 以後의 象數論은 모두 잘못된 것으로 배격하고, 『周易』을 義理的으로만 해석하여 易學을 '義理易學'에 국한하게 되었다. 王弼의 이러한 漢代 象數易學의 부정은 河圖洛書가 易道의 表象體系라는 것마저도 부정하는 결과를 가져왔다.

라고 규정함으로 河圖洛書의 본래적 의의에 관하여 스스로 혼동을 일으키고 있다. 즉 주자는 河圖洛書의 본래적 의의를 밝히고 있는『주역』「계사상」제9장의 大衍之數節을 撰著求卦의 卜筮 방법을 설명한 것으로 이해하고, 단지 天地之數節의 연장선상에서 河圖 五十五數와 洛書 四十五數 간의 數理的 일관성만을 강조한 결과 大衍之數節이 洛書原理를 표상하고 있음을 해명하지 못한 것이다.

이상에서 한대 이후의 圖書象數論을 고찰한 바와 같이 河圖와 洛書의 도상이 확정되었음에도 불구하고 그 도상이 표상하고 있는 본래적 의의에 대해서는 밝히지 못했음을 알 수 있다.


## 2. 선진 성학의 존재 근거로서의 하도낙서원리


앞 절에서 살펴본 바와 같이 한대 이후 유학자들은 하도와 낙서의 도상을 확정했을 뿐 그 본래적 의의는 밝혀내지 못하였다. 이에 본 절에서는 역학에서 천명된 하도낙서원리의 본래적 의미를 밝힐 수 있는 단서를 포착하기 위해서 선진 성학에서는 河圖洛書가 어떻게 밝혀지고 있는지『주역』을 중심으로 고찰하고자 한다.

선진 유학은 성인에 의해서 형성되었기 때문에 聖學41)이라고 한

---

41) 聖學(성학): '聖學'은 '聖人之學'을 줄인 말로서 儒學의 학문적 특성을 그대로 드러낸 말이다. 先秦 聖學의 대표적 經典인 三經과 四書에서는 언제나 聖人之道의 전승 계통인 聖統을 중심으로 그 이론을 전개하고 있다.

다. 성학의 내용인 聖人之道를 고찰함으로써 선진 성학의 내용과 선진 성학의 존재 근거가 무엇인지 밝혀질 것이다.

선진 성학을 집대성한 孔子는[42] 자신의 학문적 연원에 대하여 다음과 같이 밝히고 있다.

"공자는 요순의 도를 조종으로 삼아 술하고 문왕과 무왕의 도를 헌장하였으며 위로는 천시를 본받고 아래로는 수토를 승습하셨다."("仲尼는 祖述堯舜하시고 憲章文武하시며 上律天時하시고 下襲水土하시니라")[43]

위의 내용을 통하여 공자에 의해서 집대성된 선진 성학의 연원이 堯舜으로부터 文王・武王을 거쳐 공자에게 전해진 聖人之道임을 알 수 있다. 『주역』에서는 성인이 易學을 지은 과정을 중심으로 성인지도의 내용을 다음과 같이 밝히고 있다.

"옛날에 성인이 『주역』을 지음에 신명한 덕에 그윽이 참여하여 그것으로 시초를 낳았으며, 삼천양지의 수에 의지하고, 음양의 변화에서 괘를 세웠으며, 강유작용을 발휘하여 효를 표상하였으며, 도덕에 화순하고 의에서 다스리며, 이치를 궁구하고 본래성을 다하여 명에 이른다."("昔者聖人之作易也 幽贊於神明而生著 參天兩地而倚數 觀變於陰陽而立卦 發揮於剛柔而生爻 和順於道德而理於義 窮理盡性 以至於命")[44]

---

42) 『孟子』滕文公章句下에서는 "孔子之謂集大成이시니 集大成也者는 金聲而玉振之也라 金聲也者는 始條理也오 玉振之也者는 終條理也니 始條理者는 智之事也오 終條理者는 聖之事也니라"라고 하여 孔子가 先秦 聖學을 集大成하였음을 밝히고 있다.

43) 『中庸』, 第三十章.

여기서 『주역』을 지은 주체가 성인이며, 성인이 신명한 덕에 그윽이 참여하여 역경을 저작했음을 알 수 있다.

성인이 그윽이 참여한 '神明'[45]에 대하여 「계사하」에서는 "천지의 본성을 체득함으로써 신명한 덕에 통한다."[46]라고 하였으니 '神明之德'이 천지의 본성임을 생각할 수 있다. 또 『주역』에서는 "天地之心",[47] "天地之大德",[48] "天地之情",[49] 天命[50] 등으로 말하여 천지의 본성이 인격성임을 밝히고 있다. 따라서 '신명'이란 인격성을 내용으로 하는 인격적 존재의 존재원리로 천지의 본성을 의미하는 말이라 하겠다.[51] 즉 '신명한 덕에 그윽이 참여하여(幽贊於神明)'는 성인이 천지의 본성인 신명을 자각했다는 것으로서 근원적 존재원리인

---

44) 『周易』, 「說卦」, 第一章.

45) 神明(신명): 神明은 天地의 本性으로서의 人格性(道德性)이다. 人格性을 『周易』에서는 "天地之心"(「地雷復卦」, 彖辭), "天地之大德"(「繫辭下」, 第一章), "天地之情"(「雷天大壯卦」, 彖辭), 天命(「天雷无妄卦」, 彖辭, 「澤地萃卦」, 彖辭) 등으로 표상하고 있다. 人格性은 인격적인 存在의 本性으로서 뜻을 가지고 있으며, 그 뜻은 志向的 성격을 가진 것으로 易學이 밝히고 있는 時間性의 原理라고 할 수 있다. 따라서 '神明'이란 人間에 내재한 本性으로, 本來的으로 주어져 스스로 밝힐 수 있는 自覺可能한 本來的 神性을 말하며, 人間 存在原理로서의 時間意識에 바탕을 둔 時間性의 原理를 말하는 것이다. 그러므로 그것은 時間性 原理 표상의 근원적인 체계인 曆數原理라고 하겠다.

46) 『周易』, 「繫辭下」, 第六章, "以體天地之撰 以通神明之德"
「繫辭下」, 第二章, "以通神明之德".

47) 『周易』, 「地雷復卦」, 彖辭.

48) 『周易』, 「繫辭下」, 第一章.

49) 『周易』, 「雷天大壯卦」, 彖辭.

50) 『周易』, 「天雷无妄卦」, 彖辭. 「澤地萃卦」, 彖辭.

51) 임병학, 「干支度數原理의 연원에 관한 고찰」, 『인문학연구』 제33권 제2호, 충남대 인문과학연구소, 2006, 386쪽.

역도를 자각했음을 뜻한다고 하겠다.

　다음으로 '시초를 낳았으며(生蓍)'에 대하여 한대 이후 역학자들은
시초점을 말하는 것으로 주석하고 있으나52) '시초'가 단순히 그러한
의미에 국한된 것인지 의문을 가지게 된다. '시초'를 『주역』에서는
"시초의 덕은 원만하고 신명한 것이며, 괘의 덕은 방정하고 지혜로
운 것이며, …… 천하의 완성을 힘쓰고 힘쓰는 것은 바로 시초와 거
북보다 큰 것이 없느니라."53)고 말하여 '시초'를 덕이 있는 인격적
존재로 말하고 천하의 완성에 힘쓰는 것이 시초와 거북보다 큰 것이
없다고 한 것이다. 앞의 부분과 연결하여 이해하면, 신명에 그윽이
참여하여 시초를 낳았다고 하였으니 시초가 시초점의 의미보다 신명
의 덕을 자각하여 표상하는 방법으로 밝힌 것임을 알 수 있다. 충남
대 남명진교수는 "여기서 '蓍'는 시초로서 '百莖(백경)의 瑞草(서초,
백줄기를 가진 상서로운 풀)'의 전설을 간직한 것이기 때문에 시초
가 생한다고 하는 것은 하도·낙서의 합덕수인 百數原理(河圖 五十
五數와 洛書 四十五數)를 상징적으로 표현한 것이라 생각된다."라고
설명하였다.

　또한 '거북(龜)'54)은 卜占의 방법에 이용된 동물이기에 복점을 의

---

52) 朱子는 『周易本義』에서 '生蓍'를 주석하기를, "귀협전에서 말하기를 천
　　하가 화평하고 왕도를 얻으면 시초의 줄기가 일 장(십 척)이 되고 무더
　　기로 백 개가 난다.(龜筴傳曰天下和平王道得而蓍莖長丈其叢滿百莖)"고
　　하여 시초점으로 풀이하고 있다.

53) 『周易』,「繫辭上」, 第十一章, "是故 蓍之德 圓而神 卦之德 方以知 ……
　　成天下之亹亹者 莫大乎蓍龜"

54) '龜'는 卜占의 방법에 이용된 동물이기에 卜占으로 이해하는 것이 漢
　　代 以後 대부분의 易學者들의 견해이다. 대표적으로 程伊川은 『易傳』
　　에서 '龜'에 대하여 "龜는 吉凶을 점치고 是非를 분별하는 물건이니

미하는 것으로 일반적으로 이해하고 있으나,55) 한대의 공안국이 '낙서'와 '거북'을 관련시켜 말한 이래56) 여러 학자들이 거북과 낙서를 연관시키고 있음을 생각할 때 거북이 낙서를 의미하는 것임을 알 수 있다. 따라서 성인이 天地之道를 주체적으로 자각하여 '시초(著)'와 '거북(龜)'으로 표상하였다는 것은 하도와 낙서를 상징적으로 표상한 것이라 하겠다.

이어서 '參天兩地(삼천양지)의 수에 의지하고'는 역도를 '삼천양지'의 구조를 통하여 理數57)를 중심으로 밝혔음을 나타낸 것이다.

---

지극히 옳아서 거북점도 어길 수 없음을 말한 것이다.(龜者 占吉凶 辨是非之物 言其至是 龜不能違也)"라고 하여 龜를 점치는 것으로 보았다.
그러나 앞에서 고찰한 바와 같이 孔安國이 말한 "洛書는 禹가 治水할 때 神龜가 등에 文彩를 지고 나왔는데 그 數가 아홉에 이르므로 이를 정리하여 九類를 완성하였다.(朱子, 『易學啓蒙』, 本圖書第一, "孔安國 云 …… 洛書者 禹治水時 神龜負文而列於背 有數至九")"를 생각할 때 '龜'가 洛書原理와 관련된 것임을 알 수 있을 것이다.

55) 程伊川은 『易傳』에서 '거북(龜)'에 대하여 "거북은 길흉을 점치고 시비를 분별하는 물건이니 지극히 옳아서 거북점도 어길 수 없음을 말한 것이다.(龜者 占吉凶 辨是非之物 言其至是 龜不能違也)"라 하여 거북을 점치는 것으로 보았다.

56) 朱熹, 『易學啓蒙』, 「本圖書第一」, "공안국이 말하기를 낙서는 우임금이 치수를 할 때 신령스러운 거북이 등에 문채를 지고 나왔는데 그 수가 아홉에 이르므로 이를 정리하여 9유를 완성하였다."

57) 理數(이수): '理數'는 이치를 나타내는 數라는 의미로 易學에서는 '曆數'라고 표현한다. 曆數의 의미는 數가 단순한 시간적 計量의 단위로 그치는 것이 아니라 物理的 時間의 根據가 되는 時間性의 原理의 표상이라는 본질적인 意味를 내포하고 있다. 즉 時間性의 原理의 차원에서 曆數原理의 表象 形式으로 이루어진 것이 曆數이며, 이 曆數에 근거를 두고 생성된 것이 自然數이다. 물론 數 자체에 自然數와 曆數(理數)의 구분이 있는 것이 아니므로 數란 본질적으로 時間性의 原理의 表象體系라고 할 것이다.

삼천양지에서 參天은 一·三·五이며, 兩地는 七·九를 말하는 것이다.58) 즉 삼천양지는 九數까지 표상하는 기수를 말하는 것으로 낙서의 九數를 근거로 말한 것이라 하겠다. 삼천양지는 하도와 낙서에 의해서 표상되는 역도의 논리구조를 나타내며, '倚數'는 하도와 낙서가 천지의 수에 의하여 구성되었음을 말하는 것이다. 따라서 위의 '蓍'와 '數'는 하도와 낙서를 상징하는 것으로서 성인이 자각한 천지의 본성인 신명을 하도와 낙서로 표상하였음을 알 수 있다.59)

다음에 이어지는 "음양의 변화에서 괘를 세웠으며, 강유작용을 발휘하여 효를 표상하였으며"는 하도와 낙서에 근거하여 괘효가 성립된 것을 밝히는 것이다. 음양은 천도의 내용으로60) 천도를 표상하는 음양 변화원리를 괘로 표상하였으며, 음양의 강유작용원리를 효를 통하여 표상함으로써 육효중괘가 성립되었음을 말한 것이다.61) 이는 하도와 낙서가 천도인 時間性의 원리62)를 표상하는 체계이며, 괘효

---

58) 1·3·5·7·9는 기수로 1·3·5를 삼천으로 말하고, 7·9를 양지로 말하여 '삼천양지원리'를 밝히고 있다. 이는 수의 성격을 드러낸 것으로 생수는 천으로서 체의 의미이며, 성수는 지로서 용의 의미임을 말한 것이라 하겠다.

59) 柳南相, 「易學의 曆數聖統原理에 關한 研究」, 『論文集』, 忠南大學校 人文科學研究所, 제11권 1호, 1983, 133쪽 참조.

60) 『周易』, 「說卦」, 第二章, "立天之道曰 陰與陽"

61) '立卦'와 '生爻'로써 괘효의 표상체계를 밝히고 있는데, 괘효의 관계는 음양과 강유에 대하여 「계사하」 제6장에서 "음양이 합덕하여 강유의 본체가 있게 된다.(陰陽 合德 而剛柔 有體)"라고 한 것과 연결하여 볼 때 '음양'과 '강유'가 체용관계이기 때문에 '괘'와 '효'는 체용관계로 '卦體爻用'임을 알 수 있다.

62) '시간성의 원리'는 물리적 시간의 존재 근거가 되는 '시간성'을 원리적 관점에서 나타낸 것으로 '시간성'이 형이상의 근원적 원리적 존재임도 불구하고 시간의 속성으로 오해할 수 있어서 '시간성의 원리'로 규정하

는 인도인 空間性의 원리를 표상하는 체계로서 『주역』의 육효중괘가 하도와 낙서를 근거로 형성되었음을 알 수 있다.

마지막 부분의 "도덕에 화순하고 의에서 다스리며, 이치를 궁구하고 본래성을 다하여 명에 이른다."라는 것은 『주역』의 卦爻原理 내용이 人道인 性命之理임을 밝힌 것이다. 『주역』에서는 "옛 성인이 역경을 지은 목적은 장차 (군자로 하여금) 성명지리에 순응하게 하고자 함이다."[63]라고 하여 『주역』이 괘효를 통하여 人道인 君子之道를 밝히고 있음을 논하고 있다.

『주역』이 人道인 성명지리를 밝히고자 卦象原理를 중심으로 易道를 천명하였지만, 그 존재 근거인 天地의 道를 논하지 않을 수 없기 때문에 육효중괘가 표상하는 역도의 내용이 천도와 지도 그리고 인도로 하는 三才之道[64]라고 하였다.

『주역』에서는 천지의 본성으로서 천지의 도를 밝히고 있는 하도와 낙서를 다음과 같이 말씀하고 있다.

　　"이런 까닭으로 하늘이 神物을 내시었으니 성인이 그것을 법받았으며, 천지가 변화하니 성인이 그것을 본받았으며, 하늘이 상을 드리워 길흉을 드러내시니 성인이 그것을 상징화하였으며, 하수에서 圖가 나오고 낙수에서 書가 나오니 성인이 그것을 법받았다."("是故 天生神物 聖人 則之 天地變化 聖人 效之 天垂象 見吉凶 聖人 象之 河出

---

게 된 것이다. 시간성의 원리에 대해서는 임병학의 「역학의 변화지도와 시간성 원리」(『동서철학연구』, 제38호, 2005.)를 참고 바람.

63) 『周易』, 「說卦」, 第二章, "昔者聖人之作易也 將以順性命之理"
64) 『周易』, 「繫辭上」, 第十章, "易之爲書也 廣大悉備 有天道焉 有人道焉 有地道焉 兼三才而兩之 故 六 六者 非他也 三才之道也"

圖 洛出書 聖人 則之")65)

위의 인용문에서 '天生神物(천생신물)'과 '河出圖 洛出書(하출도 낙출서)'를 다 같이 '聖人則之(성인칙지)'라 하여 하도·낙서가 하늘이 낳은 神物66)임을 유추할 수 있다. 그리고 '天地變化'를 성인이 '效之'했다고 하는 것을 통해서 하도와 낙서가 천지의 도인 천지변화원리를 표상하고 있음을 알 수 있다.67)

『正易(정역)』에서는 하도와 낙서가 천지의 도를 표상하고 있음을 다음과 같이 밝히고 있다.

"천지의 이치는 三元이니 元에서 성인을 내리시고 신물을 보이시

---

65) 『周易』, 「繫辭上」, 第十一章.
66) 『書經』에서는 "大玉 夷玉 天球 河圖 在東序"(「周書」, 顧命篇)라 하고, 『禮記』에서도 "天降膏露 地出醴泉 山出器車 河出馬圖"(禮運篇)라 하여 河圖가 古來로 周室에 전승된 玉石類이거나 膏露·醴泉·鳳凰 등 聖人出現의 祥瑞로운 성격을 가진 神秘한 하나의 物件으로서 구체적인 사물로 생각하기 쉬우나, 『周易』「繫辭上」에서는 '河出圖 洛出書 聖人則之'라 하여 河圖에 洛書가 附加並稱되고, 河圖와 洛書를 聖人이 법칙으로 삼았다고 하는데 留意하게 된 것이다.(柳南相, 「河洛象數論에 關한 硏究(一) —正易의 象數論을 중심으로—」, 『論文集』, 제5권 제1호, 忠南大學校 人文科學硏究所, 1978, 149쪽 참조.)
67) 『周易』의 다른 곳에서는 "이로써 하늘의 道에 밝고 백성들의 연고를 살펴서 이에 神物을 興作시켜서 백성들이 쓰기 이전에 원리로 밝혔으니 聖人이 이로써 齋戒하여 그 德을 神明하게 한 것이다.(是以明於天之道而察於民之故 是興神物 以前民用 聖人 以此齋戒 以神明其德夫, 「繫辭上」, 第十一章)"라고 하여 神物이 對象 사물이 아니라 人間의 道德的 本性인 德과 관련된 것임을 알 수 있다. 따라서 天道인 天地變化原理를 人間의 德으로 內面化시켜 神物로 興作한 것이 河圖와 洛書임이 推論된다.

니 이것이 하도와 낙서이다."("天地之理는 三元이니라 元降聖人하시고 示之神物하시니 乃圖乃書로다")68)

위에서 '元降聖人(원강성인)'이라 하여 물리적인 하늘로부터 성인이 내려온 것이 아니라 천도에 근거하여 탄강한 성인이 천도를 주체적으로 자각하여 천지의 본성을 밝혔으며, 그것이 하도와 낙서를 통하여 표상되었음을 알 수 있다.69) 여기서 하도와 낙서를 천이 생한 상서로운 신물로 규정한 것은 그것이 천지의 도를 표상하였기 때문이다. 신물로서의 하도와 낙서의 성격을 파악하기 위해서 '神'은 어떠한 의미인지 간략히 고찰해 보자. 『주역』에서는 '신'을 다음과 같이 밝히고 있다.

"음양을 헤아릴 수 없는 것을 일컬어 신이니."("陰陽不測之謂神")70)
"신이라고 하는 것은 만물이 묘합된 것을 말씀으로써 한 것이다."
("神也者妙萬物而爲言者也")71)
"공자께서 말씀하시기를 변화의 도를 아는 자가 신의 하는 바를 알수 있다."("子 曰知變化之道者 其知神之所爲乎")72)

위에서 내용을 종합하면, 신은 만물의 생성변화를 가능하게 하는

---

68) 金恒, 『正易』,「十五一言」, 第二張.
69) 柳南相,「河洛象數論에 關한 研究(一) ─正易의 象數論을 중심으로─」,
   『論文集』, 忠南大學校 人文科學研究所, 제5권 제1호, 1978, 149~150
   쪽 참조.
70) 『周易』,「繫辭上」, 第五章.
71) 『周易』,「說卦」, 第六章.
72) 『周易』,「繫辭上」, 第九章.

오묘한 원리인 變化之道로서 음양이 합덕된[73] 존재이다. 따라서 하도·낙서는 神妙로운 존재원리인 변화지도를 성인의 主體的 자각과 感通을 통하여 가장 근원적인 상징체계로 표상한 것임을 알 수 있다.

또한 『주역』「계사상」제9장에서는 천지의 수에 의해 구성된 하도와 낙서가 천지변화원리로서의 변화지도를 표상하였음을 논하고 있다. 이를 통하여 하도와 낙서가 표상하는 천지의 道가 변화지도임을 알 수 있다.

이상에서 河圖와 洛書는 성인이 天地의 道를 주체적으로 자각하여 밝힌 天意의 표상체계이며, 이 하도낙서원리를 근거로 『주역』이 형성되었음이 밝혀졌다. 따라서 인도를 위주로 中正之道를 밝히고 있는 선진 성학의 존재 근거를 밝히기 위해서는 河洛原理를 밝혀야 한다. 또한 하도와 낙서가 역학의 근원적 존재원리인 변화지도의 표상체계이기 때문에 변화지도의 이해를 통해서 하락원리의 본래적 의미가 드러나게 될 것이다.

---

73) 『周易』「說卦」第六章에서는 六子女卦(震·巽·坎·離·艮·兌)는 밝히고 乾坤에 대해서는 말씀하지 않았기 때문에 이 문장을 미루어 보면 '神'은 乾坤("乾 陽物也 坤 陰物也"-「繫辭下」, 第六章)이 合德된 것을 표상하고 있다고 하겠다.

# 제3장

## 易學의 變化之道와 하도낙서원리

## 1. 변화지도와 時間性의 原理

　앞에서 고찰한 바와 같이 易學의 학문적 탐구과제인 易道는 變化之道이며, 이 변화지도가 河圖와 洛書로 표상됨을 알 수 있었다. 따라서 易道의 본래적 의의를 밝히기 위해서는 변화지도를 중심으로 河圖洛書原理를 고찰하는 것이 필요하다고 하겠다.

　이에 본 절에서는 變化之道가 어떻게 표상되는지를 먼저 논급하고, 變化之道의 성격과 그 내용이 무엇인지 고찰하고자 한다.

　먼저 본 절에서 고찰하고자 하는 變化之道는 變化의 속성이 아니라 변화원리임을 생각할 때, 易學에서 언급되고 있는 變化는 일상적인 '變化'의 의미와는 엄격하게 구분된다. 일상적으로 '變化'는 時間의 차원에서 전개되는 現狀 사물의 생성과 소멸을 의미하거나, 인간의 생각이 바뀌는 의식의 흐름 등을 말한다고 할 수 있다. 그러나

易學에서 언급되고 있는 變化는 現狀的·일상적인 변화가 아니라 '變化之道'가 드러나는 現象을 가리킨다. 따라서 변화지도를 밝히기 위해서 물리적 變化를 중심으로 變化之道를 고찰해서는 안 되고, 變化之道를 중심으로 변화를 밝혀야 한다.

『주역』에서는 변화지도인 易道의 이해와 설명[1]의 범주를 乾坤으로 규정하고 있다. 즉 變化之道가 乾坤을 중심으로 드러나게 됨을 다음과 같이 논하고 있다.

> "건곤은 역도의 온오한 진리를 담고 있구나. 건곤이 열을 이루어 역이 그 가운데에서 성립되니 건곤이 훼손되면 易을 볼 수 없고 역을 볼 수 없으면 건곤이 아마도 거의 사라질 것이다."("乾坤 其易之縕耶 乾坤 成列而易 立乎其中矣 乾坤 毀則无以見易 易 不可見則乾坤 或 幾乎息矣")[2]

위 인용문을 통하여 易道가 乾坤之道로 집약되기 때문에 乾坤之道를 통하여 易道가 표상됨을 알 수 있다. 따라서 乾坤之道가 아니면 變化之道인 易道를 자각할 수 없는 것이다. 그렇기 때문에 變化之道는 乾坤之道를 중심으로 그 내용이 밝혀지게 된다.

『주역』에서는 乾坤之道를 중심으로 變化之道를 다음과 같이 밝히고 있다.

---

1) 易道인 變化之道를 이해하고 설명하는 것은 易道 자체를 이치에 의하여 풀어서 나누고 그것을 상징적으로 드러내는 해석인 동시에 그것을 상징적으로 드러내는 現象이다. 따라서 '이해'는 易道의 의미해석이며, '설명'은 이해된 것을 상징적으로 드러내는 現象이다.(李鉉中, 「易學의 曆數原理와 卦象原理」, 『東西哲學硏究』, 제29집, 韓國東西哲學會, 2003, 232쪽 참조.)
2) 『周易』, 「繫辭上」, 第十二章.

"그러므로 문을 닫음을 일러 坤이라 하고, 문을 열음을 일러 乾이라고 하며, 한 번은 닫고 한 번은 여는 것을 일러 변화라고 하고, 왕래하여 그침이 없는 것을 일러 통이라고 한다."("是故 闔戶 謂之坤 闢戶 謂之乾 一闔一闢 謂之變 往來不窮 謂之通")[3]

위에서 '闔戶(합호)'는 坤의 成道合德작용을 상징적으로 나타내는 개념이며, '闢戶(벽호)'는 乾의 시생작용을 상징적으로 나타내는 개념이다. 『주역』에서는 "乾은 위대한 始를 주관하고, 坤은 만물을 완성시킨다."[4]라고 하여 乾의 始生作用과 坤의 成道合德作用에 의하여 만물이 생성됨을 밝히고 있다.[5] 그리고 '一闔一闢'(일합일벽)은 乾坤의 迭運作用을 나타내는 것이다. '一闔一闢'을 변화로 규정한 것을 통하여 變化之道는 乾坤(陰陽)의 迭運作用原理(질운작용원리)[6]임을 알 수 있다.

『주역』에서는 乾坤을 陰陽 또는 剛柔로 규정하여 乾坤之道의 體用 관계를 밝히고 있다. 乾坤之道가 體用的 구조임을 다음과 같이 말씀하고 있다.

---

3) 『周易』, 「繫辭上」, 第十一章.
4) 『周易』, 「繫辭上」, 第一章, "乾知大始 坤作成物"
5) 『周易』 「重天乾卦」 彖辭에서는 "彖曰大哉 乾元 萬物 資始 乃統天"라고 하여 乾이 始生作用을 주관하며, 「重地坤卦」 彖辭에서는 "彖曰至哉 坤元 萬物 資生 乃順承天"라고 하여 坤이 天道에 順應하여 成道作用을 주관함을 밝히고 있다.
6) 迭運作用原理(질운작용원리): 질운작용원리는 서로 待對的인 관계에 있는 음양이나 강유가 서로 갈마든다는 것이다. 즉 음이 작용하면 양이 이면의 본체가 되고 양이 작용하면 음이 이면의 본체가 되는 것으로 서로 교대로 작용하는 것을 말한다.

"공자께서 말씀하시기를 건곤은 그 역도의 문이구나! 건은 양적 존재이고 곤은 음적 존재이다. 음양이 합덕 함으로써 강유의 본체가 있게 된다."("子曰乾坤 其易之門邪 乾 陽物也 坤 陰物也 陰陽 合德 而剛柔 有體")[7]

위 인용문을 통하여 乾이 陽이고 坤이 陰이며, 乾坤의 합덕에 의하여 剛柔의 작용이 이루어짐을 알 수 있다. 따라서 乾坤을 작용원리 중심으로 나타내면 剛柔原理가 된다.[8] 또한 음양을 본체로 하여 이루어지는 剛柔의 작용을 『주역』에서는 "陰과 陽으로 나누어져 剛柔로 질운작용한다."[9]라고 하였다. 이러한 剛柔의 질운작용을 앞의 인용문에서는 '一闔一闢'으로 규정한 것이다.

乾坤의 작용인 '一闔一闢'을 본체 중심으로 나타내면 음양의 질운작용이 되기 때문에 乾坤을 통하여 표상되는 변화지도는 음양의 질운작용원리이다. 『주역』에서는 음양을 중심으로 變化之道를 다음과 같이 밝히고 있다.

"한 번은 음으로 작용하고 한 번은 양으로 작용하는 것을 일러 도라고 한다."("一陰一陽之謂 道")[10]

위의 인용문에서 변화지도의 내용을 나타내는 '一陰一陽之'는 '一

---

7) 『周易』,「繫辭下」, 第六章.
8) 『周易』「雜卦」 첫머리에서는 乾坤을 '乾剛坤柔'라고 하여 乾坤을 作用原理 중심으로 剛柔로 규정하고 있다.
9) 『周易』,「說卦」, 第二章, "分陰分陽 迭用柔剛".
10) 『周易』,「繫辭上」, 第五章,

闔一闢'을 음양으로 바꾸어서 나타낸 것이다. '一陰一陽之'는 음양의 질운작용 자체를 가리키는 것이 아니라 음양의 질운작용원리를 나타낸 것이다. 따라서 변화지도는 陰陽의 迭運作用原理임을 알 수 있다.[11]

『주역』에서는 變化之道의 내용인 陰陽原理를 다음과 같이 밝히고 있다.

>  "음양의 뜻은 일월과 배합한다."("陰陽之義 配日月")[12]

위 인용문에서 '음양'은 음양원리이며, '일월'은 일월원리이다. 따라서 음양원리가 일월원리임을 밝히고 있다. 일월원리를 『주역』에서는 다음과 같이 말씀하고 있다.

>  "일월이 운행하며 한 번은 寒하고 한 번은 暑하여"("日月 運行 一寒一暑")[13]
>  "日이 가니 月이 오고 月이 가니 日이 와서 일월이 相推作用하여 밝음이 생기며, 寒이 가니 暑가 오고 暑가 가니 寒이 와서 한서가 相推作用하여 歲가 완성된다."("日往則月來 月往則日來 日月 相推而明生焉 寒往則暑來 暑往則寒來 寒暑 相推而歲成焉")[14]

---

11) '一陰一陽之'하는 陰陽作用原理를 道라고 한 것이지, '一陰一陽之'하는 陰陽의 迭運作用을 道라고 한 것은 아니다. 앞에서 論及했듯이 變化之道는 乾坤之道로서 그 體의 측면을 陰陽原理라고 하였다.
12) 『周易』, 「繫辭上」, 第六章.
13) 『周易』, 「繫辭上」, 第一章.
14) 『周易』, 「繫辭下」, 第四章.

위 인용문에서 日月의 운행에 의해서 밝음이 생기고 寒暑가 相推作用하여 해(歲)가 완성된다고 하여 日月의 운행에 의해 시간이 드러남을 밝히고 있다. 이 일월에 대하여 『주역』에서는 "象을 매달아 밝음을 드러낸 것은 일월보다 큰 것이 없다."[15]라고 하여 근원적 存在原理가 드러나는 상징적 존재로 규정하였다. 이것은 시간의 근거인 時間性의 原理가 드러나는 현상적 존재가 日月이라는 뜻이며, 日月이 단순히 시간을 표상하는 존재가 아니라 시간성의 원리를 표상하고 있음을 밝힌 것이다. 또한 重火離卦(☲ 중화이괘)에서는 "일월이 天道에 걸려 있다."[16]라 하여 天道의 내용이 일월에 의해 표상되는 시간성의 원리임을 밝히고 있다. 따라서 變化之道인 易道는 일월에 의해 표상되는 시간성의 원리임을 알 수 있다.

이상에서 易學의 근본적인 문제인 변화지도는 乾坤으로 표상되는 乾坤之道이며, 乾坤之道는 본체의 측면에서는 陰陽原理이고 작용의 측면에서는 剛柔原理임을 알 수 있다. 이 陰陽原理는 日月原理이며 日月原理는 天道를 표상하는 時間性의 原理이기 때문에 易道인 變化之道는 時間性의 原理임이 밝혀진 것이다.

그러면 變化之道의 성격과 그 내용이 무엇인지 밝히기 위해서 變化之道가 드러난 現象인 변화를 통해서 고찰해 보고자 한다.

『주역』에서는 變化之道를 形而上者로 규정하고, 形而上의 變化之道가 形而下者로 드러나는 것을 변화로 규정하여 다음과 같이 밝히고 있다.

---

15) 『周易』, 「繫辭上」, 第十一章, "懸象著明 莫大乎日月"
16) 『周易』, 「重火離卦」, 象辭, "日月 麗乎天"

"이러한 까닭에 형이상자를 道라 이르고 형이하자를 器라 이르니, 化하여 마름질[17]하는 것을 일러 變이라 하고 이것을 미루어 행하는 것을 通이라 하니, 이 변화원리를 들어서 천하의 백성들이 사용하게 하는 것을 일러 사업이라 이른다."("是故 形而上者 謂之道 形而下者 謂之器 化而裁之 謂之變 推而行之 謂之通 舉而措之天下之民 謂之 事業")[18]

위에서 形而上의 道가 자기 전개작용에 의하여 形而下의 器로 化하여 마름질하는 것을 '變化'라고 하였으며, 이것을 미루어 행하는 것, 즉 道 자체의 자기 전개작용이 끊임없이 이루어지는 것은 通이고, 이러한 變通의 원리를 들어서 백성들의 삶의 원리로 드러내는 것이 군자(인간)의 사업이라고 하였다. 여기서 변화는 形而上의 道[19]가 자기 전개의 작용에 의해 形而下의 器로 드러나는 것임을 알 수 있다.

이에 形而上者와 形而下者에 대한 이해를 통해 변화의 본래 의미

---

17) 金滿山 교수는 '裁'(마름질하다)의 哲學的 의미를 "人間이 자신의 性命 之理를 바탕으로 하여 事物的 존재가 그 존재의미를 구현하도록 다스려 나가는 것이다."라고 하여 인간에 근거를 두고 裁가 사용됨을 설명하였다.

18) 『周易』, 「繫辭上」, 第十二章.

19) 道(도): 道의 文字的 의미는 현상 사물의 존재근거가 되는 근원적 존재(首)가 자기 자신을 드러내는(辶(辵)=彳+止 가고 멈춤) 것이다. 즉 멈춤은 행위의 마디를 뜻하는 것으로 그러한 마디의 단계를 원리로 밝힌 것이다.

앞에서 고찰한 바와 같이 『周易』, 「繫辭上」, 第五章에서는 "一陰一陽 之謂 道 繼之者 善也 成之者 性也", 「繫辭上」, 第十一章에서는 "一闔 一闢 謂之變"라고 하여 一陰一陽하는 陰陽作用原理를 道로 규정하여, '道'가 '變化之道'임을 밝히고 있다.

가 무엇인지 고찰해 보겠다. 위의 인용문에서 道와 器를 구분하여 形의 세계를 초월한[20](而上) 것을 道라 하고, 形을 갖고 있는 것을 器라고 하였다.[21] 일반적으로 形而上者는 無形이고 形而下者는 有形으로 구별하지만, 形而上者를 無形이라고 하는 데 있어서 마음속의 사유작용과 물리적인 시간 등은 無形的인 것이지만 形而上者인 道라고 하지는 않으며, 形而上者는 原理的 존재이지만 자연과학적 법칙을 道라고 하지는 않는다. 이것은 道가 원리적 측면과 작용적 측면의 근저에 있는 神明性을 가지고 있기 때문이다.[22] 따라서 形而上者인 道는 有形의 세계를 초월한 神明性을 본성으로 하여 體用의 구조를 가진 원리적인 존재로 규정될 수 있다.

形而下者는 形而上의 道 자체가 而下한 것으로 形而下的 존재는 現象 事物이지만 形而下者는 현상적 개체 사물이 아니라 形而上의 變化之道인 時間性의 原理(神明性)가 드러나고 밝혀지는 場이기 때문에 器라고 하였다. 그런데 形而上의 時間性의 原理가 드러나고 밝혀지는 場은 인간 본래성이기 때문에 器는 인간 본래성을 擔持하

---

20) 超越은 단순히 넘어섰다는 의미가 아니라 形而下의 세계를 포괄하여 넘어섰다는 의미이다.

21) '道'와 '器'라 하여 이분법적으로 나누어지는 것이 아니라 '形'을 매개로 하여 '而上'을 道라 하고, '而下'를 器라 하여 일체적 관계를 바탕으로 논의되고 있다.

22) 『正易』에서는 "위대하다 體影의 道여! 理氣가 서리어 있으며 神明이 모여 있다."("大哉라 體影之道여! 理氣囿焉하고 神明이 萃焉이니라", 「十五一言」, 第一張)라고 하여 天地之道의 특성을 밝히고 있다. 天地의 性情인 人格性을 나타내는 개념이 神明이며, 이러한 神明의 原理的 측면을 나타내는 것이 理이고, 作用的 측면을 나타내는 것이 氣라고 한 것이다.

는 德器라고 하겠다.

　形而下者인 器가 인간 본래성인 性命之理를 상징하다는 것을『주역』「繫辭」여러 곳에 찾을 수 있다. 「계사하」제12장에서 "象의 일은 器를 알고자 하는 것이다."[23]라고 하여,『주역』의 卦象原理가 器를 알고자 함이라 하였다. 卦象原理를 표상하고 있는『주역』의 六十四卦와 「계사상·하편」을 비롯한 十翼이 人道로서 性命之理를 밝히고 있기 때문에 器가 性命之理임을 알 수 있다. 「계사하」제5장에서는 "君子가 몸에 器를 간직하고 때를 기다려 움직이며 어찌 不利함이 있으리오."[24]라 하여 君子가 자신의 몸에 간직하고 있는 것은 性命之理로서 자신의 本性을 자각하여 때에 맞게 行爲함을 밝히고 있다.

　그런데 君子는 자신의 本性인 四德原理를 구체적인 文物制度로 실천하기 때문에 인간 본래성인 性命之理가 文物制度로 드러난다고 하겠다. 즉 君子는 자신의 본성을 자각하여 구체적인 문물제도를 통해서 王道政治를 실천하기 때문에 器는 체계화된 원리로 文物制度를 상징한다고 하겠다. 이러한 것을 「계사상」제10장에서는 "器를 제정하고자 하는 사람을 卦象原理를 숭상하고"[25]라 하였으며, 「계사상」제11장에서는 "존재원리를 갖추고 쓰임에 이르며 立志하여 器를 완성하여 천하를 이롭게 하는 것이 성인보다 위대한 것이 없다."[26]라고 하여, 君子는 聖人이 밝힌 인간 本來性을 자각하여 실천하는 것이기 때문에 천하를 이롭게 하는 데는 聖人보다 위대한 존재는

---

23)『周易』,「繫辭下」, 第十二章, "象事 知器"
24)『周易』,「繫辭下」, 第五章, "君子 藏器於身 待時而動 何不利之有"
25)『周易』,「繫辭上」, 第十章, "以制器者 尙其象"
26)『周易』,「繫辭上」, 第十一章, "備物 致用 立成器 以爲天下利 莫大乎聖人"

없는 것이다.

위에서 形而上者와 形而下者의 관계를 통하여 밝혀지는 변화는 形而上者인 變化之道(時間性의 原理)가 而下하여 形(器)[27]으로 드러나는 것임을 알 수 있으며, 器가 인간 본래성을 상징하기 때문에 그 변화가 단순히 물리적으로 일어나는 만물의 생성변화 현상이 아니라 인간을 매개로 이루어지는 인격적인 존재의 變化原理임도 알 수 있다.

『주역』에서는 변화가 인격적 존재를 통해 밝혀지는 변화지도의 현상임을 다음과 같이 밝히고 있다.

> "건도가 변화함으로써 각각 性命이 바르게 된다."("乾道變化 各正性命 保合大和 乃利貞")[28]
> "손으로 비겨서 의심을 푼 이후에 말하고, 의논한 이후에 행동하니 비겨서 의심을 풀고 의논하여 변화를 완성한다."("擬之而後 言 議之而後 動 擬議 以成其變化")[29]

위 인용문에서는 乾道가 변화함으로써 性命을 바르게 한다고 하고, 인간의 언행을 통하여 변화가 완성된다고 하여 변화가 인격적 존재의 변화원리임을 밝히고 있다.

위에서 고찰한 변화를 종합하면 두 가지 측면에서 이해할 수 있

---

27) 『周易』, 「繫辭上」, 第十一章에서는 "見 乃謂之象 形 乃謂之器"라고 하여 象이 형체를 갖게 되었을 때 그것을 器라고 하였다. 그런데 器는 成形의 결과를 지칭하는 개념인 동시에 表象의 결과를 지칭하는 개념으로 만물의 일반원리가 체계화된 文物制度를 가리키는 것이다. 따라서 '形'은 器가 의미하는 것과 아울러 개체 사물을 포함한 개념으로 이해된다.
28) 『周易』, 「重天乾卦」, 象辭.
29) 『周易』, 「繫辭上」, 第八章.

다. 변화지도 자체의 측면에서는 形而上의 道가 자기 전개작용에 의해 形而下로 드러나는 것이 변화이며,[30] 인간[地道]의 측면에서는 군자의 언행을 통해서 만물의 존재 의미를 밝혀 天人이 합덕됨으로 三才가 成道合德되는 것이 변화가 완성되는 것임을 알 수 있다.

따라서 天道인 시간성 원리의 자기 전개작용이 人道인 性命之理로 드러나기 때문에 인간의 입장에서는 시간성의 원리를 자각하는 것이 바로 인격적 존재의 존재원리를 자각하는 것이며, 그것이 변화원리를 자각하는 것이다. 그렇기 때문에 인간이 자신의 본성으로 주어진 時間性의 原理를 자각하여 그것을 현실에서 四德으로 실천하는 것이 바로 변화인 것이다.

이상에서 논한 바와 같이 '변화'는 變化之道인 時間性 原理의 자기 전개작용에 의해서 시간으로 드러나는 것이기 때문에 時間性 原理의 해명이 易學의 變化之道를 이해하는 핵심적 문제임이 드러나게 되었다. 이것을 「계사상」 제5장에서는 "生生之謂易"[31]이라 하여 生하고 生하는 원리가 易道라고 하였다. 時間性의 原理의 자기 전개작용이 끊임없이 生하고 生하여 순환·전개되는 원리를 일러 '易'이라고 규정한 것이다. 따라서 易學의 근본적인 문제인 變化之道로서 時間性의 原理를 밝히지 않을 수 없다. 天道인 時間性의 原理의 구조와 작용에 대하여 절을 바꿔 구체적으로 고찰해 보도록 하겠다.

---

30) 變化之道가 時間性의 原理이기 때문에 時間性의 原理가 자기 전개작용에 의해 時間으로 드러나 만물을 生成化育시키는 것이 변화라고 하겠다. 『주역』에서는 變化原理인 道가 일상적인 時間의 차원에서 論議되는 물리적 존재의 變化法則이 아니라 시간의 존재 근거인 時間性의 原理 자체의 存在原理임을 분명하게 밝히고 있다.

31) 『周易』, 「繫辭上」, 第五章.

## 2. 時間性의 原理와 天之曆數原理

앞 절에서 살펴본 바와 같이 易學이 밝히고 있는 變化之道는 근원적 존재원리로서 天道의 내용인 時間性의 原理임이 밝혀졌다. 그러면 時間性의 原理는 무엇이며, 그것이 天之曆數原理와는 어떠한 관계인지를 『주역』과 『정역』을 중심으로 고찰해 보고자 한다.

時間性의 原理를 해명하기 위해 먼저 『주역』에서 말씀한 '時'의 의미에 대하여 찾아보면 다음과 같다.

> "여섯 자리가 時에 따라서 완성되니 時로서 六龍을 타서 천도를 어거하나니라."("六位時成 時乘六龍 以御天")32)
> "時에 미치고자 함이니."("欲及時也")33)
> "천도를 받들어 時를 행하는 것이라."("承天而時行")34)
> "천도에 응하여 時를 행하는 것이라."("應乎天而時行")35)
> "天文을 깨우쳐 時의 변화를 살피느니라."("觀乎天文 以察時變")36)

위 인용문을 통해서 '時'는 天道와 관련된 것으로 『주역』의 '時'가 단순히 물리적 시간이 아니라 근원적 存在原理인 '時間性의 原理'에 근거하고 있음을 알 수 있다. 易學에서는 시간의 근거가 되는

---

32) 『周易』, 「重天乾卦」, 彖辭.
33) 『周易』, 「重天乾卦」, 文言 九四爻辭.
34) 『周易』, 「重地坤卦」, 文言 九五爻辭.
35) 『周易』, 「火天大有卦」, 彖辭.
36) 『周易』, 「山火賁卦」, 彖辭.

근원적 존재원리인 시간성의 원리는 어떻게 밝히고 있는가?

『주역』에서는 易學의 학문적 탐구 과제인 易道에 대하여 말씀하면서 다음과 같이 밝히고 있다.

"종시원리를 두려워하는 것은 그 요체가 허물 짓지 않기 위함이니 이것을 일러 역도라고 한다."("懼以終始 其要 无咎 此之謂易之道也")[37]
"『주역』의 글 됨이 시초에 근원하여 그 마침에서 요약하여 그것을 質(내용)로 삼고, 六爻가 서로 섞여 있는 것은 오직 시의성을 표상하는 物이다."("易之爲書也 原始要終 以爲質也 六爻相雜 唯其時物也")[38]

위 첫째 인용문에서는 終始原理를 자각하는 것이 易道라 하여 易道인 시간성의 원리가 終始原理임을 밝히고, 둘째 인용문에서 『주역』의 글 됨이 始를 근원으로 하여 그 終을 요약한다는 것은 始終으로 전개되는 물리적 시간을 말씀한 것이 아니라 時間性의 原理임을 뜻하는 것이다.[39] 즉 '始에 근원하여'는 過去的 開始性에 근원하였다는 것이며, '終을 요약하는 것'은 未來的 終末性을 밝힌다는 것이며, '六爻가 서로 섞여 있는 것은 오직 時義性을 표상하는 物이다.'라는 것은 『周易』의 六爻가 시간성의 원리가 드러나는 시의성을 표상한다는 것이다. 따라서 『주역』의 六十四卦가 時間性의 原理를 밝히고

---

37) 『周易』, 「繫辭下」, 第十一章.
38) 『周易』, 「繫辭下」, 第九章.
39) 朱子는 『周易本義』에서 이 부분을 "質은 卦體를 이른다. 卦는 반드시 始終을 든 이후에 體를 이루고, 爻는 오직 그 時와 物일 뿐이다.(質謂卦體卦爻必擧其始終而後成體爻則唯其時物而已)"라 註釋하여, 卦와 爻의 의미를 밝히고 있으나, 易學의 根本問題가 時間性의 原理로 終始原理임을 밝히지 못하고 始終으로만 표현하고 있다.

있음을 알 수 있는 동시에 時間性의 原理가 過去的 開始性과 未來的 終末性을 구조로 함을 알 수 있다.

『주역』에서는 時間性의 原理의 구조에 대하여 다음과 같이 밝히고 있다. 天道를 밝힌 重天乾卦(☰ 중천건괘) 彖辭에서는

> "종시성을 크게 자각하면 여섯 位가 時에 따라서 완성되니."("大明終始 六位時成")40)

라 하였고, 18번째 卦로서 卦辭에서 '先甲三日後甲三日'을 밝힌 山風蠱卦(☶ 산풍고괘) 彖辭에서는

> "마치면 곧 시작함이 천도 운행원리이다."("終則有始 天行也")41)

라 하여 終始性이 天道의 운행원리라고 하였으며, 人道를 위주로 말씀한 下經 두 번째(32번째) 卦로서 성인지도를 표상한 雷風恒卦(☳ 뇌풍항괘) 彖辭에서도 역시

> "천지의 道는 항구하여 그침이 없는 것이라. 갈 바가 있어 이로운 것은 마치면 곧 시작함일세라."("天地之道 恒久而不已也 利有攸往 終則有始也")42)

라 하였으며, 人道를 비겨 天道를 말씀한 54번째 卦인 「雷澤歸妹卦

---

40) 『周易』, 「重天乾卦」, 彖辭.
41) 『周易』, 「山風蠱卦」, 彖辭.
42) 『周易』, 「雷風恒卦」, 彖辭.

(☳☱ 뇌택귀매괘)」 彖辭에서는

"천지의 큰 뜻이니 …… 歸妹는 사람의 종시이다."("天地之大義也
…… 歸妹 人之終始也")[43]

라 하였다. 여기서 『주역』이 밝히고 있는 天道의 내용이 時間性의 原
理로서 終始原理임을 분명하게 알 수 있다. 『주역』이 선진 聖學의
존재론적 근거를 제공하기 때문에 선진 성학 경전의 도처에서도 終
始原理를 언급하고 있다.[44] 이러한 終始性을 구조로 하는 時間性의

---

43) 『周易』, 「雷澤歸妹卦」, 彖辭.
44) 先秦 聖學의 經典에서는 時間의 문제를 이야기할 때 '時'라고 표현하
여 공간적 의미가 있는 사이 '間'을 함께 사용하지 않았으며, 또한 '始
終'이라 하지 않고 '終始'로 表象함을 찾아볼 수 있다.
   『書經』에서는 天道인 時間性의 原理를 終始性으로 규정하고, 人間의
   德으로 내재화됨을 다음과 같이 밝히고 있다.
   「尙書」, 仲虺之誥, "嗚呼ㅣ라 愼厥終할든 惟其始ㅣ니 殖有禮하시며 覆
   昏暴하샤 欽崇天道하샤 永保天命하시리이다"
   「尙書」, 太甲下, "德이면 惟治하고 否德이면 亂이라. 與治로 同道하면
   罔不興하고 與亂으로 同事하면 罔不亡하나니 終始에 愼厥與는 惟明明
   后ㅣ니이다. 先王이 惟時로 懋敬厥德하샤 克配上帝하시니"
   「尙書」, 咸有一德, "今嗣王이 新服厥命하시간대 惟新厥德이니 終始惟
   一이 時乃日新이니"
   또한 『中庸』에서는 다음과 같이 밝히고 있다.
   第一章, "物有本末하고 事有終始하니"
   第二章, "君子之中庸也는 君子而時中이오"
   第二十章, "誠者는 天之道也이오"
   第二十五章, "誠者는 物之終始니 不誠이면 無物이니 是故로 君子는
   誠之爲貴니라"
   『孟子』에서는 다음과 같이 밝히고 있다.
   萬章章句下, "孔子之謂集大成이시니 集大成也者는 金聲而玉振之也라

原理의 志向作用을 「계사상」에서는 다음과 같이 밝히고 있다.

"이러한 고로 幽明의 연고를 자각하며, 시작에서 근원하여 종말로 돌아가는(종시성에 근거하는) 것이라 고로 死生의 말씀을 알며 정기가 物이 되는 것이오 游魂하여 變이 되는 것이라 이러한 고로 귀신의 情狀을 알게 된다."("是故 知幽明之故 原始反終 故 知死生之說 精氣爲物 游魂爲變 是故 知鬼神之情狀")[45]

이 글에서 始를 근원으로 한다는 것은 과거적 開始性(過去時)의 未來 志向性이며, 終에 되돌아온다는 것은 미래적 終末性(未來時)의 過去 志向性을 표현하는 것이고, 死生之說을 안다는 것은 終始를 원리로서 밝혀 놓은 時間性의 原理를 자각했다는 것이며, 시간성의 원리를 자각했기 때문에 鬼神의 情狀인 變化之道를 알 수 있다고 한 것이다.

이러한 時間性의 原理의 志向作用을 『주역』에서는 다음과 같이 밝히고 있다.

"지나간 과거의 일을 헤아리는 것은 順作用에 의하며, 미래를 아는 것은 逆作用에 의하여 가능하기 때문에 미래의 일을 알고자 하는 역학은 逆으로 셈(헤아리)하는 것이라."("數往者 順 知來者 逆 是故 易 逆數也")[46]

---

金聲也者는 始條理也오 玉振之也者는 終條理也니 始條理者는 智之事 也오 終條理者는 聖之事也니라"

45) 『周易』, 「繫辭上」, 第四章.
46) 『周易』, 「說卦」, 第三章,

위 인용문에서 '과거를 헤아리는 것(數往)'과 '미래를 아는 것(知來)'의 주체가 '人間의 뜻'으로서 지나간 것을 살피는 것을 順방향이라 하고, 未來에 다가올 것을 아는 것을 逆방향이라 하였다. 順逆作用에 대하여 다음과 같이 말씀하고 있다.

> "나는 새가 남긴 소리가 上이면 마땅하지 않고 下면 마땅한 것은 上로 향하는 것은 逆이고 下로 향하는 것은 順이다."("飛鳥遺之音不宜上宜下大吉 上逆而下順也")[47]

위 인용문에서 逆방향은 아래에서 위로 향하는 것이며, 順방향은 위에서 아래로 내려오는 방향임을 알 수 있다. 여기서 '上'은 后天的 의미를 가진 미래를 표상하며, '下'는 先天的 의미로 과거를 표상한 것이다. 이것을 時間性의 原理의 지향작용으로 고찰해 보면, 順作用은 미래적 終末性(未來性)의 과거 志向작용을 의미하고, 逆作用은 과거적 開始性(過去性)의 미래 志向作用을 본질로 함을 뜻하는 것이다.

즉 時間性의 原理에서 미래적 終末性(未來性)은 과거 志向작용을 하여 順방향으로 작용하는 과거 志向性을 본질로 하며, 과거적 開始性(過去性)은 미래 志向作用을 하여 逆방향으로 작용하는 미래 志向性을 본질로 하는 것이다.[48]

---

47) 『周易』, 「雷山小過卦」, 彖辭.
48) 時間性의 原理와 時間의 관계는 어떻게 밝혀지는가?
   일상적으로 '時間'이란 始終(生成 · 終始概念)에 의하여 규정된 것을 뜻하는 동시에 時間은 存在事物의 생성변화 현상을 통해서 生成原理로서의 '變化之道'가 인간 主體的 세계인 意識內面에 主體化되어 知覺

이러한 점을 유남상 교수는 다음과 같은 밝히고 있다.

"未來時는 現在的 時位를 契機로 하여 自己本質을 現象化시켜 過去性으로 現存하게 되고, 過去時도 現在的 時位를 契機로 하여 자기 본질을 現象化시켜 未來性으로 現存하게 되는 것이다. 그러므로 現在的 時間性은 未來的 時間性과 過去的 時間性이 統一된 現在的 現存性으로 志向되는 것이다. 따라서 現在的 現存性의 내용에 있어서는 未來的 終末性은 過去 志向性에 의하여 過去時의 終末性으로 정착하며, 過去的 開始性은 人間의 未來 志向性에 의하여 未來時의 開始性으로 정착하면서 過去, 現在, 未來를 일관하는 '變化之道'가 統覺되는 동시에 時間性의 全貌가 밝혀지는 것이다."[49]

위에서 終始性은 과거적 終末性과 미래적 開始性을 동시에 밝힌 것과 더불어 과거적 開始性의 미래 志向作用과 미래적 終末性의 과거 志向作用이 현재적 時位인 現存性에서 합덕 일체화되는 時間性

되는 것이다. 따라서 객관적 사물의 생성변화 현상은 시간의 본질인 '變化之道'의 認識根據가 되는 것이며, 인식 內容으로서의 生成原理인 '變化之道'는 客觀的 時間의 存在根據가 된다. 여기서 形而上的 存在인 '道', 즉 '變化之道'가 始終으로 규정된 生成現象을 나타내는 물리적 시간 세계 안에 들어와서는 시간의 本質로서의 時間性으로 定着되었음을 알 수 있다.

時間性의 原理, 즉 '變化之道'에 존재 근거를 둔 現象的이요 객관적인 물리적 시간은 過去·現在·未來라는 存在樣相을 나타내고 있다. 따라서 時間性의 原理 구조도 過去·現在·未來를 일관하는 論理的 體系를 내용으로 하고 있음을 알게 되는 것이다.(柳南相, 「도서역학의 시간관 서설」, 『시간에 관한 연구』, 忠南大學校 人文科學硏究所, 1989, 66~67쪽 참조.)

49) 柳南相, 앞의 論文, 67쪽.

의 原理의 구조와 작용을 동시에 표현한 말임을 알 수 있다. 즉 終始性을 구성하는 終末性은 미래 시간의 근거가 되는 未來性이며, 太初性은 과거 시간의 존재 근거가 되는 過去性으로 時間性의 原理는 未來性(終末性), 過去性(開始性) 그리고 現存性의 세 가지 양상으로 밝혀지게 된다.

時間性의 원리는 過去·現在·未來[50]를 일관하는 논리적 체계를 내용으로 함에 未來時의 근거가 되는 미래적 時間性은 과거 志向性을 본질로 하며, 過去時의 근거가 되는 과거적 時間性은 미래 志向性을 본질로 하여, 미래적 時間性과 과거적 時間性의 志向作用에 의하여 현재적 時位에서 서로 만나서 결합 일치되는 것이다.

이러한 時間性의 原理는 시간의 존재 근거가 되는 形而上的 존재로 易學의 학문적 탐구 과제이므로 『주역』을 비롯한 선진 성학과 『정역』에서 근본적 문제로 밝히고 있다. 時間性의 原理를 선진 성학에서는 어떻게 말씀하고 있는가?

『서경』과 『논어』에서는 先秦 聖學의 핵심적 내용을 다음과 같이 말씀하고 있다.

"天의 曆數가 네 몸에 있으니, 진실로 그 中을 잡아라. 사해가 곤

---

50) 過去-現在-未來, 三樣相(삼양상): 인간이 시간을 이해하면서 과거-현재-미래라는 三樣相으로 인식하는 것은 時間性의 원리가 過去性·現存性·未來性이라는 三極의 구조로 되어 있기 때문이다. 인간의 時間意識은 시간의 근원적 존재인 시간성의 원리의 자기 顯現이므로 인간의 時間意識을 통해서 시간성의 원리의 존재 구조가 밝혀지게 되는 것이다. 즉 人間이 時間을 과거-현재-미래의 三樣相으로 이해하는 것도 궁극적으로는 時間性의 원리가 時間意識으로 드러나기 때문이다.

궁하면 하늘의 녹이 영원히 끊어지리라."("天之曆數ㅣ 在汝躬이라 汝
終陟元后하리라 人心은 惟危하고 道心은 惟微하니 惟精惟一하야사
允執厥中하리라 …… 四海困窮하면 天祿이 永終하리라."51) "堯曰咨爾
舜아 天之曆數ㅣ 在爾躬이니 允執其中하라 四海困窮하면 天祿이 永
終하리라."52)

이것은 帝堯가 帝舜에게, 帝舜이 禹임금에게 하신 말씀으로 천하
를 授受하는 聖統의 傳授 과정에서 성인의 뜻이 집약적으로 담긴
핵심 내용이다. 天道는 曆數로 되어 있음을 말씀하고 그것이 '너의
몸 안에 있다.'고 하여 성인의 심성 내면에 내재화되었음을 밝히고
있다. 그리고 '진실로 그 中을 잡아라.'고 하여 성인이 주체적 자각
을 통하여 易道를 밝히고 세상에 구현하라는 간곡한 의미를 담고
있다. 따라서 '天之曆數'의 '曆數'는 天道의 내용을 의미하는 것으로
성인이 주체적으로 자각한 易道로서 曆數原理라 하겠다.

『정역』에서는 "易道는 曆數原理이니"53)라 하여 易道가 曆數原理
임을 말씀하고 있다. 앞에서 이미 밝혔듯이 易道는 變化之道로서 時
間性의 原理이기 때문에 時間性의 原理가 曆數原理임을 논증하게
된다.

이러한 내용을 『서경』에서는 "이에 羲氏와 和氏에게 命하여 공경
히 天道에 순응하야 日月星辰을 曆하고 象하여 人時를 공경히 주라
고 하셨다."54)라고 하여, 易道의 표상 체계가 曆數原理와 卦象原理

---

51) 『書經』,「虞書」, 大禹謨篇.
52) 『論語』, 堯曰篇.
53) 金恒, 『正易』,「大易序」, "易者는 曆也ㅣ니"
54) 『書經』,「虞書」, 堯典篇, "乃命羲和하샤 欽若昊天하야 曆象日月星辰하

임을 밝히면서 時間性의 原理를 자각하여 백성들에게 시간의 의의를 가르쳐 주라고 하였다.

이와 같이 선진 성학에서는 曆數原理의 자각과 실천에 학문적 과제가 있음을 밝히고 있다. 따라서 선진 성학은 天道인 曆數原理를 밝히고 있는 易學에 근거하였음을 알 수 있다. 선진 성학에서 밝힌 天道인 역수원리가 인간 본성으로 내재화되었음을 『주역』에서는 다음과 같이 밝히고 있다.

> "한 번은 음으로 작용하고 한 번은 양으로 작용하는 것을 일러 道라 하며, 계승해 가는 것이 善이고, 이루어 가는 것이 性이다."("一陰一陽之謂 道 繼之者 善也 成之者 性也")[55]

위 인용문에서 天道는 陰陽의 질운작용원리이며, 天道가 인간 주체화된 것이 인간 본래성으로서의 善性임을 알 수 있다. 그리고 『주역』에서는 "天道를 세워서 음양이라 이르고",[56] "음양의 뜻은 일월과 배합하니"[57]라 하여 天道가 음양으로 표상되고, 陰陽原理는 일월원리와 일치하기에 天道의 내용이 일월작용을 표상되는 時間性의

---

야 敬授人時하시다"

위에서 '曆'과 '象' 漢代 이후 諸儒들은 易道의 표상 방법으로 보지 못하고 '曆所以紀數之書 象所以觀天之器 如下篇璣衡之屬 是也'(曆은 數를 기록하는 책이요 象은 하늘을 관찰하는 器具이니 下篇의 璇璣玉衡 같은 것이 이것이다. 『書經』 蔡沈集傳 참조)라 하여 일 년 朞數를 측정하는 器具와 그것을 적어 놓은 책으로 보았던 것이다.

55) 『周易』, 「繫辭上」, 第五章.
56) 『周易』, 「說卦」, 第二章 "是以 立天之道曰陰與陽"
57) 『周易』, 「繫辭上」, 第六章, "陰陽之義 配日月"

原理임을 밝히고 있다.

위에서 時間性의 原理가 曆數原理임을 밝히는 과정에서 天道인 曆數原理가 인간 본래성으로 내재화되고, 인간은 자신의 본래성을 자각함으로써 주체화된 天道를 자각하게 되기 때문에 天道인 時間性의 原理와 인간 본래성은 상호 일체적인 관계임을 확인할 수 있다.

그러면 天道인 曆數原理와 인간 本來性은 어떠한 관계인가?

天道인 時間性의 原理를 자각하기 위해서는 인간 본래성을 자각해야 하기 때문에 時間性의 原理를 밝히기 위해서는 인간 본래성을 통로로 할 수밖에 없다. 이는 時間性의 原理가 드러나고 밝혀지는 場(空間性의 原理, 器)이 形而下者로서 인간 본래성58)이며, 인간만이 時間性의 原理를 근거로 드러나는 時間意識(시간의식)59)을 통해서 時間性의 原理를 이해하고 자각할 수 있기 때문이다.60) 時間性

---

58) 『周易』, 「繫辭上」, 第十一章, "是故 形而上者 謂之道 形而下者 謂之器" 『中庸』, 經一章, "天命之謂性이오"

59) 時間意識(시간의식): 서양 실존철학자 하이데거는 "人間만이 現存在로서 時間意識을 가지고 시간을 認識하며 살아가는 存在로서 人間만이 存在(道)와 끊임없이 관계하면서 存在를 이해하고 그리고 存在를 밝힐 수 있는 존재"라고 하였다. 그는 "人間을 現存在(Dasein)라고 규정하는데 'Da(現)'은 'Jetzt & hier(지금 그리고 여기)'라는 의미로 時間과 空間을 포괄하는 존재라는 뜻이다."라고 한 것이다.(崔良夫, 『Heidegger의 存在물음에 構造契機에 의한 定礎過程에 關한 研究』, 忠南大學校 大學院 博士學位論文, 1987, 18쪽 참조.)

즉 人間만이 時間軸과 空間軸이 만나는 宇宙의 중심에서 살아가는 존재로 광대한 공간 내에서 전개되는 森羅萬象의 생성변화 현상을 관찰하여 유구한 시간의 흐름을 의식하는 동시에, 宇宙間에 있어서 人間의 위치와 사명을 자각하면서 인류문화를 창조·발전시켜 나가고 있다.(柳南相, 「曆과 易」, 『百濟研究』, 제17집, 忠南大學校 백제연구소, 1986, 231쪽 참조.)

의 原理는 形而上的 존재로서 인간 본래성으로 주어져 있기 때문에 인간 본래성의 자각을 통해서만 時間性의 原理가 밝혀지는 것이다. 이를 유남상 교수는 '天道의 人間 主體的 自覺原理'[61]라고 규정하고, 주체적 자각을 통해서 天人合德의 存在原理를 밝힐 수 있다고 하였다.

그런데 인간이 시간의식을 통해서 시간의 존재 근거인 時間性의 原理를 자각할 수 있는 것은 天道인 時間性의 原理가 인간 본래성으로 내재화되었기 때문에 가능한 것이다. 이것을 '天道의 人間 主體化 原理'[62]라고 한다. 인간만이 가지고 있는 시간의식은 바로 天道인 時間性의 原理가 인간 본래성으로 주체화되었기 때문에 가능한 것으로 인간 본래성이 시간의식으로 드러나는 것이다.

---

60) 앞 절에서 時間性 原理의 자기 전개작용이 物理的 時間으로 드러난다고 하여 물리적 時間을 통해서 시간의 근원인 時間性 原理를 自覺할 수 있는 것은 아니다. 다만 물리적 時間은 시간의 본질인 時間性 原理의 자기 전개작용이므로 時間性의 原理를 인식할 수 있는 자료가 된다고 하겠다.

61) '天道의 人間 主體的 自覺原理'를 처음으로 개념화한 유남상 교수는 다음과 같이 밝히고 있다. "天之曆數變化原理가 人間 主體的 自覺을 通하여 現傳되는 天人合德의 存在原理로서, 이러한 中正之道를 洞覺한 人間이 바로 人類 歷史의 中極的 存在인 聖人이다."(柳南相, 「正易의 圖書象數 原理에 關한 研究」, 『論文集』, 제8권 제2호, 忠南大學校 人文科學研究所, 1981, 195쪽.)

62) 柳南相 교수는 『書經』의 '天之曆數 l 在汝躬이라 汝終陟元后하리라 人心은 惟危하고 道心은 惟微하니 惟精惟一하야사 允執厥中하리라'의 '允執厥中'에 대하여 "'允執厥中'이라고 한 것은 바로 聖人에게 주어진 天命을 믿음으로써 內面化 내지 主體化시켜 本性으로서 自得함을 意味한 것이요."라고 하여 天道의 人間 主體化를 밝히고 있다.(「正易思想의 根本問題」, 『論文集』, 忠南大學校 人文科學研究所, 제7권 제2호, 1980, 235쪽 참조.)

이러한 '主體化'와 '主體的 自覺'이 일체·양면적 관계이지만[63] 논리적으로 구분하여 보면, 天道의 人間 主體化 原理는 天道인 時間性의 原理가 자기 전개작용에 의해 인간 본래성으로 내재화되는 것이다. 이것은 天道가 자기 顯現에 의해서 드러나는 것으로 인간 존재를 비롯하여 우주 만물 그 자체가 바로 時間性의 原理의 자기 顯現임을 의미하는 것이다. 반면에 天道의 人間 主體的 自覺은 인간이 자신의 본래성을 자각함으로써 자신의 존재 근거인 時間性의 原理를 깨닫게 되는 것이다.

'天道의 人間 主體化原理'와 '天道의 人間 主體的 自覺原理'에서 전자가 존재론적 입장이라면 후자는 자각론적 입장이 될 것이다. 이러한 논리체계를 『주역』에서는 '順逆原理'[64]라 하였던 것이다. '天道의 人間 主體化'의 입장은 順作用原理이며, '天道의 人間 主體的 自覺'의 입장은 逆作用原理이다. 時間性의 原理의 자기 전개작용이 시간으로 드러나는 것을 順作用原理라면, 인간 본래성의 자각을 통해 時間性의 原理를 밝히는 것은 逆作用原理임을 의미하는 것이다.

그런데 역학에서 밝히고 있는 학문의 방법은 逆방향[65]으로 逆作

---

63) 이러한 論理는 陰陽體用의 論理와 같다. 즉 陰이 드러나면 이면에는 陽이 體가 되고, 陽이 작용하면 이면에는 陰이 體가 되어 서로 互相體用이 되는 것이다. 主體的 自覺을 하면 主體化는 裏面에 전제가 되어 있고, 主體化가 되었다는 것은 自覺이 전제되어 있는 것이다. 따라서 두 방향은 떨어져 존재하는 것이 아니라 일체적으로 존재하는 것이다.
64) 『周易』,「說卦」, 第三章, "數往者 順 知來者 逆 是故 易 逆數也" 「雷山小過卦」, 彖辭, "飛鳥遺之音不宜上宜下大吉 上逆而下順也"
65) 『周易』에서는 "數往者 順 知來者 逆 是故 易 逆數也"(「說卦」第三章) 라 하고, 『正易』에서는 "龍圖는 未濟之象而倒生逆成하니 先天太極이니라 龜書는 旣濟之數而逆生倒成하니 后天无極이니라 五居中位하니 皇

用原理를 통해서 順作用原理를 밝히는 것이라 하겠다.[66) 易學의 중심문제는 逆作用原理의 관점에서 인간 本來性을 자각하는 것이라고 볼 수 있다. 그런데 인간이 스스로 자신의 존재 근거가 될 수 없고 天道가 주체화된 것이기 때문에 順作用原理를 떠나서는 논의될 수 없는 것이다. 水地比卦(䷇ 수지비괘)에서 "逆生倒成(逆)作用原理를 버리고 倒生逆成(順)作用原理를 취함이 앞에 다가오는 짐승을 놓아주는 것이오."[67)라고 하여 비유적으로 밝힌 것은 逆작용과 順작용이 종합적으로 이루어져야 함을 밝힌 것이다. 즉 자신의 주체적 삶의 방향인 逆작용원리를 버리고 天道의 주체화 방향만 취하는 것은 올바르지 못함을 말씀한 것이다.

『주역』에서는 逆作用原理를 중심으로 順作用原理를 종합하여 다음과 같이 말씀하고 있다.

"완성된 본성을 보존하고 보존하는 것이 道義의 문으로 들어가는 것이라."("成性存存 道義之門")[68)

---

極이니라. 易은 逆也니 極則反하나니라"(「十五一言」第二張)라고 하였다. 이것을 학문의 측면에서 보면, 君子가 易學을 공부하는 것은 未來性의 세계를 깨닫고자 하는 逆生倒成의 문제와 그것을 바탕으로 실천하는 倒生逆成의 문제가 근본문제임을 말씀한 것이다. 그런데 '易 逆數也'와 '易 逆也'라고 한 두 곳의 언급은 逆生倒成作用原理를 중심으로 倒生逆成作用原理를 해명하는 것이 중심 문제임을 다 같이 밝히고 있는 것이다.

66) 즉 實存的 삶의 방향과 학문의 방법은 逆作用原理이지만 그 裏面에는 順作用原理가 體로 되는 것이다.

67) 『周易』, 「水地比卦」九五爻 小象辭, "舍逆取順 失前禽也"

68) 『周易』, 「繫辭上」, 第七章.

위 인용문에서 天地之道가 드러나고 밝혀짐에 易道가 인간 本來性으로 내재화되었기 때문에 자신의 본성을 보존하는 것이 道義의 문으로 들어간다고 하였다. 易道의 내용인 時間性의 原理를 밝히는 문제가 인간이 주체적으로 자각하는 문제와 직결됨을 밝힌 것이다.

『주역』에서는 이러한 주체적 자각을 '通神明之德'(통신명지덕)[69]이라 하고, 또 '感通'(감통)[70]이라고 하여 神明한 德에 통함으로써 근원적 存在原理를 자각함을 밝히고 있다. 물론 '신명한 덕'에서 神明은 시간의 존재 근거인 時間性의 原理이며, 時間性의 原理가 인간 본래성으로 내재화되었기 때문에 德이라 하였다. '감통'은 자신의 본래성과 일체화된 天地之心을 깨달아서 자신의 존재 의미를 자각하게 되는 것이다.

『서경』「우서」大禹謨에서는 "惟精惟一하샤 允執厥中하라"라고 하여 오직 자신의 본성을 잡는 것이 天道를 자각하는 것이라 하여 주체적 자각을 밝히고 있다. 또한『주역』「계사」에서는 자신의 본래성으로 주어진 神明性으로써 미래를 깨닫고 知로써 과거를 감추게 되는 것이라 하여[71] 인간 본래성이 時間性의 原理와 관계됨을 밝히고 있다.

이상에서 時間性의 原理의 구조와 작용은 終始性으로 밝혀지고, 이 時間性의 原理를 선진 성학과『정역』에서는 天之曆數原理로 규

---

69) 『周易』, 「繫辭下」, 第二章, "以通神明之德 以類萬物之情"
　　「繫辭下」, 第六章, "以體天地之撰 以通神明之德"
70) 『周易』, 「繫辭上」, 第十章, "易 无思也 无爲也 寂然不動 感而遂通天下之故 非天下之至神 其孰能與於此"
71) 『周易』, 「繫辭下」第五章, "精義入神", 「繫辭上」, 第十一章, "神以知來 知以藏往"

정하였다. 曆數原理가 인간 본래성으로 주체화되었기 때문에 성인이 天道를 주체적으로 자각하여 역수원리를 천명한 것이다. 이에 성인이 천명한 역수원리인 時間性 原理를 표상하는 河圖와 洛書의 본래적 의미와 내용은 무엇인지를 묻게 된다.


## 3. 曆數原理 표상체계인 하도낙서


앞에서 고찰한 바와 같이 天道인 時間性의 原理는 曆數原理이고, 역수원리의 표상체계가 河圖와 洛書임이 밝혀졌기 때문에 본 절에서는 曆數原理의 표상체계로서의 河圖와 洛書의 본래적 의미와 내용이 무엇인가를 고찰하고자 한다.

『주역』과 『정역』을 중심으로 河圖와 洛書의 본래적 의미와 내용을 고찰함으로써 河圖洛書原理의 논리적 구조와 역수원리적 내용에 관한 단서를 포착하게 될 것이다.

河圖와 洛書를 구성하는 天地之數와 天地之數에 의해서 구성되는 河圖와 洛書의 도상에 관하여 말씀하고 있는 부분은 『주역』「계사상」 제9장이다.

먼저 '天地之數節'에 대해서 살펴보면 다음과 같다.


"천수는 一이며, 지수는 二이고, 천수는 三이며, 지수는 四이고, 천수는 五이며, 지수는 六이고, 천수는 七이며, 지수는 八이고, 천수는

九이고, 지수는 十으로 무릇 천수는 다섯이고, 지수도 다섯이니 (천지의 수가 각각) 다섯 位에서 서로 合得하니 천수는 二十五이고 지수는 三十으로 무릇 천지의 수는 五十有五이다. 이것이 변화를 이루는 所以며 귀신을 행하는 所以(原理)이다."("天一地二天三地四天五地六天七地八天九地十 天數 五 地數 五 五位相得 而各有合 天數 二十有五 地數 三十 凡天地之數 五十有五 此 所以成變化 而行鬼神也")[72]

위 인용문을 크게 세 부분으로 나누어 이해할 수 있다. 첫째 부분은 "天數는 一이며"에서 "地數도 다섯이니"까지이며, 둘째 부분은 "다섯 位에서 서로 合得하니"에서 "지수는 三十으로"까지 이며, 셋째 부분은 "무릇 천지의 수는"에서 "귀신을 행하는 所以(原理)이다"까지이다.

먼저 첫째 부분은 一에서 十까지 數를 밝히면서 一·三·五·七·九의 天數와 二·四·六·八·十의 地數로 나누어 天數와 地數가 다섯임을 설명하고 있다. 이 '天地의 數'에 대하여 『정역』에서는 다음과 같이 밝히고 있다.

"九七五三一은 기수이며 二四六八十은 우수이니 奇遇의 수는 두 개의 五數이니 앞의 다섯은 天道이고 뒤의 다섯은 地德이니라."("九七五三一은 奇니라 二四六八十은 偶니라 奇偶之數는 二五니 先五는 天道요 后五는 地德이니라")[73]
"천지의 도는 수가 十으로 끝난다."("天地之度는 數止乎十이니라")[74]

---

72) 『周易』, 「繫辭上」, 第九章.
73) 金恒, 『正易』, 「十一一言」, 第二十二張.
74) 金恒, 『正易』, 「十五一言」, 第二張.

이는 數의 성격을 드러내는 것으로 天은 天道이며 地는 地德을 상징하기 때문에 天地의 數가 일상적인 계산수가 아니라 天地 道德原理를 표상하는 理數임을 밝힌 것이다. 즉 天地의 數를 통하여 天地의 본성인 도덕원리가 드러남과 天地의 數는 一부터 十까지로 구성되었음을 밝힌 것이다. 天地의 數가 天道 · 地德의 원리를 밝힌다는 것은 天地의 數가 현상 사물의 생성 법칙을 초월하여 형이상적 존재의 존재원리를 밝힌다는 의미이다. 天地의 數가 理數이기 때문에 天地의 數의 관계를 통하여 존재원리를 밝혀내는 것을 일상적인 數의 계산과 구분하여 推衍(추연)[75]이라고 규정하고 있다.[76] 『정역』에서는 天數를 奇數로 규정하여 다음과 같이 말씀하고 있다.

"一 · 三 · 五 次는 天道를 헤아린 것이고 第 七 · 九 次는 地德을 헤아린 것이니 三天兩地이다."("一三五次는 度天이오 第七九次는 數地니 三天兩地니라")[77]

---

75) 推衍(추연): 易學에서 '推衍'은 하나의 度數를 일정한 原則에 의하여 遞增하거나 遞減하는 등 일련의 과정을 통하여 새로운 度數를 얻는 것을 의미한다. 즉 度數와 度數를 더하는 것은 '合(合德)'한다고 하여 合德됨(合德된 상태)을 상징하며, 度數와 度數를 곱하는 것은 '相乘(乘)'한다고 하여 合德하기 위한 作用(合德作用)을 상징하며, 度數에서 度數를 빼는 것은 '分'한다고 하여 合德된 것이 分離되어 출생하는 것으로 本體에서 現象으로 작용하는 것을 상징하는 것이다. 이러한 推衍은 度數의 운용을 통해 曆數原理를 밝히는 것으로 推衍에 사용되는 數가 일상적인 계산수가 아니라 철학적 理數임을 이해할 때 度數의 推衍을 통해서 道德的 존재인 天地의 뜻을 自覺하게 되는 것이다.(李鉉中, 「圖書原理의 내용인 曆數原理」, 『철학논총』, 제24집, 2001, 288쪽 참조.)
76) 『正易』, 「十五一言」, 第十章, "推衍에 无或違正倫하라 倒喪天理父母危시니라(推衍에 혹 正倫을 어기지 마라. 天理를 거슬려 잃어버리면 父母가 위태롭다)" 하여 推衍에 엄밀해야 함을 말씀하고 있다.

天數는 奇數로서 분생원리를 상징하며, 一·三·五의 三天과 七·九의 兩地로서 '三天兩地原理'가 성립되고, 地數는 偶數로서 합덕원리를 상징하며, 十·八·六의 三地와 四·二의 兩天으로서 '三地兩天原理'가 성립된다.[78] 따라서 첫 번째 부분은 一부터 十까지의 天地陰陽의 數가 역수원리적 이수로서의 天地度數原理를 표상하는 기본도수임을 밝힌 것이다.[79]

다음으로 "다섯 位에서 서로 合得하니"에서 "地數는 三十으로"까지는 天地의 數가 합덕되어 구성된 도상을 밝힌 것이다. 天數와 地數가 다섯 位를 얻었다는 것은 하나의 位에서 서로 합덕하였다는 것으로 一과 六, 二와 七, 三과 八, 四와 九, 五와 十이 하나의 位에 배합되어 도상을 이루었다는 것이다. 이어서 天數와 地數의 合이 각각 二十五와 三十을 밝힌 후에 天地의 數가 五十五라고 하였다. 따라서 이 부분은 天數와 地數가 하나의 位에서 만나 서로 합덕됨으로써 형성되는 도상을 밝힌 부분으로 河圖의 도상을 말씀한 것이다. 天地의 數 전체에 의하여 구성된 河圖의 도상은 다음과 같다.

---

77) 金恒, 『正易』, 「十一一言」, 第二十二張.
78) 金恒, 『正易』, 「十一一言」, 第二十二張, "九七五三一은 奇니라 二四六八十은 偶니라"
79) 유남상 교수는 天地의 數와 生·成數에 대하여 "天地之數에서 天數는 生作用數로 分生作用을 상징한다면, 地數는 成作用數로 合德原理를 상징하며, 또한 生數가 내면에서 드러나지 않는 作用象徵數라면, 成數는 밖으로 드러나는 理數라 할 수 있다."라고 설명하고 있다.

# 圖　　河

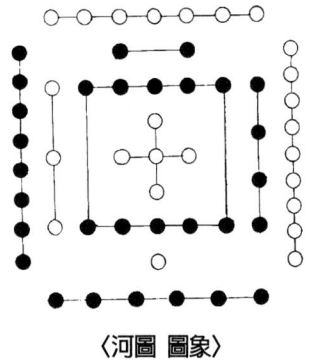

〈河圖 圖象〉

　　셋째 부분은 이 절의 결론적인 내용으로 天地의 數가 하나의 位에서 합덕하여 형성된 河圖의 五十五數는 변화작용원리를 표상하고 있다. 즉 天地의 數가 합덕된 河圖 五十五數[80]가 변화를 이루는 근거로서의 變化原理와 鬼神之道를 행하는 所以(原理)가 된다고 하였다. 이는 天地의 數가 변화원리를 표상하는 이수이며, 天地의 합덕원리인 神道를 표상하고 있음을 뜻하는 것이다. 河圖는 天地의 數가 합덕된 도상으로 變化之道와 神道를 표상하고 있음을 알 수 있다.

　　『주역』에서는 음양이 합덕한 것을 神[81]이라 하고 음양이 서로 구

---

80) 河圖 五十五數에는 天地의 相乘數 五十(大衍之數)에 작용의 주체인 五 皇極의 五가 더 있음을 의미한다.
81) 『周易』「說卦」第六章에서는 六子女卦(震・巽・坎・離・艮・兌)는 밝히고 乾坤에 대해서는 말씀하지 않았기 때문에 이 문장을 미루어 보면 '神'은 乾坤("乾은 陽物也 ㅣ 오 坤은 陰物也 ㅣ 니"－「繫辭下」, 第六章)이 合德된 것을 표상하고 있다고 하겠다.

분되어 질운작용하는 원리를 道[82]라고 하였다. 이에 天地의 合德體 자체를 중심으로 존재원리를 표상한 것이 神道이며, 음양으로 작용 하는 것을 표상하는 것이 變化之道임을 알 수 있다. 따라서 河圖는 합덕원리를 중심으로 그 가운데서 분생원리를 표상하는 것으로 음양 작용의 측면에서는 변화를 이루는 變化原理를 표상하며, 神道의 측 면에서는 曆數原理의 합덕원리를 밝히고 있는 것이다.[83]

天地의 數에 의하여 표상된 합덕원리의 내용은 작용원리를 통하 여 밝혀지게 된다. '天地之數節'에 이어서 天地의 합덕을 본체로 하 여 이루어지는 작용원리를 다음과 같이 논하고 있다.

"大衍의 수는 五十으로 그 작용은 四十有九이다. 그것을 둘로 나 누어 兩儀原理를 나타내고, 하나를 다시 덜어 손가락에 걸어서 三才 原理를 나타내며, 넷으로 세어서 四時原理를 나타내고, 그 나머지 奇 數를 새끼손가락에 歸體시켜서 閏曆原理를 나타낸다. 五歲에 다시 윤 달을 넣어 再閏原理를 表象하는 것이다. 그러므로 구부렸던 새끼손가 락을 다시 움직여 편 이후에 六爻重卦가 구성된다."("大衍之數五十

---

82) 『周易』, 「繫辭上」, 第五章, "一陰一陽之謂 道"
83) 天之曆數原理에서 陰陽이 合德된 神明原理를 표상하고 있는 것은 干 支度數인데, 여기서는 河圖가 陰陽의 合德原理를 밝히고 있다고 규정 하고 있다. 이는 易學의 學問的 論理體系에서 이해될 수 있는 것으로 易學의 논리체계는 體用論이다. 體用의 論理에서 神明原理와 河洛原 理의 관계는 神明原理가 體이고 河洛原理가 用이지만, 河洛原理에서 는 河圖가 體라면 洛書는 用이라 하겠다. 또한 河洛原理와 卦爻原理 에서 河洛이 體라면 卦爻는 用이며, 卦爻에서 卦가 體라면 爻는 用이 고, 六十四卦에서 重天乾卦가 體라면 重地坤卦는 用이 되며, 人間의 측 면에서는 聖人之道가 體라면 君子之道는 用이며, 君子之道가 體가 되면 聖人之道는 用이 되는 것으로 易學의 論理體系는 互相體用論이다.

其用四十有九 分而爲二 以象兩 掛一 以象三 揲之以四 以象四時 歸
奇於扐 以象閏 五歲 再閏 故 再扐而後 掛")84)

先儒들은 이 부분을 '揲蓍求卦'의 방법을 말씀한 것으로 오해하였
다.85) 그러나 天地之數節에서 이미 天地의 數가 天地의 도덕원리를
표상하는 형식임을 밝혔을 뿐만 아니라 天地의 數에 의한 합덕원리
를 중심으로 變化之道·神道를 표상함을 밝혔다. 따라서 '天地之數
節'이 河圖의 합덕원리를 표상한다면, 이 절은 洛書의 작용원리를
밝히고 있다고 하겠다.

이 부분을 크게 세 부분으로 나누어 고찰할 수 있다. 첫째 부분은
"大衍의 수는 五十으로"이며, 둘째 부분은 "그 작용은 四十有九이다."
에서 "四時原理를 나타내고"까지이고, 셋째 부분은 "그 나머지 奇數
를 새끼손가락에 歸體시켜서"에서 "六爻重卦가 구성된다."까지이다.

---

84) 『周易』,「繫辭上」, 第九章.
85) 唐代 孔穎達은 『周易正義』에서 "正義에서 말하기를 …… '大衍之數'에
서 '祐神矣'까지의 이 八章은 占筮의 방법과 揲蓍의 本體를 밝힌 것이
다.(正義曰 …… 「大衍之數」至「祐神矣」此八章 明占筮之法 揲蓍之體)"
라고 하였으며, 宋代 朱熹는 『周易本義』,「繫辭上」第九章 註釋에서
"점을 치는 데에 사용함을 이르러서는 …… 掛는 그 시초 하나를 왼손
의 작은 손가락 사이에 매다는 것이다. ……扐은 왼손의 가운뎃손가락
과 셋째 손가락 사이에 끼는 것이다. 5년 가운데 무릇 두 번 윤달이 있
은 뒤에야 별도로 積分을 일으키니 이는 마치 한 번 건 뒤에 左右의
시초를 각기 한 번씩 세고, 한 번 扐하는 것과 같다. 그러므로 다섯 번
가운데 무릇 두 번 扐함이 있은 뒤에 별도로 한 번 걸을 일으키는 것
이다.(至用以筮 …… 掛懸其一於左手小指之間也 …… 扐勒於左手中三
指之兩間也 …… 五歲之中 凡有再閏然後別起積分如一掛之後左右各一
揲而一扐故五者之中 凡有再扐然後別起一掛也)"라 하여 揲蓍求卦의
방법으로 설명하고 있다.

첫째 부분에서는 大衍의 數가 五十임을 논하고 있는데, '大衍'은 크게 불어남을 뜻하는 것으로 '大'는 큰 변화원리로서 天道 변화를 밝히는 것이며,86) '衍'은 陽的 방향과 陰的 방향으로 이루어지는 數의 증가를 나타내는 것으로 天地之道의 작용을 뜻한다고 하겠다. 따라서 大衍의 數 五十은 天地가 합덕된 數로서 天地의 합덕에 의하여 이루어지는 작용을 의미하기 때문에 天地의 작용원리를 표상하는 理數인 것이다. 이에 大衍之數 五十은 天地가 합덕되어 天地 작용의 기본이 되는 數이자 그 작용을 推數하는 기본수가 되는 것이다.87)

大衍之數 五十에서 十과 五는 天과 地를 曆數로 표상한 것이라면 왜 地數인 十을 天의 본체수로 하고, 天數인 五를 地의 본체수로 하였는가? 『주역』에서는 "乾은 天也 ㅣ오 …… 坤은 地也오."88)라고 하여 天地는 乾·坤卦로 표상됨을 알 수 있다. 또 天道를 표상하는 중천건괘(☰)에서는 十을 體로 해서 九를 쓴다는 의미에서 陽爻(▬▬)를 '用九'로 나타내며, 地道를 표상하는 중지곤괘(☷)에서는 五를 體로 해서 六을 쓴다는 의미에서 陰爻(▬ ▬)를 '用六'으로 나

---

86) '大'가 天道를 상징적으로 표상하고 있음을 『주역』의 여러 곳에서 찾을 수 있다.
『周易』, 「重天乾卦」, 象辭, "象曰 大哉 乾元 萬物 資始 乃統天"
「重天乾卦」, 文言, "大哉 乾乎 剛健中正純粹 精也"
「繫辭上」, 第一章, "乾知大始 坤作成物"
「繫辭上」, 第六章, "夫乾 其靜也 專 其動也 直 是以大 生焉"

87) 柳南相 敎授는 「正易思想의 根本問題」에서 "大衍之數 五十은 河圖 中數 十과 洛書 五數가 陰陽相乘된 數로서 이는 河洛卽 陰陽이 生成 合德되는 基準數임이 밝혀진다."고 하여 大衍之數가 陰陽合德의 基準數임을 밝히고 있다.

88) 『周易』, 「說卦」, 第九章.

타내고 있다.[89] 이는 음양이 서로 體用관계[90]이기 때문에 天地의 본
체수가 推衍되는 것이다.[91] 『정역』에서는 "地十은 天이 되고 天五는
地가 되니"[92]라고 하여 天地의 본체를 十과 五로 규정하고 있다.

다음 둘째 부분은 大衍의 數 五十에 의해서 이루어지는 작용원리
를 구체적으로 논하고 있다. 大衍之數 五十의 作用이 四十有九라는
것은 五十 가운데 一數가 작용의 기본이 되는 體數임을 알 수 있다.
이 작용의 기본이 되는 一數를 太極이라고 규정하고 있다. 『주역』에
서는 太極을 근원으로 이루어지는 작용을 "변화의 현상에는 그 본체
인 太極이 있다. 太極에 의하여 兩儀가 생성되고 兩儀에 의하여 四
象이 생성되고 四象에 의하여 八卦가 형성된다."[93]라고 하여 太極
이 작용의 근원임을 밝히고 있다. 따라서 둘째 부분은 一太極에 의
해서 이루어지는 작용원리를 표상하고 있음이 분명하다고 하겠다.[94]

---

89) 물론 앞 절에서 論明한 바와 같이 河圖洛書의 倒逆生成作用에서 河圖
   的 作用은 倒生逆成作用으로 體十用九이며, 洛書的 作用은 逆生倒成
   作用으로 體五用六이기 때문에 十과 五가 九와 六작용의 本體數가 되
   는 것이다. 여기서 用九는 天道인 '重天乾卦'의 작용이고 用六은 地道
   인 '重地坤卦'의 작용이기에 十과 五는 乾・坤卦의 體로서 天地를 象
   徵한다고 하겠다.
90) 陰陽이 體用관계임을 「地天泰卦」 象辭에서는 "內陽而外陰하며"라 하
   고, 「天地否卦」 象辭에서는 "內陰而外陽하며"라고 하여 陰陽을 內外관
   계로 밝히고 있다.
91) 『正易』에서는 '十乾五坤'(「十一一言」, 第三十張, 正易八卦圖)이라 하
   고, 『周易』에서는 '用九'(重天乾卦, 陽爻), '用六'(重地坤卦, 陰爻)이라
   하여 天道와 地道를 상징하는 乾坤이 十五를 體로 해서 九・六으로
   작용함을 밝히고 있다.
92) 金恒, 『正易』, 「十一一言」, 第二十五張, "地十爲天天五地하니"
93) 『周易』, 「繫辭上」, 第十一章, "是故 易有太極 是生兩儀 兩儀 生四象 四
   象 生八卦"

一太極이 작용의 기본수로 歸體(귀체)되면서 一에 一이 더해져 二가 되고 二에 一이 더해져 三이 되고 三에 一이 더해져 四가 되고 四에 一이 더해져 五가 되는 과정으로 나타나지만, 겉으로 드러나는 작용은 五十에서 一太極이 귀체되면서 四十有九가 되고, 다시 一이 귀체되어 四十有八이 되고, 다시 一이 귀체되어 四十有七이 되고, 다시 一이 귀체되어 四十有六이 되고, 다시 一이 귀체되어 四十有五가 되는 것이다.95) "그것을 둘로 나누어 兩儀原理를 나타내고"라 하여 속으로는 一이 二가 된 것을 표상하지만 겉으로는 四十有八이 되고, "하나를 다시 덜어 손가락에 걸어서 三才原理를 나타내며"라 하여 裏面에는 二가 三이 되지만 겉으로는 四十有七이 되고, "넷으로 세어서 四時原理를 나타내고"라 하여 裏面에는 三이 四가 되지만 겉으로는 四十有六이 되며, "그 나머지 奇數를 새끼손가락에 歸體시켜서 閏曆原理를 나타낸다."라고 하여 裏面에는 四가 五가 되지만 겉으로는 四十有五가 되는 것을 표상하고 있다.

여기서 四十有九, 四十有八, 四十有七, 四十有六, 四十有五에서

---

94) 남북조시대 魏나라 玄學者 王弼(226~249)도 '大衍之數 五十이니 其用은 四十有九라'에 대하여 "天地의 數를 演繹할 때 五十이 기초가 된다. 그런데 쓰기는 四十九만 쓰니 곧 一은 쓰지 않는다. 쓰지 않지만 나머지 수를 통괄하는 데 쓰는 것이며 數에 포함되지 않지만 다른 數를 완성하니 이것이 易의 太極이다.(演天地之數 所賴者 五十也. 其用四十有九則其一不用也. 不用而用以之通 非數而數以之成 斯易之太極也"(十三經注疏整理委員會, 『周易正義(十三經注疏)』, 北京大學出版社, 2000, 328쪽)라고 註釋하여 作用의 기본인 一數를 太極이라고 규정하였다. 그러나 易學의 근본문제인 '三極之道'에는 생각이 미치지 못했기 때문에 一太極의 본래적 의미를 밝히는 데까지는 나아가지 못하였다.
95) 李鉉中, 「圖書原理와 時間性의 原理」, 『범한철학』, 제24집, 범한철학회, 2001, 154쪽 참조.

四十[96])을 제외하면 나머지는 九・八・七・六의 순수한 작용원리를
표상하는 數가 된다. 즉 내면에서 작용하는 生數는 一・二・三・四
로 작용하는 것과 동시에 외면으로는 成數 九・八・七・六으로 작
용하는 것이다. 이러한 네 마디 작용을 四象作用이라고 한다.

이 四象作用은 十五 天地가 합덕되어 드러나는 분생작용으로 大
衍의 數 五十에서 四十有九, 四十有八, 四十有七, 四十有六으로 감
소되는 裏面에는 一・二・三・四로 증가하는 현상으로 나타나기 때
문에 十이 九와 一, 八과 二, 七과 三, 六과 四로 분화하는 과정을
거치면서 五에서 두 작용이 만나게 된다. 이는 成數 九・八・七・
六은 順作用을 하고, 生數 一・二・三・四는 逆作用을 함으로써 五
에서 합덕 일체화됨을 뜻하는 것이다. 五의 입장에서 보면, 五를 體
로 해서 이루어지는 順逆作用이 음양 生成數의 四象作用으로 표상
된다는 것이다. 이 五數는 十五의 합덕에 의하여 이루어지는 작용의
주체로서 인격성을 상징하는 수이기 때문에 五數를 본체로 하여 이
루어지는 四象作用原理를 표상하는 도상이 洛書라고 하겠다. 洛書
의 도상은 다음과 같다.

---

96) 四十은 十數를 근거로 이루어지는 四象作用을 표상하는 數이므로 河
圖와 洛書에서 각각의 작용 전체를 표상하는 數이다.

# 書 　 洛

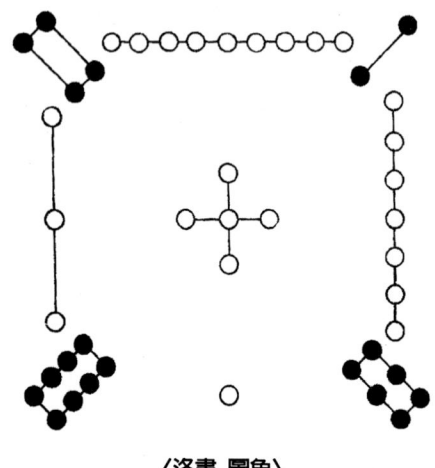

〈洛書 圖象〉

　여기서 洛書가 曆數原理의 작용원리를 표상하기 때문에 五數를
본체로 이루어지는 四象作用原理는 曆數의 생성변화원리를 표상하
는 것임을 알 수 있다. 九·八·七·六, 四·三·二·一로 구성된
四象數를 통하여 曆數原理가 四曆變化原理로 밝혀진다고 하겠다.

　셋째 부분은 大衍作用의 내용이 무엇인가를 밝히고 있다. "나머지
奇數를 새끼손가락에 귀체시켜 閏曆原理를 상징한다."고 하는 것은
새끼손가락이 奇數로서 五數이기에 五를 體로 삼는 것을 말하며,
"구부렸던 새끼손가락을 다시 움직여 펴서 나타난 六數를 작용원리
로 하여 六爻重卦가 구성된다."는 것은 五를 體로 하고 六으로 작
용하는 體五用六의 洛書原理에 의해서 六爻重卦가 구성됨을 밝히고

있는 것이다. 五歲에 윤달을 다시 넣기 때문에 그것을 표상하기 위하여 새끼손가락을 다시 움직인다고 하였는데 새끼손가락을 펴서 나타나는 數는 六이다. 이 六이 六爻重卦를 구성하는 原理를 표상하는 것이다. 따라서 『주역』에서는 "三才가 모두 兩之作用을 하기 때문에 그것을 모두 나타내면 六이다. 六은 다른 것이 아니라 三才의 道를 나타낸다."[97]고 하여 六이 六爻重卦를 구성하는 원리임을 밝히고 있다.

또한 五歲에 再閏하는 법칙은 陰閏曆의 구성법칙으로 莃數를 구성하는 과학적·천문학적 법칙으로 이해할 수 있으나, 과학적 법칙을 河圖와 洛書라는 상징 형식으로 표상할 이유가 없으며, 大衍之數節에서 사용되는 數가 形而上的 존재원리를 표상하는 天地之數임을 생각할 때 오히려 莃數의 구성법칙의 근거가 되는 근원적 원리를 표상하고 있다고 하겠다.[98] 따라서 大衍之數節에서 밝혀지는 曆數原理는 莃數 구성법칙의 존재 근거가 되는 근원적 원리임을 알 수 있다.

위의 大衍之數節에서 天地의 본성을 나타내는 본체수가 十과 五 그리고 그 작용의 기본이 되는 一數가 드러나는데, 이것은 天·地·人의 三才的 구조가 내적으로 들어 있다고 하겠다.[99]

---

97) 『周易』, 「繫辭下」, 第十章, "兼三才而兩之 故 六 六者 非他也 三才之 道也"

98) 柳南相, 「正易의 圖書象數 原理에 關한 研究」, 『論文集』, 제8권 제2호, 忠南大學校 人文科學研究所, 1981, 185쪽 참조.

99) '大衍之數 五十'에서 五十은 十五가 相乘合德된 數로서 十數는 无極이며 五數는 皇極이다. 无極과 皇極은 天地의 本性을 상징하는 개념이다. 따라서 大衍의 原理는 十无極과 五皇極의 合德에 의하여 一太極을 기본으로 이루어지는 작용을 나타낸 것으로 三極之道를 作用原

大衍之數節에서 논한 음양 生成數의 順逆作用原理가 曆數의 생성변화원리임을 보다 분명하게 밝히고 있는 것이 '乾坤策數節'로서 다음과 같이 말씀하고 있다.

"건책수는 二百一十有六이며 곤책수는 百四十有四이라 그것을 合한 수인 三百有六十은 朞日에 해당된다."("乾之策 二百一十有六 坤之策 百四十有四 凡三百有六十 當期之日")[100]

여기서 十五 天地의 본성을 표상하는 중천건괘(☰)와 중지곤괘(☷)가 二百一十有六과 百四十有四라는 策數(책수)[101]로 표상됨을 알수 있다. 乾·坤策數의 구성에 대하여 살펴보면, 乾策數(건책수) 二百一十有六은 중천건괘의 책수로 陽爻(九) × 四象數(四) × 六爻의 相乘數이며, 坤策數(곤책수) 百四十有四는 중지곤괘의 책수로 陰爻(六) × 四象數(四) × 六爻의 相乘數이다. 그런데 乾·坤策數의 합인

---

理 중심으로 밝힌 것이다. (李鉉中, 「圖書原理와 時間性의 原理」, 『범한철학』, 제24집, 범한철학회, 2001, 157쪽 참조.)
三極之道에 대하여 구체적으로 밝히고 있는 곳은 『正易』으로 다음 章 '河圖洛書原理의 論理的 構造'에서 구체적으로 고찰하고자 한다.

100) 『周易』, 「繫辭上」, 第九章.

101) 策數(책수): '策數'는 作用의 數라는 개념이며, 卦와 爻를 曆數原理 측면에서 曆數로 表象한 數이다. 즉 陽爻는 河圖의 體十用九原理에 의하여 九로, 陰爻는 洛書의 體五用六原理에 의하여 六으로 각각 表象되는데 陽爻의 策數는 九가 四象作用을 하기 때문에 三十六이 되고, 陰爻의 策數는 六이 四象作用을 하기 때문에 二十四가 된다. 따라서 乾策數는 陽爻의 策數 三十六에 六爻를 乘하여 二百十有六이 되고, 坤策數는 陰爻의 策數 二十四에 六爻를 乘하여 百四十有四이 되는 것이다.

三百有六十은 四象數 전체를 통하여 도출되는 數로 그것을 朞數로 규정하고 있다.[102] 이는 十五 天地의 합덕수 자체를 朞數로 나타낸 것이 三百有六十임을 뜻하는 것으로 天地의 本體度數 十五가 근거가 되어 三百有六十의 朞數로 드러나는 것이다.

乾·坤策數가 四象數로부터 도출된다는 것은 四象數가 曆數의 구성원리를 표상하고 있기 때문이다. 즉 '大衍之數節'에서 논한 바와 같이 十五 天地는 四象作用을 하기 때문에 曆數生成變化에서도 四曆으로 생성변화하게 됨을 類推하게 되는 것이다.[103]

'乾坤策數節'에 이어서 『주역』 상·하편 六十四卦의 책수에 대하여 다음과 같이 말씀하고 있다.

> "(『주역』) 상·하편 六十四卦 三百八十四爻의 책수는 萬一千五百二十으로 만물의 수에 해당하니"("二篇之策 萬有一千五百二十 當萬物之數也")[104]

이 부분을 '萬物之數節'이라 하는데, 乾坤策數節에 이어 乾坤으

---

102) 『正易』에서는 三百六十度를 孔子가 밝힌 正曆 朞數로 규정하고 있다.(『正易』, 「十五一言」, 第七張, "正吾夫子之朞로 當朞三百六十日이니라")

103) 아울러 『周易』에서 乾·坤策數의 合德에 의해서 이루어지는 三百六十日 正曆朞數를 말씀함은 『周易』이 三百六十 正曆이 운행되는 세계를 밝히고 있다는 것이다. 이를 河洛原理 측면에서 보면, 『周易』의 六十四卦가 乾·坤卦原理로 형성되었고, 乾·坤卦는 三百六十 正曆原理에 근거하여 형성되었기 때문에 『周易』이 밝히는 聖人·君子之道의 存在根據가 河洛原理임을 뜻한다고 하겠다. 따라서 『周易』은 陰陽이 合德된 中正曆인 正曆의 세계를 미리 말씀으로 밝히고 있는 것이다.

104) 『周易』, 「繫辭上」, 第九章.

로 시작되는 六十四卦의 전체 策數를 밝힘으로써 正曆이 운행되는 正易의 세계를 모두 드러낸 것이다. 『주역』의 상·하편 三百八十四 爻에서 陽爻 百九十二에 三十六策을 乘하면 六千九百十二策이고, 陰爻 百九十二에 二十四策를 乘하면 四千六百八策으로 이 두 數를 合하면 萬有一千五百二十의 萬物之數가 되어 음양의 三百八十四爻 의 전체 작용수를 표상하게 된다.

위에서 논명한 '天地之數節', '大衍之數節', '乾坤策數節', '萬物之 數節'의 내용을 종합적으로 논한 것이 다음 부분이다.

> "그러므로 네 번 운영하여 易이 완성되고, 十有八이 변화하여 卦가 이루어지며, 八卦는 小成하니 引伸하고 觸類하여 자라게 되면 천하의 가능한 모든 일들이 마치게 된다. 道를 드러내고 신묘한 덕이 행해지 는 것이라. 그러므로 가히 더불어 수작하고 가히 더불어 신을 도울 수 있으니, 공자는 變化의 道를 아는 자가 神의 하는 바를 알 수 있 다고 말하였다."("是故 四營而成易 十有八變而成卦 八卦而小成 引而 伸之 觸類而長之 天下之能事 畢矣 顯道 神德行 是故 可與酬酌 可 與祐神矣 子 曰知變化之道者 其知神之所爲乎")[105]

위 인용문에서 "네 번 운영하여 易이 완성되고"는 四象作用에 의 하여 易道(曆數原理)가 완성된다는 것으로서 河洛原理가 네 단계의 과정을 통해 四象作用原理로 표상됨을 알 수 있다. 앞에서 洛書의 작용원리에 관하여 논한 바와 같이 九·八·七·六의 四象作用에 의해서 河洛原理가 완성된다. 그리고 건곤책수의 合德數가 三百六

---

105) 『周易』, 「繫辭上」, 第九章.

十度의 正曆數이며, 河洛原理가 變化之道이기 때문에 네 번 운영하여 완성되는 과정을 통하여 표상되는 것이 曆數의 생성변화임을 알 수 있다. 따라서 河洛原理의 내용이 曆數의 생성변화원리로 그것이 洛書의 四象作用에 의해 네 번 운영되는 四曆變化原理인 것이다.[106]

"十有八이 변화하여 卦가 이루어지며"는 十无極을 體로 하여 음양 四象數의 작용에 의해 卦가 이루어진다는 것이다. 이는 앞의 大衍之數節에서 밝혀졌듯이 四象作用을 표상하는 天地의 數는 一・二・三・四와 六・七・八・九까지의 八數이고, 十과 五는 體인데 十은 五를 통해서 작용을 드러내기 때문에 五皇極이 體가 되어 四象의 음양작용이 이루어지게 된다. 이때 五皇極은 十无極과 합덕된 작용의 주체이며, 四象의 음양작용이 八(一・二・三・四, 六・七・八・九)이다. 그러므로 '十有八變(십유팔변)'이라 하였던 것이다. 十有八變에 의하여 成卦가 되었기 때문에 河洛原理에 근거하여 卦爻가 구성되었음을 더불어 알 수 있다. 이것은 河洛原理의 내용인 體五用六原理에 의해 六爻重卦가 구성되는 것과 같은 의미이다.[107]

또한 神物로 일컬어진 河圖와 洛書를 卦爻에 의하여 易道를 천명한 성인에 의해서 神道와 神德으로 드러나고 행해지는 것이라 하였으며, 이 河圖와 洛書의 인격성을 "神과 더불어 수작하고 神의 하는

---

106) 따라서 「重天乾卦」 卦辭에서 "乾 元亨利貞"이라 하여, 天道의 元・亨・利・貞의 四象을 그대로 드러내고 있으며, 이를 순승하는 '重地坤卦'의 작용원리를 말하는 卦辭에서도 "坤 元亨利牝馬之貞"으로 四象變化原理를 그대로 말하고 있되 '貞'은 地道의 原理를 위주로 말하고 있다.

107) 河洛原理는 天道를 表象하고, 卦爻原理는 人道를 表象하고 있기 때문에 人道의 존재근거가 天道이므로 卦爻의 構成原理는 河洛原理(曆數原理)에 근거하고 있는 것이다.

바를 돕는다."라는 것으로서 河圖原理의 인격성을 드러내고 있다. 이것은 인격적 존재인 十五 天地의 뜻을 받들어 天地의 분생작용을 돕는 것이며, 이 天地의 분생작용을 돕는 인격적 행위를 통하여 四象의 분생작용이 완성됨을 의미한다. 이처럼 인간 본래성을 상징하는 본체도수 五가 분생작용의 體가 되는 까닭은 道德性을 본성으로 하는 인간의 인격성을 매개로 하여 四象作用原理가 완성됨을 뜻하는 것이다.108) 그러므로 변화의 道를 아는 사람이 神이 하는 바를 알 수 있다고 하였다.

위에서 『주역』 「계사상」 제9장을 중심으로 河洛原理에 대하여 고찰하였다. 이와 관련하여 『정역』에서는 天地之數에 대하여 다음과 같이 밝히고 있다.

"천지의 수는 일월의 도수를 헤아린 것이다. 일월의 도수가 바르지 않으면 역도가 역도일 수 없다."("天地之數는 數日月이니 日月이 不正이면 易匪易이라")109)

위 인용문에서는 河洛原理를 구성하는 天地之數가 天地日月의 생성합덕원리를 推衍하는 天地度數임을 밝힌 것이다. 따라서 『정역』에서 河洛原理의 본래 의의는 日月之政에 의한 四曆의 생성변화원리를 내용으로 하는 天之曆數原理임을 의미한다고 하겠다. 한대 이후 유학자들이 『주역』의 '변화'를 만물의 일상적 변화법칙으로 해석

---

108) 李鉉中, 「圖書原理의 內容인 曆數原理」, 『철학논총』, 제24집, 새한철학회, 2001, 277쪽 참조.
109) 金恒, 『正易』, 「十五一言」, 第二十張.

한 것과는 달리『정역』에서는『주역』의 '변화'의 뜻을 四曆變化原理 (사력변화원리)를 전제로 한 천지만물의 변화원리로 본 것이다.[110]

　이상에서 밝힌 바와 같이『주역』의 「계사상」 제9장에서는 河洛原 理가 天地의 數에 의해서 표상되는 曆數原理의 표상체계라 하였으 며,『정역』에서도 天地之數가 日月曆數原理를 표상한다고 하였다. 따라서『주역』과『정역』이 밝히고 있는 曆數原理가 天地之數로 구 성되는 河圖와 洛書를 통해서 표상됨을 알 수 있었다.

　이 절에서 제기된 河洛原理의 논리적 구조인 三極之道와 河圖에 의해서 표상되는 十五 天地의 합덕원리 그리고 洛書에 의해서 표상 되는 四象의 작용원리가 어떠한 논리적 특성을 가지고 있는가는 장 을 바꾸어 논급하기로 하겠다.

---

110) 柳南相,「正易思想의 根本問題」,『論文集』 제7권 제2호, 忠南大學校 人 文科學研究所, 1980, 234쪽 참조.

# 제4장

## 하도낙서원리의 논리적 구조

## 1. 하도낙서의 體用구조와 三極之道

앞 장에서 고찰한 바와 같이 河圖洛書는 易道인 時間性의 원리를 표상되기 때문에 易道의 구조와 작용을 논리적으로 밝힘으로써 하도낙서원리의 논리적 구조가 드러나게 될 것이다.

『주역』에서는 六爻로 표상되는 역도에 대하여 "六爻의 움직임은 三極之道이다."[1] 하고, "六爻는 다른 것이 아니라 三才之道이다."[2] 라 하여 三極之道와 三才之道로 표상됨을 밝히고 있다. 즉 하나의 역도를 표상하는 데 있어서 數理를 통한 방법과 卦象을 통한 방법이 있음을 밝히고, 그것을 삼극지도와 삼재지도로 규정하고 있음을 알 수 있다.

---

1) 『周易』, 「繫辭上」, 第二章, "六爻之動 三極之道也"
2) 『周易』, 「繫辭下」, 第十章, "六者 非他也 三才之道也"

이러한 易道의 표상에 있어서 三極之道는 수리로 표상되는 하도 낙서원리를 의미하며, 三才之道는 괘상으로 표상되는 卦爻原理를 의미하는 것이다. 수리로 표상되는 삼극지도는 시간성의 원리로 天道인 曆數原理를 위주로 표상하는 것이라면, 괘상으로 표상되는 삼재지도는 공간성의 원리로 人道인 性命之理를 위주로 표상하는 것이라 하겠다.

易道를 표상하는 이 두 가지 방법은 하나의 易道를 표상하는 것으로 天道인 曆數原理가 人道인 性命之理를 통해 드러나기 때문에 時間性의 原理가 空間性의 原理로 드러나고, 空間性의 원리는 時間性의 원리에 근거하고 있는 體用의 관계임을 알 수 있다.3)

人道를 위주로 표상한 『주역』에서는 易道의 논리적 구조에 대하여 다음과 같이 밝히고 있다.

"건곤은 역도의 문이다. 건은 양적 존재이고 곤은 음적 존재이다. 음양이 합덕함으로써 강유의 본체가 있게 된다."("子曰乾坤 其易之門邪 乾 陽物也 坤 陰物也 陰陽 合德 而剛柔 有體")4)

---

3) 위에서 논의된 내용을 도표로 요약하면 다음과 같다.

| 表象 體 | 天道 | 人道(地道) |
|---|---|---|
| 經 典 | 『正易』 | 『周易』 |
| 存在 範疇 | 時間性의 原理 | 空間性의 原理 |
| 內 用 | 曆數原理 | 性命之理(道德原理) |
| 表象 體系 | 干支度數·河洛象數(理數) | 卦爻 |
| 論理的 構造 | 三極之道 | 三才之道 |

4) 『周易』, 「繫辭下」, 第六章.

위의 인용문에서 乾坤이 易道의 門이라는 것은 易道가 乾坤之道로 표상됨을 나타낸 것이다. 그런데 乾坤을 陰陽으로 규정하고, 陰陽이 합덕함으로써 剛柔作用의 본체가 존재하게 된다고 하여 陰陽과 剛柔를 중심으로 體用의 구조를 통하여 易道가 밝혀지게 된다. 즉 역도가 體用的 구조임을 알 수 있는 동시에 체용적 구조에서 음양원리는 본체이며, 剛柔原理는 작용임을 알 수 있다.

『정역』에서도 易道의 논리적 구조가 體用原理임을 다음과 같이 밝히고 있다.

> "선천은 방을 본체로 하여 원이 작용이기 때문에 二十七朔 만에 윤달을 사용한다. 후천은 원을 본체로 하여 방이 작용하기 때문에 三百六十의 정역이 운행된다."("先天은 體方이 用圓하니 二十七朔而閏이니라 后天은 體圓이 用方하니 三百六旬而正이니라")[5]

위의 인용문에서는 體用의 논리로서 易學의 근본문제인 先后天變化原理를 밝히고 있다. 여기서 圓과 方은 道德의 측면에서는 圓은 天道이며 方은 地德이고, 度數의 측면에서는 圓은 天度이며 方은 地數를 의미한다. 그러므로 先天은 地德과 地數가 體가 되어 天道와 天度가 작용하는 시대이며, 后天은 天道·天度가 體가 되어 地德·地數가 작용하는 시대이다.

그러면 수리체계로 역도를 표상하는 河圖洛書의 논리적 구조를 밝히기 위해, 河圖洛書의 논리적 구조인 三極之道에 대하여 구체적으로 고찰해 보자.

---

5) 金恒, 『正易』, 「十五一言」, 第十九張, 先后天 正閏度數.

『주역』에서는 '三極之道'라는 용어는 언급하고 있지만, 三極 가운데 현상적 작용의 근원으로서 '太極'[6]을 말씀하고 있을 뿐 나머지 '두 極'[7]에 대하여서는 구체적으로 밝히고 있지 않다.[8]

삼극지도에 대하여 구체적으로 밝히고 있는 『정역』에서는 삼극에 대해서 다음과 같이 말씀하고 있다.

"들면(펴면) 곧 무극이니 十이다. 十은 곧 태극이니 一이다. 一은 十이 없으면 본체가 없고, 十은 一이 없으면 작용할 수 없다. 이 본

---

6) 『周易』, 「繫辭上」, 第十一章, "是故 易有太極 是生兩儀"
7) 나머지 두 極은 '皇極'과 '无極'이다.
　　皇極(황극): '皇極'은 『書經』에서 사용된 것으로 "次五는 曰建用皇極이오. …… 五皇極은 皇이 建其有極이니"(「周書」 洪範篇)라 하여 皇極을 有極으로 밝히고 있다. 이를 南明鎭 教授는 "여기서 五皇極은 中位에 위치하여 그 논리 전개의 운용적 主體가 되는 것이다. 즉 우주 運用의 本體는 初一의 五行이고 人事 운용의 主體는 五位인 五皇極인 것이다."라고 洪範篇의 五皇極을 설명하였다.(南明鎭, 「洪範思想研究」, 『論文集』, 제3권 제1호, 忠南大學校 人文科學研究所, 1976, 251쪽.)
　　无極(무극): 老子 『道德經』 第二十八章에서 "爲天下式, 常德不忒, 復歸於無極, 知其榮, 守其辱, 爲天下谷."이라고 사용한 이후 道家思想에서 사용되다가 北宋의 周敦頤(十17~十73)가 太極圖說에서 "無極而太極 太極動而生陽 動極而靜 靜極生陰 …… 五行一陰陽也 陰陽一太極也 太極本無極也"이라 하여 無極을 단지 太極의 形而上學的 본체성을 형용해 주는 수사적 의미로 사용하고 있다. 無極이 시간의 太初性과 終末性 등과는 아무런 관련이 없이 사용되고 있는 것이다. 따라서 여기서 '無極'은 易學에서 사용되는 '无極'과는 國語로는 같은 '무극'이지만 근본적으로 다른 개념이다.(宋在國, 『宋在國 교수의 주역풀이』, 예문서원, 2000, 234쪽 참조.)
8) 『周易』은 空間性의 原理를 중심으로 三才之道를 밝혔기 때문에 時間性의 原理를 表象하는 三極之道에 대해서는 앞에서 고찰한 바와 같이 「繫辭上」 第九章에서 그 大體만 말씀하고 자세한 내용은 밝히지 않았다.

체와 작용(十과 一)을 합하여 나타내는 개념이 土로 체용이 합덕된 중위에 존재하는 것이 五이니 황극이다."("擧便无極이니 十이니라 十便是太極이니 一이니라 一이 无十이면 无體요 十이 无一이면 无用이니 合하면 土라 居中이 五니 皇極이니라")9)

위의 인용문에서 三極은 无極과 太極 그리고 皇極이며, 數로는 十과 一그리고 五임을 밝히고 있다. 삼극지도는 十无極, 五皇極, 一太極의 구조로 되어 있음을 알 수 있는 동시에 三極의 无極과 太極 역시 體用關係로서 十无極이 體가 되어 一太極으로 드러나고, 一太極은 十无極으로 수렴되는 것을 알 수 있다. 이러한 十无極과 一太極의 체용이 합덕되어 일체화된 것이 五皇極이다. 따라서 五皇極을 통하여 一太極과 十无極이 밝혀지게 되는 것이다.10)

그리고 河圖洛書의 논리적 구조인 三極之道를 작용 측면에서는 다음과 같이 밝히고 있다.

"龍圖는 미제의 상으로 도생역성하니 선천의 태극이 드러나고 龜書는 기제의 수로 역생도성하니 후천의 무극이 밝혀진다. 五는 그 중위에 거처하는데 그것이 바로 황극이다. 역은 역이니 극에 이르면 돌아오게 된다."("龍圖는 未濟之象而倒生逆成하니 先天太極이니라 龜書는 旣濟之數而逆生倒成하니 后天无極이니라 五居中位하니 皇極이니라 易은 逆也니 極則反하나니라")11)

9) 金恒, 『正易』, 「十五一言」, 第二張.
10) 이는 時間性의 原理의 구조에서 인간 本來性을 상징하는 五皇極 중심으로 過去性과 未來性이 主體化되어 現在的 現存性으로 合德・一體化되는 것과 같다.
11) 金恒, 『正易』, 「十五一言」, 第二張.

여기서 龍圖는 河圖를 가리키고, 龜書는 洛書를 가리키는 것으로 三極之道를 표상하고 있는 것이 河圖와 洛書임을 밝히고 있는 것이다. 따라서 三極之道는 河圖와 洛書에 의하여 표상되는 河洛原理임이 분명해지는 것이다. 河圖가 未濟의 象이라는 것은 아직 現象化하지 않는 未來性의 세계·无極의 원리를 표상한 것이다. 洛書가 旣濟의 數라는 것은 사실적 세계의 전개원리를 헤아려서 표상한 것으로서 그것이 과거성의 세계·太極의 原理를 표상함을 뜻하는 것이다.12)

河圖는 未濟之象으로서 火(二·七)에서 水(一·六)를 지향하는 象이다. 이는 順方向으로 작용하는 原理로서 倒生逆成作用을 한다. 洛書는 旣濟之數로서 水(一·六)에서 火(二·七)를 지향하는 數이다. 이는 逆方向으로 작용하는 원리로서 逆生倒成作用이다.13)

『정역』에 밝히고 있는 倒逆生成作用原理는 『주역』의 順逆作用原理를 말하는 것으로 順逆作用을 질과 방향의 측면에서 구분하여 밝힌 것이다. 그 質의 측면에서는 생성으로 구분하고, 방향의 측면에서는 倒逆으로 구분하여 미래성의 본성에 의하여 이루어지는 過去志向作用을 倒生逆成作用으로 규정하고, 과거성의 본성에 의하여

---

12) 金滿山, 「易學의 時間觀에 관한 研究」, 忠南大學校 大學院 博士學位論文, 1992, 42~44쪽 참조.
13) 未濟卦는 二에서 一로의 순서를 의미하는 동시에 未濟란 미래에 완성될 理想의 상징으로서 十无極에 근원하고 있으며, 旣濟란 一에서 二로의 순서를 의미하는 것으로 과거적 本性의 상징인 一太極에 근원하고 있는 것이다.
또한 『정역』의 倒逆生成作用原理를 『주역』에서는 順逆原理로 밝히고 있다. 즉 倒生逆成作用은 順作用으로, 逆生倒成作用은 逆作用으로 表象하여 『정역』의 倒逆作用을 順逆作用으로 밝히고 있다.

이루어지는 未來 志向作用을 逆生倒成作用으로 규정한 것이다.[14]

倒生逆成作用은 그 뜻이 天에서 始生하여 地에서 완성되는 작용이며, 逆生倒成作用은 地에서 始生하여 天에서 완성하는 작용이다. 倒生逆成作用에 의하여 太極이 드러나고 逆生倒成作用에 의하여 无極이 밝혀지게 되는 것이다. 따라서 三極之道는 작용의 측면에서는 倒逆生成作用原理라고 규정할 수 있다.

유남상 교수는 三極之道의 倒逆生成作用原理를 河圖와 洛書와 연계하여 다음과 같이 밝히고 있다.

> "하도는 十无極에서 倒生, 즉 順生하여 9·8·7·6·5·4·3·2의 순서로 자라나 一太極으로 역성되는 원리이며, 낙서는 일태극에서 역생하여 2·3·4·5·6·7·8·9의 순서로 자라 用九에서 倒成(順成)되는 원리를 표상하는 것이다. 河圖的 원리는 十无極에서 생하여 一太極으로 완성되는 倒生逆成原理라면, 洛書的 원리는 一太極에서 생하여 十无極으로 완성되는 逆生倒成原理이다."[15]

위의 인용문에서 (十) → 9 → 8 → 7 → 6과 (五) → 4 → 3 → 2 → 1의 하도적 도생역성작용을 體로 하여, 1 → 2 → 3 → 4 → (五)와 6 → 7 → 8 → 9의 낙서적 역생도성작용이 用으로 나타남을 알 수 있다. 하도와 낙서가 倒逆으로 결합하여 생성변화원리가 표상된다고 하겠다.

---

14) 生成(생성)·倒逆(도역): 여기서 生은 分離生長을 의미하며, 成은 成道合德을 의미한다. 倒(順)는 근원적 존재로부터 시작되는 뜻의 작용을 뜻하며, 逆은 근원적 존재를 근거로 이루어지는 현상적 존재의 實存的인 작용을 뜻한다.

15) 柳南相, 「正易의 圖書象數 原理에 關한 硏究」, 『論文集』 제8권 제2호, 忠南大學校 人文科學硏究所, 1981, 191쪽.

낙서는 일태극에서 시생하여 십무극으로 완성되기 이전까지의 천지
만물의 변화 현상을 표상한 것이라면, 하도는 낙서적 변화를 모두
포함함과 동시에 완성된 십무극이 상징하는 변화원리 자체까지를 포
괄적으로 표상한 것이다.[16]

　　三極의 도역생성작용원리를 중심으로 천지의 수에 의하여 도식화
하면 다음과 같다.[17]

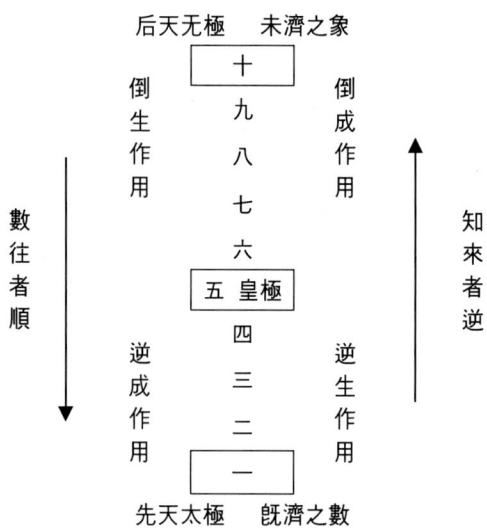

　　이상에서 河洛原理의 논리적 구조는 體用原理이며, 이 體用原理
를 표상하는 것이 三極之道임이 밝혀졌다. 삼극지도는 三極의 倒逆

16) 宋在國,『송재국교수의 주역풀이』, 예문서원, 2000, 345쪽 참조.
17) 柳南相,「도서역학의 시간관 서설」,『시간에 관한 연구』, 忠南大學校 人
　　文科學硏究所, 1989, 66쪽.

生成作用原理로서 삼극을 본체로 하여 도역생성작용이 이루어지는 것이다. 삼극지도의 본체인 '三極'에서 십무극이 본체라면 일태극은 작용이며, 십무극과 일태극의 체용이 합덕된 것이 오황극이다. 또한 三極之道의 작용인 倒逆生成作用原理에서는 河圖的 倒生逆成作用原理가 본체라면 洛書的 逆生倒成作用原理는 작용이라 할 수 있으며, 반대로 洛書的 逆生倒成作用原理가 본체가 되면 河圖的 倒生逆成作用原理는 작용이 되는 것이다. 이러한 체용의 논리적 구조를 가지고 있는 하도와 낙서는 체용이 고정된 것이 아니라 互相體用原理임을 알 수 있다. 따라서 역학의 근본 논리구조가 體用原理임이 분명하게 밝혀지는 것이다.

한편 하도와 낙서의 본체수를 합하면 二十이 되고, 작용수를 합하면 八十이 되며, 체용을 합하면 百數가 된다. 이는 앞에서 살펴본 바와 같이 河圖와 洛書는 曆數變化原理를 표상하는 것이기 때문에 河圖와 洛書에서 드러나는 본체수 二十과 體用合德數 百은 曆數變化原理를 구성하는 도수임을 의미하는 것이다.

『정역』에서는 曆數變化로 밝혀지는 正曆 朞數를 통해서 河洛原理의 논리적 구조를 다음과 같이 밝히고 있다.

"三百六十은 朞日에 해당하니, 大一元數인 三百은 九九中에 배열하고, 무무위 六十數는 一六宮에 분장하여, 單五를 귀공하면 五十五의 하도수가 밝아오고, 十五를 귀공하면 낙서수인 四十五가 아롱지다. 아마도 도의 바른 이치와 현묘한 진경이 이 궁(一六宮)과 중(九九中)에 존재하니"("三百六十當朞日을 大一元三百數는 九九中에 排列하고 无无位六十數는 一六宮에 分張하야 單五를 歸空하면 五十五點昭昭

하고 十五를 歸空하면 四十五點斑斑하다 我摩道正理玄玄眞經이 只在
此宮中이니")[18]

위의 내용은 曆數變化의 基準曆인 三百六十의 正曆[19] 朞數를 분
석하면서 河圖數 五十五와 洛書數가 四十五가 그것을 바탕으로 형
성되었음을 밝힌 것이다. 유남상 교수는 위 인용문이 无位數原理와
一元數原理를 밝히고 있음을 다음과 같이 論하고 있다.

"大一元 三百數와 无无位 六十數가 형성되는 것은 이른바 하도·
낙서의 합덕원리에 있는 것이니, 이 무무위 六十數에서 單五를 귀공
(귀체)시킴으로써 하도 五十五數(一에서 十까지의 수를 누적한 수)가
나타나고, 十五數를 귀체시킴으로써 낙서 四十五數(一에서 九까지의
수를 누적한 수)가 나타나게 된다. 귀체된 二十數를 无位數라 하고
유형화된 昭昭斑斑한 하락작용수 十數를 一元數라 한다. 그리하여 이
무위수와 일원수를 각각 三極之理(무극·태극·황극)에 배정하면 무
무위 六十數와 대일원 三百數가 되어 천지인 삼재지도의 존재론적
형성원리가 되고, 이를 다시 三曆之理(原曆·閏曆·正曆)에 결합시키
면 우주만물의 시간적 변화원리가 되는 것으로서, 우주의 현묘한 묘
리가 九九中과 一六宮의 用九·用六원리로 집약되는 것이다."[20]

---

18) 金恒, 『正易』, 「十五一言」, 第十七張·第十八張.
19) 『正易』에서는 正曆을 四曆의 기준이 되는 中正曆이라 하여 正曆 朞數의
    분석을 통하여 正曆原理를 밝힘으로써 十五 本體原理를 밝히고 있다.
    正曆은 十五 天地를 본체로 하여 運行되는 陰陽의 合德曆이다.
20) 柳南相, 「正易思想의 硏究(其一)」, 『哲學硏究』, 제23집, 대한철학회, 1976,
    91쪽.

위의 인용문에서는 无无位數 六十에서 歸空된 單五와 十五를 合하여 구성된 二十數를 '无位數(무위수)'21)라 하였으며, 河圖와 洛書數를 合하여 구성된 百數를 '一元數'라고 하였다. 따라서 河洛原理의 논리적 구조가 无无位數와 无位數 그리고 一元數原理임을 알 수 있다.22) 河洛原理의 논리적 구조를 本體 중심으로 나타내면 无位數原理이며, 體用이 합덕된 관점에서 나타내면 一元數原理인 것이 밝혀진 것이다.

『정역』에서는 天地의 數가 中道를 표상하며, 中道가 无位數原理와 一元數原理임을 밝히고 있는데 그 내용을 살펴보면 다음과 같다.

"十은 十九의 중이니라. 九는 十七의 중이니라. 八은 十五의 중이니라. 七은 十三의 중이니라. 六은 十一의 중이니라. 五는 一九의 중이니라. 四는 一七의 중이니라. 三은 一五의 중이니라. 二는 一三의 중이니라. 一은 一一의 중이니라. 중은 十十과 一一의 공이니라."("十은 十九之中이니라 九는 十七之中이니라 八은 十五之中이니라 七은

---

21) 无位數(무위수): '无位數'를 『정역』에서는 '无極之无極'이라 하여 倒逆生成作用原理 입장에서 无位數原理를 밝히고 있다. 그러나 '无位'라는 말은 있어도(「十五一言」, 第六張, "空은 无位시니라" 第十二張, "化翁은 无位시고"), 직접 '无位數'라는 용어를 사용하고 있지는 않다. 다만 『정역』의 「十五一言」의 '九九吟'과 河洛原理를 통해서 推衍되는 것이다.

22) 위 引用文에서 論及된 河洛原理의 論理的 構造를 이루는 理數들은 서로 體用關係이다. 无位數 二十에서 十五가 體가 되면 五는 用이 되고, 五가 體가 되면 十五가 用이 되며, 一元數에서는 河圖數 五十五가 體라면 洛書數 四十五는 用이고, 洛書數 四十五가 體라면 河圖數 五十五가 用이 되는 互相體用의 구조라 하겠다. 또한 无位數와 无无位數에서 无位數가 體라면 无无位數는 用이 되며, 一元數와 大一元數에서 一元數가 體라면 大一元數는 用이 되어 서로 體用關係인 것이다.

十三之中이니라 六은 十一之中이니라 五는 一九之中이니라 四는 一
七之中이니라 三은 一五之中이니라 二은 一三之中이니라 一은 一一
之中이니라 中은 十十一一之空이니라")[23]

위 인용문에서 河圖와 洛書를 구성하는 天地의 數가 中道를 표상
하는 理數임을 밝히고 中道의 내용을 "十·十과 一·一의 공이니라
(十十一一 空)"으로 제시하고 있다. 이 "十·十과 一·一의 空이니
라"에 대하여 유남상 교수는 다음과 같이 밝히고 있다.

"중은 역수원리로서 말하면 곧 화옹 무위도수이다. 十·十은 양 十
을 서로 합하면 화옹 무위 二十度數가 되고 양 十을 상승하면 일원
百度가 되니 이 一元數는 河圖洛書가 합덕 일체화된 도수인 까닭에
河圖洛書의 중위 본체도수 二十과 사력생성합덕변화작용도수 八十度
를 안으로 포함한 것이다. 一·一은 河圖洛書가 합덕하여 一을 잉태
한 뜻이니 壬은 애밸 姙이다.
공은 본래 河圖洛書가 합덕일체화된 체용도수이니, 즉 일원 100數
를 위주로 하는 까닭에 河圖洛書 중위 본체도수 十五와 단 五의 합
20數는 화옹무위도수이다 또 河圖洛書의 사상작용수 합 80度는 사력
생성합덕변화작용수이니 천지역수원리가 일원 100度를 근원하고 작용
이 또한 시작되는 까닭에 그 중추지의 오묘한 뜻이 이 일원수와 사역
변화도수의 가운데 있는 것이다."("中은 以曆數原理言之則化翁无位度
數也요 十十은 兩十相合而爲化翁无位二十度하고 兩十相乘而爲一元
數百度也니 此一元數者는 河洛合德一體化之度數故로 內含圖書之中
位本體度數二十與四曆生成·合德變化作用度數八十也요 一一은 河洛

___

23) 金恒,『正易』,「十一一言」, 第二十四張.

合德而妊一之意也니 壬은 妊也니라.

空은 本是河洛合德一體化之體用度數也니 卽一元100數爲主故로 圖
書之中位本體度數十五與單五之合20數는 卽是化翁无位度數也요 又圖
書之四象作用數合80數는 卽是四曆生成·合德變化作用數也니 天之曆
數原理ㅣ 以一元100數爲源而用亦爲始故로 其中樞之奧義ㅣ 在此一元
數與四曆變化度數之中也니라.")[24]


여기서 '十十'을 서로 合하면 无位數 二十度가 되고, '十十'을 相
乘하면 一元數 百度가 되어 中道의 내용이 无位數原理와 一元數原
理임을 알 수 있다. 一元數 百은 河圖와 洛書가 합덕되어 일체화된
度數로 이 속에는 河圖와 洛書의 中位 本體度數 二十度와 四象作
用數인 八十度가 포함되어 있다.

또한 '一一'은 河圖와 洛書가 합덕된 一과 河圖와 洛書가 모두
一로부터 생성되는 것을 의미한다고 하겠다. 이것은 생명의 씨앗인
동시에 成道合德된 하나를 말하는 것이다. 즉 一에 一을 상승해도
一이 되는 것과 같다.

위에서 天地之數에 의해서 표상되는 河洛原理의 논리적 구조가
无位數原理와 一元數原理임을 알 수 있었다. 따라서 河洛原理의 논
리적 구조를 밝히기 위해서 河洛原理의 本體度數인 无位數原理와 河
洛原理의 體用合德度數인 一元數原理를 이어서 고찰해 보고자 한다.

---

24) 硏經院 편저, 『周·正易經合篇』, 도서출판 硏經院, 2008, 易學圖錄 其
一, 天之曆數原理圖說.

## 2. 하도낙서의 本體度數와 无位數原理

앞에서 밝힌 바와 같이 无位數(무위수)는 无无位數 六十에서 귀공된 單五와 十五의 合德數이다. 无位數 二十이 가장 근원적 존재를 표상하는 數이기 때문에 논리적으로는 河圖와 洛書도 이 无位數原理의 본체와 작용을 표상하는 도상이라 할 수 있다. 无位數를 통해서 河圖와 洛書를 분석해 보면 이것이 분명해진다. 无位數 二十에서 인간 본래성을 상징하는 五를 歸空(귀공)시키면 十五 天地가 밝혀져 河圖의 본체도수가 되고, 天地를 상징하는 十五를 귀공시키면 五가 밝혀져 洛書의 본체도수가 되는 것이다.

河圖는 十五를 본체로 하여 一六·二七·三八·四九가 四正方에서 用政하지만, 一과 六, 二와 七, 三과 八, 四와 九, 五와 十 사이에는 항상 歸空된 인간 본래성을 상징하는 五가 전제가 되고 있음을 알 수 있다. 이는 天地의 합덕이 인간 본래성을 상징하는 五를 통해서 이루어짐을 의미하는 것이다.

반면에 洛書에는 五를 본체로 하여 一과 九, 二와 八, 三과 七, 四와 六이 五를 중심으로 마주 보고 있다. 五를 중심으로 마주보고 있는 數와 五를 合하면 항상 十五가 된다. 이는 洛書가 인간 본래성을 상징하는 五를 體로 해서 작용하는 것을 표상하지만, 작용의 이면에는 항상 十五 天地가 전제되어 있기 때문에 洛書가 天地의 본체도수인 十五의 작용임을 의미한다. 즉 무위수 二十에서 낙서의 본체도수인 五를 귀공하면 하도 본체도수 十五가 드러나고, 하도의 본체도수 十五를 귀공하면 낙서 본체도수 五가 드러나기 때문에 하도의 도상에서 음양이 합덕되어 같은 자리에 위치한 수의 차이가 五인 것은 무위수에서 귀공된 五가 전제된 것이며, 낙서의 도상에서 서로 마주 보고 있는 수의 합이 十五인 것은 무위수에서 귀공된 十五가 전제되어 있음을 의미한다고 하겠다.

따라서 无位數 二十數는 易道인 河洛原理의 내부구조를 그대로 나타내고 있기 때문에 易學에 있어서 가장 근본적인 원리를 표상하는 개념으로 사용되고 있다. 无位數는 공간적 위상이 없는 形而上的 존재이면서 만물의 존재 근거가 되는 가장 근원적 존재를 표상하는 理數라 하겠다.

이 无位數原理를 河圖와 洛書 내에서 살펴보면, 河圖는 十五 天地를 본체로 하고 一六・二七・三八・四九가 각각 합덕하는 天地의 합덕원리를 나타내고, 洛書는 작용의 주체인 五皇極을 본체로 하여 一九・二八・三七・四六이 각각 대응하여 四象作用原理를 밝히고 있다. 따라서 易道의 내용은 河圖의 十五 天地를 본체로 하는 合德原理와 洛書에서 五를 본체로 하는 분생작용원리임을 알 수 있다.

河圖와 洛書는 體用의 관계로 十五 天地의 倒逆生成作用에 의해 易道인 曆數原理가 밝혀지게 되는 것이다. 이 十五 天地의 倒逆生成作用은 五行作用原理이기 때문에 曆數原理를 작용의 측면에서 나타내면 五行原理가 되며, 본체적 측면에서는 十五 天地의 원리가 됨을 알 수 있다. 河圖洛書의 본체인 十五와 五를 체용적 구조로 나타내면, 十五 天地를 體로 하여 五行이 작용하는 구조로 밝혀지며, 본체도수를 합하면 二十數가 된다.

또한 无位數 二十은 十五 天地와 그 五行作用을 표상하여 河洛

原理의 내부구조를 나타내고 있을 뿐만 아니라 五行原理의 구체적인 내용을 포함하고 있다. 天地의 작용은 倒逆生成作用으로 天의 倒生逆成作用과 地의 逆生倒成作用이 五行作用原理를 표상하는 것이다. 十无極에서 一太極으로 완성되는 倒生逆成作用原理를 표상하는 十數와 一太極에서 十无極으로 완성되는 逆生倒成作用原理를 표상하는 十數가 더하여져서 형성된 數가 无位數 二十인 것이다.[25]

『정역』에서는 无位數原理를 倒逆生成作用의 측면에서 无極之无極(무극지무극)으로 말씀하고 있다.

"오호라 지극하다. 무극지무극이여! 부자께서 말씀하지 않으셨으니 말씀은 하지 않고 믿은 것은 그것이 부자의 도이기 때문이다. 만년까지 기뻐하시며 열 편의 익을 지으시고 하나의 역도로 관통하였으니 진실로 인류의 영원한 스승이시다."("嗚呼至矣哉라 无極之无極이여 夫子之不言이시니라 不言而信은 夫子之道시니라 晚而喜之하사 十而翼之하시고 一而貫之하시니 儘我萬世師신져")[26]

위 인용문에서는 공자 철학의 근원이 无極之无極原理라 하였으며, 공자가 인류의 영원한 스승인 까닭도 无極之无極原理를 자각하고 그것을 바탕으로 자신의 철학을 정립하였기 때문이라 하였다. 다만 공자에게는 无極之无極原理를 직접 드러내어 밝혀야 할 天命이 주어지지 않았기 때문에 『주역』을 비롯한 경전에 기록된 말씀 가운데 은밀하게 감추어 놓았던 것이다. 『주역』은 인도인 성명지리를 위

---

25) 李鉉中, 「圖書原理의 내용인 曆數原理」, 『철학논총』, 제24집 제2권, 새한철학회, 2001, 270쪽 참조.
26) 金恒, 『正易』, 「十五一言」, 第二張.

주로 역도를 밝혔기 때문에 공자가 十翼을 저작함으로써 선진 역학이 완성되었지만, 천도인 역수원리를 밝히는 사명이 주어진 것이 아니라 '憂天下來世(우천하내세)'하는 성인의 憂患意識(우환의식)[27]에서 인도 중심으로 역도를 밝혔던 것이다.

공자가 경전에 감추어 놓았던 无極之无極原理의 내용을 나타내는 것이 '十而翼之(십이익지)'와 '一而貫之(일이관지)'[28]이다. 十而翼之는 공자가 『주역』에 대한 철학적 해설서라고 할 수 있는 열 편의 글(十翼)을 써서 역도의 내용을 천명한 것을 말하며, 일이관지는 『논어』에 나타난 바와 같이 공자가 당신 스스로 자신의 도에 대하여 밝힌 것이다. 十翼에 대하여 유남상 교수는 "十翼은 坤策曆數의 천명을 받아서 正曆朞數에 통달하신 것으로 공자의 聖人之德이다."[29]라고 하여 공자의 聖人之德에 의해 쓰인 글임을 말하고 있다.

十而翼之와 一以貫之는 공자가 「십익」과 『논어』를 저술한 역사적 사실을 통하여 倒逆生成作用原理를 상징적으로 나타내는 말씀이다. 十而翼之는 十无極에서 시작하여 一太極에서 완성되는 倒生逆成作用原理를 나타내고, 일이관지는 일태극에서 시작하여 십무극에서 완성되는 逆生倒成作用原理를 나타낸다. 따라서 '无極之无極'은 무위수원리를 도역생성작용원리 중심으로 나타낸 것임을 알 수 있다.

---

27) 『周易』, 「繫辭下」, 第七章, "易之興也 其於中古乎 作易者 其有憂患乎" 「繫辭下」, 第六章, "其出入以度 外內 使知懼 又明於憂患與故"

28) 『正易』에서는 '一而貫之'(「十五一言」, 第二張)라 말씀하고, 『論語』에서는 '一以貫之'("子ㅣ 曰參乎아 吾道는 一以貫之니라 曾子ㅣ 曰唯ㅣ 라"(里仁篇) "子ㅣ 曰賜也아 女ㅣ 以予로 爲多學而識之者與아 對曰然하이다 非與잇가 曰非也ㅣ라 予는 一以貫之니라"(衛靈公篇))라고 하였으나 같은 의미라 하겠다.

29) 柳南相, 「一夫金恒先生聖德碑文」, 1980.

무위수원리를 『정역』에서는 '上帝(상제)',[30] '化无上帝(화무상제)',[31] '盤古(반고)',[32] '无極之无極(무극지무극)', '化翁(화옹)'[33]등 인격적으로 표현하였으며, 『주역』에서는 '神明之德(신명지덕)', '神', '道', '鬼神', '神明' 등 다양한 개념으로 사용하고 있다.[34]

그런데 무위수 二十에 삼극지도의 三을 乘하면 无无位 六十數가 되어 천지인 삼재지도를 일관하는 근원적 무무위수원리가 밝혀지게 된다. 무무위수 六十에서 天地를 상징하는 十五를 歸空하면 낙서수 四十五가 되고, 皇極을 상징하는 五數를 귀공하면 하도수 五十五가 된다. 즉 五數의 귀공을 통하여 하도원리가 밝혀진다는 것은 인간 본래성의 자각을 통하여 十五 천지의 뜻이 밝혀진다는 것이며, 十五 天地度數의 귀공을 통하여 낙서원리가 밝혀진다는 것은 천지의 뜻이 인간 본래성으로 주체화되었음을 의미한다.

이상에서 无位數 二十은 시·공간적 위상이 없는 형이상적 존재이면서 만물의 존재 근거가 되는 가장 근원적인 존재를 표상하는 수로서 역도의 체용적 구조를 표상하고 있음을 알 수 있다. 무무위수 二十에서 귀공된 單五와 十五를 합한 수인 동시에 河圖洛書에서는 천지를 나타내는 十과 五(하도, 본체) 그리고 오행작용원리(낙서, 작

---

30) 金恒, 『正易』, 「十一一言」, 第二十七張, "世界世界兮여 上帝照臨이로다"
31) 金恒, 『正易』, 「十五一言」, 第十張, "化无上帝言이시니라 …… 化无上帝重言이시니라"
32) 金恒, 『正易』, 「十五一言」, 第一張, "嗚呼라 盤古化하시니"
33) 金恒, 『正易』, 「十五一言」, 第十張, "普化一天化翁心이 丁寧分付皇中月이로소이다. …… 化翁親視監化事라"
   金恒, 『正易』, 「十五一言」, 第十二張, "化翁은 无位시고"
   金恒, 『正易』, 「十五一言」, 第十八張, "丁寧我化化翁이 必親施教시리니"
34) 무위수원리에 대하여 말씀의 입장에 따라 개념이 다르게 표상된 것이다.

용)를 합한 수이며, 오행작용원리의 구체적 내용인 天의 倒生逆成作
用과 地의 逆生倒成作用을 가능케 하는 근원적 理數라고 하겠다.

그런데 무위수는 하락원리의 체용적 구조를 드러내고 있을 뿐 그
구체적인 내용은 드러내고 있지 않기 때문에 무위수에 의하여 표상
된 하락원리의 전체 내용을 체용으로 표상한 一元數原理를 고찰해
야 하락원리의 내용이 밝혀질 것이다.


## 3. 하도낙서의 體用合德度數와 一元數原理


앞에서 고찰한 바와 같이 河圖와 洛書의 본체도수를 표상하는 无
位數原理는 河洛原理의 논리구조에서 體이며, 河圖와 洛書가 합덕
된 一元數原理는 體用의 합덕을 표상하고 있음을 알 수 있다.

『정역』에서 一元數原理를 직접적으로 밝히고 있지는 않지만, 다음
부분을 통하여 유추할 수 있다.

> "천지의 이치는 三元이다. 元에서 성인을 탄강하게 하시고 신물을
> 드러내 보이시니 이것이 하도와 낙서이다."("天地之理는 三元이니라
> 元降聖人하시고 示之神物하시니 乃圖乃書이라")[35]

위 인용문에서 '天地의 이치가 三元이다.'라는 것은 天地之道의

---

35) 金恒, 『正易』, 「十五一言」, 第二張.

구조가 三元이라는 것이며, 이 ‘三元’을 구성하는 근본이 一元임을 알 수 있다. 그리고 ‘元에서 성인을 탄강하게 하였다.’라고 하여 ‘元’이 성인에 의하여 주체적으로 자각된 神明之德으로서 天意임을 밝힌 것이다.[36] 天意를 자각한 성인을 통하여 神物로 드러내 보인 것이 河圖와 洛書라고 하여 ‘元’이 河圖와 洛書로 드러남을 알 수 있다. 따라서 인용문에서 ‘元’은 天地之理의 내용인 三元을 구성하는 一元임을 밝히고, 이 一元에 의하여 體用的 구조를 나타낸 것이 河圖와 洛書임을 논한 것이다.

『정역』에서는 ‘一元’을 다음과 같이 말씀하고 있다.

> “一元의 推衍數는 二百一十六이다.”(“一元推衍數는 二百一十六이니라”)[37]

위 인용문에서 一元推衍數는 ‘一元’을 推衍하는 수로서 天地의 가장 근원적인 존재를 推數하여 논증해 낸 수라는 뜻이다. 이 一元推衍數 二百一十六은 九九 八十一과 八九 七十二, 七九 六十三을 합한 數로서[38] 『주역』에서 밝히고 있는 건책 수와 동일하다. 一元推

---

36) 柳南相, 「易學의 曆數聖統原理에 關한 硏究」, 『論文集』, 제11권 제1호, 忠南大學校 人文科學硏究所, 1983, 136쪽 참조.
37) 金恒, 『正易』, 「十五一言」, 第四張.
38) 『正易』 「大易序」에서는 “我馬頭通天地第一元은 金一夫니라.”라고 하여 아마도 天地之道에 통달한 第一元은 金一夫라고 하였으며, 「十五一言」, 第一張에서는 “嗚呼라 今日今日이여 六十三 七十二 八十一은 一乎一夫니라”라고 하여 一夫에서 六十三 七十二 八十一이 하나가 된다고 하였다. 이 두 문장을 이어서 보면 ‘一元’은 六十三 七十二 八十一로 推衍됨을 알 수 있다.

衍數는 六十三, 七十二, 八十一의 逆生倒成作用을 통하여 天地가 합덕된 근원자리를 推衍하는 원리를 표상하는 동시에 八十一, 七十二, 六十三의 倒生逆成作用을 통하여 역수생성변화원리를 표상하고 있는 數이다. 즉 一元推衍數는 七九 六十三·八九 七十二·九九 八十一을 合한 數로 逆生倒成作用에 의하여 六十三에서 七十二를 거쳐서 八十一이 됨으로써 一元數 百이 推衍되는 것이다. 이는 河洛原理에서 作用數의 극한인 八十을 거쳐서 八十一에 이르면 그 본체도수를 나타내는 无位數 二十의 用인 一太極이 드러난 것이다. 여기서 근원적 존재를 나타내는 无位數 二十과 그 작용을 나타내는 八十이 밝혀져 天地가 合德된 근원자리를 나타내는 一元數 百이 드러난다.[39] 따라서 一元數가 百임이 드러나면서 이 百數가 河圖와 洛書가 합덕된 도수를 표상하고 있는 一元數原理임을 알 수 있다.

『정역』에서 一元數原理를 다른 측면에서 밝히고 있는 부분을 고찰하면 다음과 같다.

> 三百六十은 朞日에 해당하니, 大一元數인 三百數는 九九中에 배열하고, 无无位 六十數는 一六宮에 분장하여, 單五를 귀공하면 五五의 하도수가 昭昭하고, 十五를 귀공하면 낙서수인 四十五가 아롱지다." ("三百六十當朞日을 大一元三百數는 九九中에 배열하고 无无位六十數는 一六宮에 分張하야 單五를 歸空하면 五十五點昭昭하고 十五를 歸空하면 四十五點斑斑하다)[40]

---

39) 李鉉中, 「圖書原理의 내용인 曆數原理」, 『철학논총』, 제24집 제2권, 새한철학회, 2001, 282쪽 참조.
40) 金恒, 『正易』, 「十五一言」, 第十七張·第十八張.

유남상 교수는 위의 인용문을 논하면서, 大一元數 三百과 无无位 六十數가 河洛合德原理에 있다고 하였으며, 无无位 六十數에서 單五를 귀공하면 河圖數 五十五가 되고, 十五를 귀공하면 洛書數 四十五가 되어 河圖洛書가 형성되는 것이라 하였다. 여기서 귀공된 單五와 十五를 합하면 二十數가 되어 이것을 无位數原理라고 규정하였으며, 河圖洛書數를 합하면 百數가 되어 이것을 一元數原理라고 하였다.[41)]

이상에서 一元數原理의 一元數는 河圖와 洛書가 합덕된 體用을 모두 포함한 도수이며, 曆數變化原理를 추연하는 기본이 됨을 알 수 있다.

그런데 河圖와 洛書의 합덕도수인 百을 一元數로 규정한 것은 十五 天地의 합덕작용의 체용을 모두 표상하기 위한 것이다. 一元數原理는 河圖와 洛書를 통하여 표상되는 河洛原理로서 十五 天地의 상승합덕인 五十에 의해서 이루어지는 陽的 작용의 결과로 나타나는 五十五數와 陰的작용 결과로 나타나는 四十五數로 나누어지게 된 것이다. 앞의 河洛原理에서 논한 바와 같이 河圖는 十五 天地의 합덕원리를 상징하기 때문에 본체도수 十五를 중심으로 四象數가 모두 합덕되어 五十五數가 되고, 洛書는 天地의 합덕에 의하여 이루어지는 작용원리를 상징하기 때문에 본체도수인 五를 중심으로 四象數가 나누어져 四十五가 된 것이다.

一元數原理에서 河圖 본체도수 十五와 洛書 본체도수 五를 합한 无位數 二十을 제외하면 생성작용수인 八十이 남게 된다. 이 생성

---

41) 柳南相, 「正易思想의 研究(其一)」, 『哲學研究』, 제23집, 대한철학회, 1976, 91쪽 참조.

작용수 八十에 의하여 曆數의 생성변화가 전개된다. 二十數에 근원하여 四象作用이 전개됨으로써 中精之氣인 一數에 근원하여 객관적 시간으로 전환되면서 八十을 전제로 하여 생성과정을 거침으로써 八十一로 돌아가 다시 十五와 五가 합덕된 一元으로 돌아가게 된다. 이러한 원리에 의하여 四曆이 生成 變曆(생성변역)되는 것이다.[42] 즉 一元數原理를 근거로 曆數變化原理가 推衍되기 때문에 一元數原理가 四曆變化의 근거가 됨을 알 수 있다.

一元數原理에서 四曆變化가 어떻게 推衍되는지 구체적으로 논명해 보면, 一元數는 河圖洛書의 합덕을 의미하기 때문에 河圖洛書의 본체도수의 합덕인 二十과 작용수의 合德인 八十으로 구성된다고 하였다. 그런데 본체도수 二十數는 天地의 본체도수인 十五와 天地의 작용주체도수인 五를 표상하는 것으로 十五 본체도수를 통하여 曆數變化原理가 추연된다고 하겠다.

十五度數를 時數로 표상하면 百八十度(十五度 × 12時 = 180)가 된다.[43]

이 百八十度는 十五 본체도수에 의해서 推衍된 도수로 이를 기준

---

42) 曆數의 生成變化에서 用九 原曆은 九九法에 의해서 八十一이 되며, 原曆 三百七十·五日은 十五 本體數와 三百六十 正曆이 合한 것을 의미한다. 자세한 曆數의 變化原理는 다음 장 2절 九·六合德爲用原理에서 밝히고 있다.

43) 十五 本體度數에 十二時 乘하는 것은 무엇 때문인가? 일상적인 冊曆에서는 年·月·日·時로 나누고 있으나, 曆數에는 이것이 하나의 원리를 表象하는 범주이기 때문에 年의 기준은 月이고, 月의 기준은 日이고, 日의 기준은 時이다. 따라서 曆數의 變化原理를 밝히기 위해서는 時數를 가장 기본 단위로 하여 밝히게 되어, 十五日에 一日의 時인 十二를 乘하여 度數를 推衍하게 되는 것이라 생각된다.

도수로 하여 四曆生成變化가 전개되고 완성되기 때문에 曆數變化의 기준도수가 된다고 하겠다. 曆數의 생성변화작용은 十五 본체도수가 九‧六의 작용도수로 나누어졌다가 다시 十五 본체도수로 귀체되는 과정으로 나타나게 된다. 즉 十五度를 體로 하여 음양 合德曆인 正曆의 운행으로 역수변화가 완성되는 것이다. 따라서 十五 도수와 三百六十 正曆은 체용의 관계로서 正曆의 구조원리를 밝히면 그것이 본체도수인 十五의 내용이 된다고 하겠다. 여기서 十五度는 天을 표상하는 十과 地를 표상하는 五가 합덕된 것으로 正曆原理를 밝힘으로써 十五 天地의 뜻을 알게 되는 것이다. 그런데 曆數變化의 추연은 반대로 十五 도수를 통해서 이루어지기 때문에 百八十度가 基準度數가 되어 四曆生成變化作用原理가 밝혀지게 되는 것이다.44)

유남상 교수는 百八十度가 역수변화원리의 기준도수임을 다음과 같이 논하고 있다.

體十用九는 이 體用數 각각 같은 수로 相乘한 즉 十은 일원 百數가 되고 9는 四曆生成合德變化作用 80수가 되니 합하면 180도수가 된다. 이것이 天之曆數原理의 중심기준도수이며 중심추기도수이다.(體十用九는 此體用數各以同數相乘則十爲一元100數하고 九爲四曆生成‧合德變化作用80數하나니 合而爲180度數也라. 是天之曆數原理之中心基準度數也요 中心樞機度數也니라)45)

---

44) 앞에서 論한 바와 같이 无位數 二十에서 五度數를 體로 하여 十五度數가 九‧六으로 작용함이 百八十度로 드러나는 것이다.

45) 硏經院 편저, 『周‧正易經合篇』, 도서출판 硏經院, 2008, 易學圖錄 其一, 天之曆數原理圖說.

이 百八十度는 曆數變化 推衍의 기준도수로서 여러 가지 의미를 내포하고 있다.

첫째, 百八十度는 河圖的 倒生逆成作用原理를 표상하는 體十用九原理에 의해서 밝혀진다. 즉 體十用九原理 각각의 체용수 十과 九에 同數 十과 九를 相乘하여 얻어지는 것으로 體十에 十을 乘하면 百度가 되고, 用九에 九를 乘하면 八十一46)度가 되어 두 度數를 합하면 百八十度가 되는 것이다.

둘째, 百八十度는 用六의 四十五度에 用四의 百三十五度를 합하면 百八十이 얻어진다. 이를 통해서 百八十度가 曆數 推衍의 基準度數이자 마지막으로 완성되어 얻어지는 도수임을 알 수 있다.

이 百八十度가 百度와 八十度로 나누어지면서 曆數의 生成變化作用原理의 구체적인 내용이 밝혀지게 된다. 一元數 百은 用一에서 逆生하고, 八十은 작용의 基本數인 一을 합하여 八十一이 되어 用九 原曆으로 倒生하게 된다.

十五 本體度數에 十二時를 乘하여 百八十을 얻고, 이 百八十度가 다시 百과 八十으로 나누어져 曆數의 생성변화가 推衍되는 것을 政令度數(정령도수)와 律呂度數(율려도수) 측면에서 보면, 律呂度數 九度에 十二時를 乘하면 百八度가 되는데 이 百八度는 母體數 九十九에 用一의 律呂度數 九度를 포함한 것이다. 그리고 政令度數 六度에 十二時를 乘하면 七十二度가 되는데 이 七十二度는 用八의 閏曆度數로 用九의 八十一度가 用八 閏曆으로 始生된 것을 상징하

---

46) 八十一度에서 一은 근원적인 존재인 无位數 二十이 作用으로 드러나면서 一數로 전환되어 객관적 시간으로 드러나게 되는 것이다. 이 一數가 用七 閏曆에서는 다시 无位數로 歸體되면서 遞減된다.

고 있는 것이다.

여기서 처음에 인용한 '天地之理는 三元이니라.'[47]의 三元의 내용이 밝혀지게 된다. 曆數變化原理는 一元數原理에 근원하여, 一元數原理에 의해 曆數가 生成變曆되고, 다시 생성된 曆數가 一元數原理를 완성하게 되는 것이니 합하면 一元이요 나누면 三元이 되는 것이다.[48] 또한 '三元'은 一元數가 河圖洛書의 合德數이기 때문에 天道도 一元數原理에 근거하여 운행되고, 地道도 一元數原理에 근거하여 작용하고, 人道도 一元數原理에 근거함을 의미한다고 하겠다. 즉 天·地·人 三才之道가 一元數原理에 근거함을 밝히고 있는 것이다.

한편 一元數 百은 天地의 합덕체로 天地를 상징하는 十과 五의 相乘數인 五十에 五十을 합덕시킨 수이다. 이것은 五와 十의 相乘合德을 통하여 음양이 합덕됨으로써 음양의 작용이 각각 五十이 되었음을 의미한다. 따라서 无位數 二十에 의해 표상되는 十五 天地의 五行作用原理의 구체적인 내용을 음양(體用)으로 나누어 표상한 것이 一元數原理라 하겠다.

또한 一元數 百은 天의 倒生逆成作用과 地의 逆生倒成作用을 가능하게 하는 數인 十에 十을 相乘(合德作用)시킨 數의 의미도 있다.

이상에서 河洛原理의 논리적 구조에서 河圖와 洛書의 體用合德度數를 표상하고 있는 一元數原理에 대하여 고찰하였다. 河圖와 洛書가 합덕된 것이 一元數이지만 궁극적으로는 一元數原理에 의해

---

47) 金恒, 『正易』, 「十五一言」, 第二張, "天地之理는 三元이니라"
48) 柳南相, 「正易의 圖書象數 原理에 關한 研究」, 『論文集』, 제8권 제2호, 忠南大學校 人文科學研究所, 1981, 198쪽 참조.

드러난 것이 河圖와 洛書라고 하겠다.

　그러면 河圖와 洛書가 표상하고 있는 역수원리적 내용은 무엇인
지 고찰해 보자.

# 제5장

## 하도낙서원리의 曆數原理的 내용 체계

앞에서 고찰한 바와 같이 河圖는 十五를 본체로 하는 十五本體原理와 四象이 네 正位에서 用政하는 합덕원리를 표상하고 있으며, 洛書는 五가 본체가 되어 그것이 四象의 생성작용으로 드러나는 분생원리를 표상하고 있음을 알 수 있었다.

河圖는 본체원리를 중심으로 합덕원리를 위주로 표상하고, 洛書는 작용을 중심으로 분생원리를 위주로 표상하고 있으나, 河圖와 洛書가 모두 體用의 구조를 통하여 易道를 표상하고 있다. 洛書의 본체도수 五는 河圖의 본체도수 十五의 作用性을 밝히고 있기 때문에 본체원리는 河圖의 본체도수인 十五 本體原理를 근거로 하며, 河圖에서 四象이 正位에서 작용하는 것은 洛書의 四象作用原理로 귀결되기 때문에 작용원리는 洛書의 四象作用原理에 근거하고 있다.

河圖가 표상하는 易道를 본체 중심으로 살펴보면, 十五度가 尊空되어 본체가 되는 十五尊空[1]爲體原理(십오존공위체원리)가 그 내용

---

1) 尊空(존공): '尊空'은 말 그대로 '空으로 높인다' 또는 '空으로 돌린다'는 뜻으로 形而上學的 无位로 돌이킴으로써 現象에서 작용하지 않는다는

이며, 洛書가 표상하는 易道를 작용 중심으로 고찰하면 九·六이 합덕되어 작용하는 九·六合德爲用原理(구·육합덕위용원리)가 그 내용이다.[2] 즉 河洛原理의 내용은 본체의 측면에서는 河圖에 의해서 표상되는 十五尊空爲體原理이며, 작용의 측면에서는 洛書에 의해서 표상되는 九·六合德爲用原理이다.

河圖와 洛書가 체용의 관계이기 때문에 河圖洛書原理의 내용인 十五尊空爲體原理와 九·六合德爲用原理도 구분되거나 나누어져 존재하는 것이 아니다. 十五尊空爲體原理 내에서 九·六이 合德爲用 되고, 九·六合德爲用原理를 통해서 十五 본체도수가 귀공되는 것으로 十五尊空爲體原理와 九·六合德爲用原理는 분리시켜 생각할 수 없는 것이다. 十五尊空爲體原理와 九·六合德爲用原理가 존재적 차원에서는 분리될 수 없으나, 존재론적 차원으로는 나누어서 설명할 수 있을 것이다.

이에 본 장에서는 十五尊空爲體原理와 九·六合德爲用原理를 중

---

의미이다. 따라서 '十五尊空爲體原理'는 인간의 입장에서는 十五 天地의 인격적 의지를 자각하고 天地를 대신하여 그 뜻을 奉行한다는 것이다. '歸空' 또는 '歸體'는 尊空과 비슷한 개념이다.(柳南相, 「正易思想의 研究(其一)」, 『哲學研究』, 제23집, 大韓哲學會, 1976, 77쪽 참조.)
본 책에서 '尊空'은 道德原理를 위주로 人格性을 나타내는 개념으로 사용하고, '歸體'와 '歸空'은 度數原理를 위주로 體用的 구조를 나타내는 개념으로 사용하고자 한다.

2) 『正易』에서 밝히고 있는 '十五尊空爲體原理'와 '九·六合德爲用原理'를 처음으로 闡明한 學者는 忠南大 柳南相 교수이다. 柳 교수는 「一夫金恒先生聖德碑文」에서 "이에 十五歸空爲體하고 九·六合德爲用하야 여섯 位가 時에 맞게 이루어지고 天下가 化成하니"("於是에 十五歸空爲體하고 九·六合德爲用하야 六位時成而天下化成也니")라고 하여 河洛原理의 내용이 十五尊空爲體와 九·六合德爲用으로 집약됨을 밝히고 있다.

심으로 河洛原理를 고찰한 후에 그것을 인간 주체적으로 자각했을 때 천명되는 中正之道를 밝혀 보고자 한다.


## 1. 十五尊空爲體原理


『정역』에서는 十五尊空爲體原理를 '十五尊空'이라 하여 다음과 같이 말씀하고 있다.

> 일부의 기수는 三百七十五度니 十五度를 존공하면 정히 우리 공부자의 기수인 三百六十日度數에 해당된다.(一夫之朞는 三百七十五度니 十五를 尊空하면 正吾夫子之朞이 當朞三百六十日이니라)[3]

위 인용문에서는 一夫의 朞數인 三百七十五度에서 十五를 존공하면 孔子의 朞數인 三百六十度가 되어 역수변화가 완성된다고 하여 '十五尊空'이 역수변화원리와 직접적 관계임을 밝히고 있다.[4] 이에 유남상 교수는 十五尊空爲體原理를 다음과 같이 밝히고 있다.

> "또한 六十 干支度數의 가운데 十五度를 귀공하여 體로 삼고 十五 聖統을 이루어 原曆 朞數를 천명하고 四曆變化의 道를 밝히니 ……

---

3) 金恒, 『正易』, 「十五一言」, 第七張.
4) 柳南相, 「正易思想의 硏究(其一)」, 『哲學硏究』, 제23집, 大韓哲學會, 1976, 77쪽 참조.

대저 原曆은 十五尊空爲體度數와 三百六十度 正曆朞數를 合한 것으로 曆數의 전체를 가리키는 것이니 이 十五度는 閏曆에서는 장차 귀공되어 본체가 될 도수인 것이요 正曆에서는 이미 존공된 본체도수인 것이다. (且六十干支度數之中에 十五歸空爲體하야 以成十五聖統하고 闡原曆朞數而明四曆變化之道하니 …… 夫原曆은 十五尊空爲體度數與三百六十度正曆朞數之合이라 卽曆數之全體也니 此十五度者는 以閏曆則將爲歸空爲體之度數也요 以正曆則旣爲尊空之本體度數也라)[5]

위에서 十五尊空爲體原理는 본체도수 十五가 九·六의 作用度數로 전환되고, 작용도수 九·六이 합덕됨으로써 다시 十五 본체도수로 귀공되는 것임을 알 수 있다. 즉 역수변화원리에 있어서 閏曆이 正曆이 되는 변화를 통해 十五尊空爲體原理가 밝혀지는 것으로 四曆變化[6]의 마지막 완성 단계인 正曆에 이르러 비로소 그 본체도수 十五가 완전 歸空되어 본체가 되는 것이다. 따라서 十五尊空爲體原理는 十五 본체도수가 귀체되는 것으로 十五 본체도수의 曆數原理的 함의가 무엇인지 밝히지 않을 수 없다.

먼저 河圖와 洛書의 측면에서 고찰해 보면, 十五에서 十은 天을 五는 地를 상징하는 理數이며, 三極之道에서 十은 十无極이고 五는 五皇極을 의미하는 것이다. 河圖와 洛書에서는 河圖의 본체도수인 동시에 河圖의 본체도수 十과 洛書의 본체도수 五를 의미하는 것으로 河圖와 洛書의 중심 본체도수임은 앞 장에서 고찰해 보았다.

다음으로 역수변화의 측면에서 고찰해 보면, 原曆에 있어 중심 本

---

5) 柳南相,「一夫金恒先生聖德碑文」, 1980.
6) 四曆變化原理에 대해서는 다음 절인 九·六合德爲用原理에서 구체적으로 논명하고자 한다.

體度數인 十五度는 河圖의 中數 十과 洛書의 中數 五가 合德된 數로서 이것이 閏曆으로 變易하면서 실제 운행하는 역수로 변화하여 作用度數가 된다. 十五 본체도수가 표상하는 十五原理는 正曆原理이기 때문에 中正曆인 正曆의 구조원리를 파악함으로써 十五 天地의 내용을 파악할 수 있다. 즉 正曆을 분석함으로써 十五 本體原理가 밝혀지는 것이다. 十五原理가 正曆原理라는 것은 다음 절에서 구체적으로 밝혀지지만, 간략히 살펴보면 十五가 각각 體十用九작용과 體五用六작용을 하여 乾策數를 구하는 기본도수인 九數와 坤策數를 구하는 기본도수인 六數로 나누어져 乾·坤策數가 얻어지게 된다. 이 乾坤策數의 合德이 正曆을 구성하게 되어 十五原理가 正曆原理라고 하는 것이다.

이상에서 十五 본체도수가 河洛에 있어서는 우주의 근원적 지반을 이루는 원리적 조직의 중심 본체도수라면, 역수변화에 있어서는 만물의 시간적 생성을 주관하는 朞數運行의 中極數라 할 수 있다.[7]

그러면 十五 度數가 가지는 역수원리적 함의를 통해서 밝혀지는 十五尊空爲體原理의 본래 의미는 무엇인지 고찰해 보자.

十五尊空爲體原理는 十五 天地의 귀공을 의미하는데, 十五 天地의 成道合德은 日月의 成道合德에 의하여 이루어지기 때문에[8] 일월의 역수변화에 의해서 十五尊空爲體原理가 밝혀지게 되는 것이다.

---

7) 柳南相·申東浩,「主體的 民族史觀의 體系化를 爲한 韓國易學的 硏究」,『論文集』, 제13권 제1호, 忠南大學校 人文科學硏究所, 1974, 136쪽 참조.
8) 金恒,『正易』,「十五一言」, 第八張에서는 "천지의 합덕에 의해 일월이 운행된다. …… 천지는 일월이 없으면 빈껍데기와 같다."("天地之合德이 日月이니라 …… 天地는 匪日月이면 空殼이오")라고 하여 天地와 日月의 관계에 대하여 밝히고 있다.

일월의 역수변화는 九·六合德爲用으로 나타나기 때문에 十五 天地가 존공되는 현상이 九·六合德爲用으로 나타나는 것이다. 이를 인격적 관점에서 고찰해 보면, 十五 天地 부모의 뜻이 일월에 의해서 대행되는 것으로 九·六合德爲用으로 드러나 十五 天地가 존공되는 것이다.

그런데 九·六合德爲用原理는 用六에서 합덕되어 正曆이 운행되는 것으로 귀결되기 때문에 五를 본체로 하여 六에서 합덕하는 것임을 알 수 있다. 이는 九·六合德爲用原理를 표상하는 洛書의 중심 본체도수가 五皇極을 본체로 하여 九·六合德이 이루어지는 것이다.[9] 즉 十五 天地에 의해서 이루어지는 九·六合德爲用原理가 인간 본래성을 상징하는 五皇極을 본체로 하여 합덕되는 것으로 九·六合德爲用이 물리적 변화를 포괄하는 道德性[10]을 본성으로 하는 十五 天地의 자기 분화작용임을 알 수 있다. 일월역수변화에 의해서 十五가 귀체되는 과정이 인간의 측면에서는 天地의 본성인 도덕성이 자기분화되어 인간 본래성을 형성하는 과정으로 이해하게 되는 것이다. 十五 天地가 九·六으로 분리되어 閏曆을 형성하고 다시 正曆에서 九·六이 합덕되면서 十五歸體가 이루어지는 것이 인간 본래성을 형성하는 과정이다. 이를 天地之道가 인간 본래성으로 내

---

9) 九·六合德爲用原理를 표상하는 洛書에서는 인간 本來性을 象徵하는 五皇極을 體로 해서 九·六合德爲用이 이루어진다. 이것은 인간 本來性의 顯現이 인간의 삶으로 드러난다는 의미이며, 또한 우리의 삶 자체가 本性의 자기 전개작용에 의해서 이루어짐을 뜻한다.

10) 金恒, 『正易』, 「十一一言」, 第二十二張에서 "奇偶之數는 二五니 先五는 天道요 后五는 地德이니라" 하여 天道와 地德으로 天地의 本性이 道德임을 밝히고 있다.

재화되는 '天道의 人間 主體化 原理'라 하겠다. 따라서 十五 尊空이 이루어진다는 것은 인간이 자신의 본성으로 주어진 天地의 본성을 자각하는 것임을 알 수 있다.

十五 天地의 인간 주체화 원리는 天道를 인간 주체적으로 자각하였을 때 비로소 밝혀지게 되는 것이다. 天道가 인간의 본래성과 일체화되어 자각됨으로써 그 본성으로서 道德性을 자각하게 되는 것이다. 九·六合德爲用에 의한 十五 본체도수가 귀체되는 十五尊空爲體原理가 인간의 측면에서는 자신의 본래성을 자각하는 동시에 천지의 본성으로서 도덕성을 자각함으로써 그 인격적 사랑을 실천하는 것이다.

위에서 十五尊空爲體原理는 日月의 변화와 인간의 변화 두 가지 측면에서 살펴볼 수 있다.[11] 日月의 측면에서는 十五 度數가 九·六合德爲用을 통해 본체도수가 되는 十五歸體原理이고, 인간의 측면에서는 十五 天地의 인격적 의지가 인간의 주체적 자각에 의하여 실천되는 것이다. 따라서 십오존공위체원리는 일월의 역수변화와 성인·군자의 변화임이 밝혀지는 것이다. 天의 변화 내용은 十五 歸體이며, 인간의 변화 내용은 十五 天地의 인격성을 자각하여 그것을 천명하고 실천하는 것이다.[12]

그러면 十五尊空爲體原理를 日月의 측면과 人間의 측면으로 나

---

11) 十五尊空爲體原理를 日月의 측면과 人間의 측면으로 나누어 볼 수 있다고 해서 日月의 變化와 人間의 變化가 나누어지는 것은 아니다. 人間에 의해서 日月의 變化之道가 완성된다는 점에서 日月과 人間이 一切的 관계임을 알 수 있다.

12) 李鉉中, 「圖書原理의 내용인 曆數原理」, 『철학논총』, 제24집 제2권, 새한철학회, 2001, 301쪽 참조.

누어 구체적으로 고찰해 보자.

日月의 측면에서 십오존공위체원리를 고찰해 보면, 十五의 歸體는 十一歸體作用에 의하여 이루어지게 되며, 十一歸體(십일귀체)[13]는 十과 五가 합덕귀체되면서 一과 六으로 작용하는 것으로 이를 包五含六 十退一進(포오함육 십퇴일진)[14]이라고 하였다.

'十退一進'은 十无極이 물러나 본체가 되고 一의 작용이 나타나는 것을 말하는 것으로 三極에서는 无極而太極이라 하겠다. 正易八卦圖[15)]에서는 十乾이 退尊되고 一巽이 진입함을 나타내는 것이다. '包五含六'은 十无極의 가운데 五皇極을 포함하여 中心 本體로 삼는 동시에 六의 작용이 이루어지는 것으로 三極에서는 皇極이다. 正易八卦圖에서는 五坤이 包尊하고 六震이 含出함을 나타내는 것이다.[16]

또 十退一進은 河洛原理에서 河圖의 體十用九原理로서 用九原理를, 包五含六은 河洛原理에서 洛書의 體五用六原理로서 用六原理를 표상하여 十五의 합덕에 의하여 이루어지는 用九用六原理를 十

---

13) **十一歸體**(십일귀체): 十一歸體는 本是 河圖의 數에 있어서 그 奇數인 九七五三一과 偶數인 二四六八十의 五位 奇偶數, 즉 九二·七四·五六·三八·一十이 모두 十一에 歸體함을 말한 것이다.(李正浩,『正易研究』, 國際大學 人文社會科學研究所, 1978, 120쪽 참조.)

14) 金恒,『正易』,「十一一言」, 第二十五張, 十一歸體時, "中은 十十一一之空이니라. 堯舜之厥中之中이니라. 孔子之時中之中이니라 一夫所謂包五含六十退一進之位니라"

15) 여기서 卦圖는『正易』이 말씀하고 있는 '正易八卦圖'이다. 正易八卦圖는 十无極의 세계를 卦爻로 표상하고 있어 三極之道가 모두 드러나 있다. 따라서 正易八卦圖에서는 十五 天地의 本性이 드러나고 二天七地를 모두 밝히고 있으며, 乾坤이 合德되어 雷風이 用政하는 원리를 표상하고 있다.

16) 李正浩,『正易研究』, 國際大學 人文社會科學研究所, 1976, 124쪽 참조.

一歸體原理로 규정한 것이다. 따라서 十一歸體작용은 河圖洛書의 倒逆生成作用原理로 표상됨을 알 수 있다. 그런데 十退一進과 包五含六을 十一歸體로 규정한 까닭은 十一의 體用이 體五用六(包五含六)의 位에서 合德됨을 나타내고자 함이다. 즉 十과 一이 五를 主體로 해서 六에서 合德되어 작용하는 것으로 十과 一이 合德되어 歸體되었다는 것이다.

日月에 의해서 十五 天地가 尊空爲體되는 것은 일월의 역수변화 과정에서 十五 天地가 歸體되는 것이다. 十五 天地의 귀체 과정이 역수변화에서 閏曆이 正曆으로 변하는 '閏變爲正(윤변위정)'[17]으로 나타나게 된다. 『정역』에서는 閏曆이 변하여 正曆이 되는 것을 다음과 같이 논하고 있다.

"오호라 金火가 서로 바뀌는 것은 不易의 正易原理이니 晦朔弦望과 進退屈伸과 律呂度數의 造化功用이 확립되니라."("嗚呼라 金火互易은 不易正易이니 晦朔弦望進退屈伸律呂度數造化功用이 立이라")[18]

위 인용문에서 金火가 交易하여 易道가 正易(正曆)으로 바뀌는 것은 不易의 이치라고 하고, 正曆 세계는 달의 晦朔弦望(회삭현망)과

---

17) 閏變爲正(윤변위정): 『正易』에서는 "先天은 體方用圓하니 二十七朔而閏이니라. 后天은 體圓用方하니 三百六旬而正이니라"(「十五一言」, 第十九張)이라 하여 '閏'과 '正'을 先后天으로 말씀하고 있다. 이를 柳南相 교수는 "'閏變爲正'의 曆數變易에 의해서 이루어진 正曆 세계는 宇宙史에 있어서 最後目的의 세계이며 ……."라고 하여 閏曆이 變하여 正曆이 되는 理致를 '閏變爲正'原理로 규정하였다.(柳南相, 「正易思想의 硏究(其一)」, 『哲學研究』, 제23집, 大韓哲學會, 1976, 83쪽 참조.)

18) 金恒, 『正易』, 「十五一言」, 第六張.

盈虛消長(영허소장) 및 日月의 운행도수가 三百六十으로 조화 일치되는 것임을 말하고 있다. '閏變爲正'은 역수변화 과정에서 十五 본체도수가 九와 六으로 갈라지면서 八·七의 閏度數가 생성되어 閏曆이 운행되고, 다시 九·六의 합덕작용에 의하여 十五度로 귀체됨으로 三百六十 正曆이 운행되는 것을 말한다. 이러한 閏變爲正의 과정이 九와 六으로 用度數가 합덕되어 十五 본체도수로 귀체되는 것이 十五尊空爲體原理라 하겠다.

그런데 『정역』에서는 일월역수의 생성변화와 인간의 成德이 일체적인 것으로 보아 역수의 생성변화가 곧 인간의 본래성인 神明性이 현현된 神人合一의 경지에서 주체적으로 자각되는 것임을 밝히고 있다.[19] 모든 진리의 본원을 인간 본래성에 둔 것으로[20] 우주 생성을 섭리하는 외적 일월의 역수원리를 인간 내적으로 주체화시켜서 자각한 것을 神明原理라 하며, 인간의 본질적인 내적 神明原理를 외적으로 대상화시켜서 표현한 것을 일월역수 생성변화라 한 것이다. 따라서 역수변화원리에서 '閏變爲正'의 과정이 十五尊空爲體原理라고 한 것은 바로 외적 세계의 일월 역수생성변화원리를 단순히 과학적 경험방법에 의해서 인식하는 것이 아니라 인간의 내면에서 誠意·正心하여[21] 주체화된 神明原理와 감통하게 되는 것임을 말씀

---

19) 앞에서 論明한 바와 같이 인간 本來性이 神明性임을 알 수 있었으며, 『正易』에서는 "大哉라 體影之道여 理氣囿焉하고 神明이 萃焉이니라" (「十五一言」, 第一張)라 하여 天地之道에는 理氣原理와 人間 本來性인 神明原理가 함께 포함됨을 말씀하고 있다.

20) 金恒, 『正易』, 「十五一言」, 第七張, "理會本原은 原是性이오"

21) 金恒, 『正易』, 「十五一言」, 第十八張, "我摩道正理玄玄眞經이 只在此宮中이니 誠意正心하야 終始无怠하면 丁寧我化化翁이 必親施敎시리니 是非是好吾好아"

하는 것이다.

이를 人道的 입장에서는 '悖化爲倫'(패화위륜)의 원리라 하겠다. '悖化爲倫'은 悖倫의 세계가 변화하여 正倫의 세계가 되는 것으로 역수변화에서는 음양이 생장하는 先天 閏曆의 시대에서 음양이 합덕하는 后天 正曆으로 변한다는 것이며, 인간에서는 자신의 본래성을 주체적으로 자각함으로써 천지의 본성을 알아서 도덕적 존재로 살아감을 말하는 것이다.[22]

그러면 인간의 측면에서 十五尊空爲體原理는 어떻게 밝혀지는가?

앞에서 十退一進(體十用一)과 包五含六(體五用六)의 體用이 合하여 각각 十一이 되는 것이 十一歸體原理이며, 十五는 一六의 作用 內에서 중심 본체가 되는 것임을 알 수 있었다. 이를 河圖와 洛書의 합덕 작용 측면에서 보면 一六의 歸體作用에 의하여 十五가 尊空되면서 體가 되고, 중심 본체 측면에서 본다면 尊空된 十五를 體로 하고 一六이 用政하는 것이 十五尊空爲體原理라 하겠다.

十五尊空은 十一歸體에 의하여 이루어지며 十一歸體는 十退一進과 包五含六을 내용으로 하기 때문에 十五 天地의 귀체는 十五 天地의 합덕에 의한 一六의 用政으로 드러나게 되는 것이다. 이 十五와 一六을 卦象으로 표상하면 乾坤과 震巽[23]으로 十五尊空은 十五

---

22) 柳南相,「正易思想의 研究」,『韓國宗敎』, 창간호, 원광대학 종교문제연구소, 1971, 16~20쪽 참조.

23) 伏犧八卦圖에서 震은 四이며 巽은 五이고, 文王八卦圖에서 震은 三이며 巽은 四이다. 正易八卦圖에 이르러서 震이 六이 되고, 巽이 一 되므로 震巽을 一六으로 규정한 것은 重天乾卦와 重地坤卦가 형성됨으로써 天地가 正位에서 用政하는 正易八卦圖의 관점에서 논하고 있음을 알 수 있다.

가 합덕귀체되어 正位에 거처하는 乾坤 正位와 一六이 乾坤을 대신하여 用政하는 雷風正位用政(뇌풍정위용정)이 그 내용이 되는 것이다.

『정역』에서는 雷風正位用政에 대하여 다음과 같이 말씀하고 있다.

"己位는 四金과 一水 그리고 八木과 七火의 中으로 无極이다. 无極이면서 太極이니 十一이다. 十一은 地德이면서 天道이다. 天道는 圓하니 庚壬甲丙이요 地德은 方하니 二四六八이다. 戊位는 二火와 三木 그리고 六水와 九金의 中으로 皇極이다. 皇極이면서 无極이니 五十으로 五十은 天度이면서 地數이다. 地數는 方하니 丁乙癸辛이요 天度는 圓하니 九七五三이다."("己位는 四金一水八木七火之中이니 无極이니라. 无極而太極이니 十一이니라. 十一은 地德而天道니라. 天道라 圓하니 庚壬甲丙이니라. 地德이라 方하니 二四六八이니라. 戊位는 二火三木六水九金之中이니 皇極이니라. 皇極而无極이니 五十이니라. 五十은 天度而地數니라. 地數라 方하니 丁乙癸辛이니라. 天度라 圓하니 九七五三이니라")24)

위 인용문에서 己와 戊는 十五 天地를 干支度數로서 나타낸 것으로 天地가 正位됨으로써 천지의 政事를 雷風이 대행하게 됨을 말씀하고 있다. 雷風이 正位에서 用政하는 原理를 干支度數와 河洛原理, 五行, 方圓 등을 통해서 밝히고 있다. '雷風正位用政'은 인류의 長男(震)과 長女(巽)25)인 성인이 주체가 되어 정치를 하는 원리로 正位(＝中位)는 四正方과 四正時를 의미하며, 用政數는 우주를 섭리

---

24) 金恒,『正易』,「十一一言」, 第二十六張, 雷風正位 用政數.
25)『周易』의「說卦」第十章에서는 "乾 天也 故 稱乎父 坤 地也 故 稱乎母 震 一索而得男 故 謂之長男 巽 一索而得女 故 謂之長女"라 하여 震巽이 인류에 있어서 長男・長女로 聖人임을 밝히고 있다.

주재하는 도수를 의미한다. 따라서 雷風正位用政原理는 성인이 바른 위치에서 인류역사를 주관하는 원리이며, 雷風正位用政에 의하여 十五가 존공되기 때문에 雷風正位用政原理가 十五尊空爲體原理의 내용이라 하겠다.

여기서 雷風은 천지 부모의 뜻을 대행하는 존재인 長男·長女로, 雷風에 의해 十五가 尊空되는 것을 『정역』에서는 "건곤 천지에 雷風이 중이다."[26]라 하였으며, 또한 震巽을 數로도 十과 五라 하여 震巽에 의해 천지의 政事가 대행됨을 다음과 같이 밝히고 있다.

"괘의 震巽은 도수로 十과 五이니 五行의 宗이요 六宗의 長이니[27] 中位正易이니라."("卦之震巽은 數之十五니 五行之宗이오 六宗之長이니 中位正易이니라")[28]

그런데 雷風을 나타내는 一六은 앞에서 논한 바와 같이 十退一進과 包五含六의 一과 六이다. 一은 十无極이 體가 되어 이루어지는 體十用一을 나타내는 수이며, 六은 五皇極을 體로 해서 이루어지는 體五用六을 나타내는 수이다. 이 十과 一의 體用을 합덕시킨 것이 土로서 五皇極이며, 五皇極의 작용을 나타내는 수가 六인 것이다.

『정역』에서는 一六의 雷風正位用政이 五皇極에 의하여 이루어짐

---

26) 金恒, 『正易』, 「十五一言」, 第七張, "乾坤天地에 雷風中이라"
27) 南明鎭 敎授는 "五行의 宗은 十五가 中央 土로서 五行의 마루(머리)가 된다는 것이고, 六宗은 震·巽·坎·離·艮·兌의 六子女 卦를 의미하는 것으로 이 여섯 가운데 長이 震巽이다."라고 五行之宗과 六宗之長을 설명하였다.
28) 金恒, 『正易』, 「十一一言」, 第二十三張.

을 다음과 같이 말씀하고 있다.

"一은 十이 없으면 體가 없고, 十은 一이 없으면 用할 수 없으니, 이 體用(十＋一)을 합하면 土라 體用이 합덕된 中에 존재하는 것이 五이니 황극이니라."("一이 无十이면 无體요 十이 无一이면 無用이니 合하면 土라 居中이 五니 皇極이니라")[29]

위 인용문에서 五皇極은 인간 본래성을 상징하는 것으로서 十五의 尊空이 인간에 의하여 완성됨을 뜻하는 것이다. 인간이 자신의 본래성을 자각하고 그것을 통하여 천지의 도덕성을 자각하여 그 도덕적 의지를 현실에서 실천 구현함으로써 十五尊空爲體가 완성되는 것이다.

인간에 의하여 十五 天地의 뜻이 자각되고 실천 구현될 수 있는 것은 이미 인간의 본래성으로 十五 天地의 뜻이 내재화되었기 때문에 가능한 것이다. 十五 天地의 인격성이 인간 본래성으로 내재화됨으로써 그것이 존재 근거가 되어 十五 天地의 뜻을 드러내어 밝히는 것을 역사적 사명으로 하여 인류 역사상에 탄강한 존재가 바로 성인이다.[30]

성인은 天道의 인격성을 그대로 담지한 존재로 천지는 성인을 통하여 그 뜻을 전하게 되고 성인은 천지의 말씀을 하게 된다.[31] 이는

---

29) 金恒, 『正易』, 「十五一言」, 第一張.
30) 金恒, 『正易』, 「十五一言」, 第二張, "天地之理는 三元이니라 元降聖人하시고 示之神物하시니 乃圖乃書로다"
31) 『正易』에서는 "嗚呼라 天地无言이시면 一夫何言이리오 天地有言하시니 一夫敢言하노라. 天地는 言一夫言하고 一夫는 言天地言이니라"(「十五

천지의 뜻이 성인의 말씀을 통하여 드러남을 뜻하는 것이다. 천지가 성인의 말씀을 통하여 자신의 뜻을 미리 드러내는 것은 만물을 낳아서 완성시키고자 하는 천지의 本性(德性)32)에 의한 것이다. 이러한 천지의 위대한 德性(大德)이 성인에 의하여 주체적으로 자각됨으로써 천하의 來世를 걱정하는 성인의 憂患意識(우환의식)33)으로 나타나게 된 것이다. 따라서 성인은 天道를 자신의 본래성과 일체화시켜서 자각함으로써 천도를 드러내고 밝히는 사명을 가진 존재라 하겠다.

성인이 역수원리에 의해서 탄강하여 역도를 드러내어 역경을 저작할 사명이 있음을 『정역』에서는 다음과 같이 밝히고 있다.

> "성스럽구나 易의 易道됨이여 易道는 曆數原理이니 曆數原理가 없으면 聖人이 없고 聖人이 없으면 易學이 없는 것이라."("聖哉라 易之爲易이여 易者는 曆也니 無曆이면 無聖이요 無聖이면 無易이라")34)

위 인용문에서는 성인의 존재 근거가 天道인 曆數原理에 있음을 밝히고, 성인이 易道를 드러내기 위해 易經을 저작했기 때문에 성인이 없으면 易學이라는 학문이 존재할 수 없다고 하였다. 따라서 十五 天地의 뜻을 밝히기 위하여 탄강한 성인은 그 존재 근거가 역수원리인 十五尊空爲體原理에 있기 때문에 역시 十五 聖人이 聖人之

---

一言」, 第九張)라 하여 天地의 뜻을 聖人이 主體的임을 자각하여 밝히게 됨을 말씀하고 있다.

32) 『周易』, 「繫辭下」, 第一章, "天地之大德 曰生"

33) 『周易』에서는 "作易者 其有憂患乎"(「繫辭下」, 第七章), "其出入以度 外內 使知懼 又明於憂患與故"(「繫辭下」, 第八章)라 하여 聖人이 易經을 저작한 까닭이 憂天下來世하는 憂患意識에 의한 것임을 밝히고 있다.

34) 金恒, 『正易』, 大易序.

道의 전승계통을 형성하면서 인류역사상에 출현하게 된다. 그러므로 十五尊空爲體原理의 내용을 이해하기 위해서는 역수원리에 근거하여 繼代關係를 이루면서 인류 역사상에 나타난 聖統(성통)[35]을 고찰하지 않을 수 없는 것이다.

十五尊空爲體原理와 聖統에 대하여 유남상 교수는 다음과 같이 논하고 있다.

> "선생이 또 曆數聖統을 말씀하여 元으로부터 聖人이 誕降하는 이치를 밝혀서 原曆의 十五尊空의 數로 曆數의 體를 삼고 天地의 中에 三極을 세워서 先天 十五 聖人의 道統의 淵源으로 삼으니 이것이 十五 聖人이 세상에 드러나는 것이요 四曆變化가 歷史上에 행해지는 것이라."("先生이 且言曆數聖統而明元降聖人之理하야 以原曆十五尊空之數로 爲曆數之體而立極於天地之中하야 以爲先天十五聖人之道統淵源하니 此十五聖人之見於世也요 四營變化之行于史者也라.")[36]

위 인용문은 『정역』에서 밝히고 있는 역수원리의 내용인 十五尊空爲體原理에 근거하여 十五 聖統이 전개됨을 밝힌 것이다. 이러한 논거는 『정역』의 「十五一言」 첫머리에서 十五尊空爲體原理와 聖統을 일치시켜 다음과 같이 말씀한 '曆數聖統原理'(역수성통원리)에 있다.

---

35) 易學의 '聖統'에 대해서는 柳南相 교수의 「易學의 曆數聖統原理에 關한 硏究」(『論文集』, 제11권 제1호, 忠南大學校 人文科學硏究所, 1983.)와 李鉉中 교수의 「曆數聖統原理」(『범한철학』, 제22집, 범한철학회, 2000.)를 참고 바람.
36) 柳南相, 「一夫金恒先生聖德碑文」, 1980.

"아! 盤古가 조화하시어 化하시니, 天皇이 无爲의 政事를 行하고 地皇이 天皇의 德을 싣고, 人皇이 天皇과 地皇을 받들어 완성하는 것이다.[37] 有巢께서 정착을 통한 가정문화를 일으키고, 燧人께서 불을 사용하여 정착문화를 세우셨다. 신명을 자각하신 伏羲께서 八卦를 긋고 文字文明을 여시고, 성스러운 神農께서 농경 정착문화와 시장 교역의 상업문화를 여시고, 黃帝는 甲子를 星斗로 밝히셨고, 신명하신 堯임금은 日月原理를 밝혀 甲辰 度數를 밝히시고, 舜임금은 璇璣玉衡을 통해서 七政을 행하시고, 위대하신 禹임금은 洛書原理를 응용하여 九疇의 정치원리를 구현하시었다. 殷나라 宗廟에서 盛德을 가히 볼 수 있으며, 箕子도 聖人이시다. 周나라 德이 이에 있으니 二南[38]·七月[39]이로다. 麒麟의 德性으로 추앙받는 聖人이신 孔子께서 乾坤의 가운데 자리하여 위로는 天時를 법받으시고 아래로는 地道를 因襲하시어 오늘에 이르렀다. 아! 오늘이여 오늘이여 六十三과 七十二와 八十一은 一夫에게서 하나가 되도다."("嗚呼라 盤古化하시니 天皇无爲시고 地皇載德하시고 人皇作이로다. 有巢旣巢하시고 燧人乃燧로다. 神哉라 伏羲劃結하시고 聖哉라 神農耕市로다. 黃帝甲子星斗요 神堯日月甲辰이로다. 帝舜七政玉衡이오 大禹九疇玄龜로다. 殷廟에 可以觀德이오 箕聖乃聖이시니 周德在玆하시고 二南七月이로다. 麟兮我聖이여 乾坤中立하사 上律下襲하시니 襲于今日이로다. 嗚呼라 今日今日이여 六十三 七十二 八十一은 一乎一夫니라")[40]

---

37) 南明鎭 교수는 "'盤古'는 東洋에서 창조를 맡은 神으로 无位의 전체를 나타내는 개념이다. '天皇'은 하늘의 작용은 드러나지 않기 때문에 无爲원리로 존재하고 대상적으로 드러나지 않는다. '地皇'은 인간 본성의 德을 싣는 것으로 현상적인 작용을 하는 것이다. '人皇'은 天地의 道德을 人格的 세계로 인도하는 작용을 하는 것이다."라고 盤古와 天皇·地皇·人皇을 해석하였다.
38) 二南은 『詩經』의 '周南'과 '召南'으로 文王과 武王의 德을 노래한 것이다.
39) 『詩經』 七月章으로 周나라 周公의 德을 노래한 곳이다.

여기서 『정역』 上經을 '십오일언'이라 한 것은 역수원리에 있어서 十五尊空爲體原理에 근원하여 十五 聖統이 전개되는 것을 의미하는 동시에 十五 聖人이 한 말씀(一言)을 하였다는 의미를 밝힌 것이다. 위에서 盤古의 작용에 의하여 天皇이 시초를 주관하고, 地皇이 天의 德을 싣고, 人皇이 천지의 뜻을 받들어 완성하게 됨에 따라 성인이 탄강하게 된 것임을 알 수 있다. 이러한 天地의 德性이 합덕 일체화되어 나타난 것이 성인으로 十五聖統[41]이 전개됨을 밝히고 있는 것이다.

위에서 有巢・燧人・伏犧・神農・黃帝・堯・舜・禹・湯・箕子・文王・武王・周公・孔子・一夫의 十五 聖人을 구체적으로 말하고 있다.[42] 그런데 뒷부분에서 "嗚呼라 今日今日이여 六十三 七十二 八十一은 一乎一夫니라" 하여 十五 聖統이 우주사에서 전개되는 과정이 九・六合德爲用原理를 근거로 이루어짐을 밝히고 있다.

十五 성인에 대하여 유남상 교수는 다음과 같이 논하고 있다.

"이로써 有巢・燧人・伏羲・神農・黃帝・堯・舜 일곱 聖人과 大禹・成湯・箕子・文・武・周公・孔子 일곱 聖人으로 合하여 十四

---

40) 金恒, 『正易』, 「十五一言」, 第一張.
41) 聖統의 전개가 十五尊空爲體原理의 現象的 전개라고 할 때 聖統에 참여한 聖人은 十五 聖人이 될 수밖에 없다. 이는 十五 本體度數가 尊空 歸體되면서 그것이 十五聖統의 전개 現象으로 나타나기 때문이다.
42) 『周易』 「繫辭下」 第二章에서는 伏羲・神農・黃帝・堯・舜・禹・湯・箕子・文王・武王・周公・孔子・一夫의 十三 聖人을 중심으로 聖統을 밝히고 있다. 十五聖統을 모두 밝히지 않고 十三聖人을 중심으로 聖統을 밝힌 것은 『周易』이 卦象原理를 통해 人道를 위주로 밝혔기 때문에 三爻單卦를 그은 伏羲로부터 시작하여 聖統을 밝힌 것이다.

성인의 統이 되어 坤策 聖人에 배합되고 六十三 七十二 八十一 一乎一夫로서 乾策 聖人에 배합하니, 즉 十五聖統이 乾坤之策에 符合하는 것이요 또 一夫之朞는 原曆에 배합하고 帝堯之朞와 帝舜之朞는 兩閏曆에 배합하고 孔子之朞는 正曆에 배합하니 四聖之朞가 四曆之數에 부합하는 것이라. 이로써 보건대 十五聖統이 原曆之數에 연원하며 十五 성인의 道統에 의거하고 四曆이 成曆하는 理數를 밝히니 曆數와 聖統이 二物이 아니고 孔子와 先生의 易道가 합덕일치됨을 여기서 가히 알 수 있다."("此以有巢燧人伏羲神農黃帝堯舜之七聖과 與大禹聖湯箕子文武周公孔子之七聖으로 合爲十四聖人之統하야 配乎坤策하고 以六十三 七十二 八十一 一乎一夫로 配乎乾策하니 卽十五聖統이 符合於乾坤之策이요 且一夫之朞는 配乎原曆하고 帝堯之朞 與帝舜之朞는 配乎兩閏하고 孔子之朞는 配乎正曆하니 卽四聖之朞ㅣ符合于四曆之數라. 由是觀之컨대 十五聖統이 淵源於原曆之數하며 于依據十五聖人之道統而明四曆成曆之理數하니 曆數與聖統이 卽非二物而孔子與先生之易道ㅣ 合德一致를 於斯可知矣로다.")[43]

위에서 十五 성인을 坤策 성인과 乾策 성인으로 나누어, 有巢에서 孔子까지 十四 성인은 坤策 성인으로 乾策 성인은 一夫로 밝히고 있다. 十五 성인과 四曆變化와 연계하여 一夫之朞를 原曆에, 帝堯之朞와 帝舜之朞를 閏曆에, 夫子之朞를 正曆에 각각 배합하여 九·六合德爲用原理와 聖統이 일치됨을 논한 것이다. 유남상 교수는 위의 내용을 도표로 다음과 같이 요약하였다.[44]

43) 柳南相, 「一夫金恒先生聖德碑文」, 1980.
44) 柳南相, 「河洛象數論에 關한 硏究(一) ―正易의 象數論을 中心으로―」, 『論文集』, 제5권 제1호, 忠南大學校 人文科學硏究所, 1978, 161쪽.

| 區分 | 原曆 時代 | 河圖 時代 | 洛書 時代 | 正曆 時代 |
|---|---|---|---|---|
| 曆의 名稱 | 原曆 375度 | 閏曆 366度 | 閏曆 365¼度 | 正曆 360度 |
| 朞의 名稱 | 一夫之朞 | 帝堯之朞 | 帝舜之朞 | 一夫之朞內의 孔子之朞 |
| 閏度數 | 十五度＝180時 (99＋81) | 6度＝72時 (81時에서 9時間歸空) | 5¼度＝63時 (72時에서 9時間歸空) | 十五度全體歸空 |
| 生成變化 | 出生의 變化 | 生長의 變化 | 完成의 變化 | |
| 河洛度數 | 河洛未分 | 十九八七六五四三二一 | 一二三四五六七八九十 | 河洛合德 |
| 聖統淵源 | 盤古 (天地·乾坤) (乾坤策未分) | 天地人有燧伏神黃堯舜 皇皇皇巢人羲農帝 三才  7聖 (乾策)    坤策 | 六七八 箕文武周孔十十十 禹湯子王王公子三二一 7聖    乾策 14聖 | 一乾夫策聖人    孔坤子策聖人 (乾坤策合德) |
| 河洛度數 | 河洛未分 | 一二三四五六七八九十 | 十九八七六五四三二一 | 河洛合德 |

위에서 밝혀진 바와 같이 河洛原理의 내용인 十五尊空爲體原理와 九·六合德爲用原理는 體用의 관계로 구·육합덕위용원리를 통하여 십오존공위체원리가 밝혀지고 십오존공위체원리에 의해서 구·육합덕위용원리가 드러나게 된다. 십오존공위체원리는 구·육합덕위용원리를 통해서 밝혀지기 때문에 다음 절에서는 구·육합덕위용원리에 대하여 고찰하고자 한다.

## 2. 九·六(乾·坤策)合德爲用原理

河洛原理에서 河圖는 倒生逆成作用原理를 위주로 하기 때문에 體十用九原理를 표상하며, 洛書는 逆生倒成作用원리를 위주로 하기 때문에 體五用六原理를 표상하고 있다. 河洛原理의 내용인 體十用九原理와 體五用六原理에서 河圖는 본체원리 중심이기 때문에 十五本體原理를 밝히고 있으며, 洛書는 작용원리 중심이기에 九·六合德爲用原理를 밝히고 있다.

體十用九原理와 體五用六原理에서 본체도수인 十과 五는 천지를 표상하며, 작용도수인 九와 六은 일월을 표상한다고 하겠다. 『정역』에서는 천지의 변화원리를 日月之政에 의해 드러난 역수변화원리로 밝히고 있다. 일월은 천지의 합덕작용에 의해서 형성된 천지의 精髓로 일월에 의하여 천지의 작용이 표상되는 것이다.

『정역』에서는 천지와 일월에 대하여 다음과 같이 밝히고 있다.

> "천지의 합덕에 의해 일월이 운행된다. …… 천지는 일월이 없으면 빈껍데기와 같다."("天地之合德이 日月이니라. …… 天地는 匪日月이면 空殼이오")[45]

위 인용문에서 일월이 천지의 합덕에 의해서 운행되고 천지는 일월의 합덕에 의해서 成道됨을 밝히고 있다. 따라서 천지의 작용이

---

45) 金恒, 『正易』, 「十五一言」, 第八張.

일월에 의하여 이루어지기 때문에 천지의 四象作用의 내용인 九·六合德爲用原理는 곧 일월의 작용원리가 된다고 하겠다. 즉 일월역수의 생성변화원리가 바로 천지의 변화원리인 것이다.

『주역』에서는 일월의 운행에 의해서 變化之道가 시간으로 드러남을 다음과 같이 밝히고 있다.

> "일월이 상추작용하여 밝음이 생기고 …… 한서가 상추작용하여 歲가 형성된다."("日月 相推而明生焉 …… 寒暑 相推而歲成焉")46)

위 인용문에서 '일월의 작용에 의해서 밝음이 생한다.'라는 것은 일월에 의해서 시간이 주관된다는 것으로서 일월의 운행에 의해서 역수변화원리가 드러나는 것이다. 따라서 천지일월을 표상하는 十五와 九·六 天地之數가 바로 河洛原理를 구성하는 수인 동시에 일월의 운행원리를 표상하는 도수이다. 『정역』에서는 河洛原理를 구성하는 天地之數와 日月曆數原理의 관계에 대하여 다음과 같이 밝히고 있다.

> "천지의 수는 일월의 운행원리를 표상하는 도수이다. 그러므로 일월의 운행도수가 바르지 않으면 易道가 易道일 수 없다. 易(曆)47)이 正曆이 되어야 易이 易일 수 있으니 原曆이 어찌 항상 閏曆을 사용하겠는가?"("天地之數는 數日月이니 日月이 不正이면 易匪易이라 易爲正易이라사 易爲易이니 原易이 何常用閏易고")48)

---

46) 『周易』, 「繫辭下」, 第四章.
47) 『正易』에서는 "易者는 曆也 ㅣ 니"라 하여 易과 曆은 같은 의미로 사용된다.

여기서 "天地之數는 數日月이니"란 바로 일월역수를 말하는 것으로 『주역』의 「계사상」 제9장에서 河圖原理를 표상하고 있는 '天地之數'와 일치하며, '閏易(윤역)'은 '閏曆(윤역)'을 말하는 것으로 '大衍之數'와 대응되며, '正易'이란 바로 三百六十 朞數의 正曆을 뜻하는 것으로 '乾坤策數'와 대응된다 하겠다. 『정역』에서는 『주역』 「계사상」 제9장의 '天地之數'는 河圖 五十五數를 표상하고, '大衍之數'는 洛書 四十五數를 표상하며, '乾坤策數'는 河圖洛書가 合德된 正曆朞數를 말씀한 것으로 규정한 것이다.[49]

河圖와 洛書를 구성하는 天地의 數는 일월의 운행원리를 표상하는 度數이며, 천지의 數를 통하여 표상되는 변화원리의 내용은 일월역수변화원리인 것이다. 또한 위 인용문에서 九·六合德爲用原理를 구성하는 閏曆과 原曆 그리고 正曆의 세 가지 朞數를 말씀하여 『정역』에서 밝힌 『주역』의 변화지도의 내용이 原曆에서 閏曆으로 閏曆에서 正曆으로 변화하는 역수변화원리임을 생각할 수 있다.

原曆과 閏曆 그리고 正曆의 세 가지 朞數의 관계에 대해서는 '原曆이 어찌 항상 閏曆만을 쓰겠는가?'라 하여 閏曆과 正曆이 原曆에 의해서 쓰임을 알 수 있다. 여기서 '쓴다'라는 말씀은 그것으로서 작용한다는 의미로서 原曆과 閏曆, 原曆과 正曆이 서로 體用의 관계임을 의미한다.

그리고 '일월이 바르지 않으면 易이 易일 수 없으며 易이 正易이어야 易이 易이다.'에서 일월이 바르지 않다는 것은 閏曆의 운행을

---

48) 金恒, 『正易』, 「十五一言」, 第二十張.
49) 柳南相, 「河洛象數論에 關한 研究(一) —正易의 象數論을 中心으로—」, 『論文集』, 第五卷 第1號, 忠南大學校 人文科學硏究所, 1978, 155쪽 참조.

의미하며, 일월이 바르다는 것은 음양의 曆이 합덕된 中正曆이 운행됨을 뜻한다.

다시 '原曆이 어찌 항상 閏曆을 사용하겠는가?'라는 말씀을 통해서 原曆이 閏曆으로 변하고 다시 正曆으로 변한다는 것을 추론할 수 있다. 즉 閏曆과 正曆의 관계에서 閏曆이 正曆으로 변화되는 원리임을 알 수 있다.

이상에서 일월역수변화원리의 내용은 原曆을 중심으로 음양의 閏曆이 서로 나누어지다가 그것이 합덕된 正曆이 운행되는 변화임을 알 수 있다. 즉 原曆을 體로 하여 이루어지는 閏曆에서 正曆으로 변화하는 원리가 역수변화원리라 하겠다.

앞에서 고찰한 바와 같이 역수생성변화원리는 洛書原理에 의해서 드러나는 것으로 一·二·三·四, 六·七·八·九의 四象數에 의해서 표상되는 四曆變化原理(사력변화원리)이다. 따라서 역수변화를 표상하는 九·六合德爲用原理는 四曆의 생성변화원리라 하겠다. 이러한 四曆變化原理를 구성하는 原曆과 閏曆 그리고 正曆은 무엇을 말하는가?

『정역』에서는 역수의 구체적인 내용과 朞數를 밝힌 성인을 중심으로 四曆에 대하여 다음과 같이 밝히고 있다.

"帝堯의 朞는 三百六十六日이며 帝舜의 朞는 三百六十五와 四分度之一日이고, 一夫의 朞는 三百七十五日로 三百七十五日에서 十五를 尊空하면 孔子의 朞인 三百六十日이 된다."("帝堯之朞는 三百有六旬有六日이니라 帝舜之朞는 三百六十五度四分度之一이니라. 一夫之朞는 三百七十五度니 十五를 尊空하면 正吾夫子之朞로 當朞三百

六十日이니라")50)

위 인용문에서 三百六十日 曆은 孔子가 밝힌 曆이며, 三百六十六
日 曆과 三百六十五와 四分度之一日 曆은 帝堯와 帝舜이 밝힌 曆
이고 그리고 三百七十五日 曆은 一夫가 밝힌 曆임을 알 수 있다.

帝堯와 帝舜의 三百六十六日 曆과 三百六十五와 四分度之一日
曆은 陽閏曆으로서 陰陽이 나누어지는 기준이 되는 中正曆인 三百
六十日 曆을 기준으로 六日과 五와 四分度之一日의 閏度數가 붙은
것이다. 따라서 帝堯와 帝舜이 밝힌 朞가 두 閏曆인 것이다.

또한 孔子가 밝힌 三百六十日 曆이 陰陽曆의 기준이 되는 正曆
임을 알 수 있으며, 正曆은 一夫가 밝힌 三百七十五日 曆에서 十五
度를 尊空함으로써 三百六十日이 형성됨을 알 수 있다. 그리고 十
五 본체도수와 그 작용수인 三百六十日 正曆度數를 더한 三百七十
五日 曆이 原曆이 되는 것이다. 따라서 四曆變化原理에서 四曆은
一夫之朞 三百七十五日의 原曆과 帝堯之朞 三百六十六日과 帝舜
之朞 三百六十五와 四分度之一日의 兩閏曆 그리고 夫子之朞 三百
六十日이 正曆임을 알 수 있다.

그럼 四曆의 내부구조는 어떻게 구성되는가?

먼저 正曆에 대하여 고찰해 보면, 『주역』에서는 正曆에 대하여 다
음과 같이 밝히고 있다.

"건의 책수는 二百一十有六이며 곤의 책수는 百四十有四로 두 책수
를 합하면 三百有六十으로 期日에 해당된다."("乾之策이 二百一十有六

50) 金恒, 『正易』, 「十五一言」, 第六張에서 第七張.

이오 坤之策이 百四十有四라 凡三百有六十이니 當期之日하고")51)

위 인용문에서 正曆의 朞數 三百六十日이 乾策數 二百一十六과 坤策數 百四十四에 의해서 구성됨을 알 수 있다. 乾策數는 天의 성정을 나타내는 중천건괘(☰)를 도수로 나타낸 것이며, 坤策數는 地의 성정을 나타내는 중지곤괘(☷)를 도수로 표상한 것이다. 즉 正曆은 천지의 성정을 표상하는 乾·坤卦의 合德數로 천지의 합덕체를 나타내는 역수라 하겠다. 正曆은 음양의 閏曆으로 나누어지는 근거가 되는 中正曆인 동시에 음양의 閏曆이 합덕되어 완성될 曆이다. 이는 본체도수인 十五 천지의 합덕에 의하여 완성되는 中正曆이 바로 正曆이기 때문이다.

다음으로 原曆은 『정역』에서 처음 밝힌 것으로 一夫之朞라고 하며, 曆數 생성의 주체가 되는 十五와 그 작용인 三百六十이 더해진 三百七十五日 曆이다. 따라서 原曆은 度數의 體用을 모두 지칭하는 개념으로 『정역』에서는 다음과 같이 밝히고 있다.

"四象의 分體度數는 一百五十九이고 一元의 推衍數는 二百一十六이다."("四象分體度는 一百五十九니라 一元推衍數는 二百一十六이니라")52)

위 인용문에서 原曆은 一元推衍數(일원추연수)와 四象分體度數(사상분체도수)로 구성됨을 알 수 있다. 一元推衍數는 앞에서 고찰한 바

---

51) 『周易』, 「繫辭上」, 第九章.
52) 金恒, 『正易』, 「十五一言」, 第四張.

와 같이 一元53)을 推衍하는 數로서 一元推衍數는 四曆의 시간적 생성변역을 주관하여 역도 자체의 근원적인 구조를 나타내는 數이다. 그렇기 때문에 卦爻에 있어서는 天道를 표상하고 있는 중천건괘(䷀) 六爻의 작용수(策數)와 일치하게 되는 것이다.

四象分體度數는 四象의 體인 十五와 그 작용수인 百四十四를 더한 數로 一百五十九이다. 四象分體度數와 坤策數는 그 의미는 같으나 數에서 十五度 차이가 있다. 四象分體度數는 十五度가 尊空되어 存在로 전환됨으로써 천지일월의 본체가 된 본체도수54)까지 포함한 數라면, 坤策數는 이 본체도수를 제외한 四象 작용수만 표현한 것이다.55) 四象分體度數는 一元推衍數에 의해서 표상된 十五 천지의 합덕에 의해서 이루어지는 천지일월의 四象作用을 표상하는 도수로 공간적 구성원리를 섭리하는 역수라 하겠다.

原曆과 正曆의 관계에 있어서 原曆은 미래에 用으로 쓰일 根源曆이며, 正曆은 未來에 성취될 完成曆이다. 본체도수와 正曆 筭數의 합이 原曆이다. 따라서 原曆과 正曆은 서로 체용의 관계로서 『정역』에서는 原曆을 根源曆으로서 '初初之曆(초초지역)'이라 하고, 正曆은 未來曆으로서 '來來之曆(내래지역)'56)이라 하였다.57)

---

53) 一元은 一元數 百을 말하는 것으로 河圖洛書가 合德된 것을 상징한다.
54) '本體度數'란 事物의 本體를 이루는 度數를 말하고, '分位度數'란 事物의 현상으로 나타난 度數를 말한다. 따라서 本體와 現象에 配分된 度數 전체를 합하여 '分體度數' 혹은 '體位度數'라고 한다.
55) 柳南相, 「正易의 圖書象數 原理에 關한 研究」, 『論文集』, 제8권 제2호, 忠南大學校 人文科學研究所, 1981, 195쪽 참조.
56) 金恒, 『正易』, 「大易序」, "是故로 初初之易과 來來之易이 所以作也시니라"
57) 이 原曆 筭數는 正曆 筭數로 曆數變化가 이루어진 것과 더불어 밝혀지는 것으로 原曆과 正曆은 同一 曆이라 하겠다.

한편, 閏曆인 帝堯之朞 三百六十六日 閏曆과 帝舜之朞 三百六十五와 四分度之一日 閏曆은 『서경』에서 다음과 같이 밝히고 있다.

"堯帝가 말씀하시기를 아! 너희 희씨와 화씨야, 朞數는 三百六十六日이니 閏月을 사용하여야 사시가 歲를 이룰 것이니 진실로 百工을 다스려야 많은 공적이 모두 빛나리라."("帝曰咨 汝羲曁和아 朞三百有六旬有六日이니 以閏月이라사 定四時成歲하여 允釐百工하여 庶績이 咸熙하리라")58)

"舜이 璿璣玉衡으로 天體를 살피어 七政을 바로잡았으며, …… 歲二月에 동쪽 지방을 순수하여 岱宗(泰山)에 이르러 柴제사를 지내시며 산천을 바라보고 차례를 정하여 제후들을 만나 보시니, 다섯 가지 瑞玉과 세 가지 폐백과 두 가지 생물과 한 가지 죽은 예물이었다. 諸侯들과 時와 月을 맞추고 日을 바로잡았으며 律·度·量·衡을 統一하시고, 다섯 가지 禮를 닦으며, 다섯 가지 器物도 같이 하시고 다시 巡守하셨다. 五月에 남쪽을 巡守하여 南岳에 이르러 岱宗의 禮와 같이 하시고, 八月에 서쪽을 巡守하여 西岳에 이르러 처음과 똑같이 하시고, 十一月에 북쪽을 巡守하여 北岳에 이르러 서쪽의 禮와 같이 하시고, 돌아와 藝祖의 사당에 이르러 한 마리의 소를 써서 제사하셨다."("在璿璣玉衡하사 以齊七政하시다 …… 歲二月에 東巡守하사 于岱宗하사 柴하시며 望秩于山川하시고 肆覲東后하시니 五玉과 三帛과 二生과 一死贄러라 協時月하사 正日하시며 同律度量衡하시며 修五禮하시며 如五器하시고 卒乃復하시다 五月에 南巡守하사 至于南岳하사 如岱禮하시며 八月에 西巡守하사 至于西岳하사 如初하시며 十有一月에 朔巡守하사 至于北岳하사 如西禮하시고 歸格于藝祖하사 用特하시다")59)

---

58) 『書經』, 「虞書」, 堯典.

앞의 인용문은 帝堯가 曆官인 羲氏와 和氏에게 閏曆 朞數인 三
百六十六日을 분명하게 말한 것이고, 뒤의 인용문은 帝舜이 이미
四方에 分封되어 있는 諸侯들과 협력하여 一歲 四時 중에서 四仲
月을 택하여 천하를 巡守하면서 역수를 재조정함으로써 당시의 역
수변화에 따라 문물제도를 다시 제정하였던 것을 밝힌 것이다.

여기서 帝舜之朞를 분명하게 밝히지 않은 것은 三百六十五와 四
分度之一日 曆이 帝舜 이래 孔子에 이르기까지 현재 사용하고 있는
現行曆이기 때문에 구체적으로 밝히지 않은 것으로 보인다. 帝舜之
朞가 오래전에 밝혀졌던 사실이 『淮南子(회남자)』에 전해 오고 있
다. 『淮南子』, 券三 天文訓에서는 "해가 一度를 돌아서 天에 미치니
해가 겨울에 峻狼之山에 이르고 해가 一度를 옮겨서 무릇 182와 $\frac{5}{8}$일
을 돌아서 여름에 牛首之山에 이르니 반복하여 365와 $\frac{1}{4}$日이 一年을
이루게 된다."[60]라고 하여 帝舜之朞인 三百六十五와 四分度之一日
을 밝히고 있다. 따라서 『정역』에서는 『서경』에 언급된 역수를 역수
변화원리로 규정하고 帝堯之朞와 帝舜之朞를 위와 같이 분명하게
밝히고 있는 것이다.

이상에서 原曆과 閏曆 그리고 正曆의 구조와 관계를 살펴봄으로
써 일월의 分生曆인 두 閏曆은 合德曆인 正曆을 體로 하여 閏度數
가 붙어서 형성되었으며, 正曆과 그 본체도수를 모두 나타낸 것이
原曆임을 알 수 있다. 따라서 四曆의 변화는 一夫之朞 原曆을 體로

---

59) 『書經』, 「虞書」, 舜典.
60) 劉安, 『淮南子』, 券三 天文訓, "日行一度 以周於天 日冬至峻狼之山 日
　　移一度 凡行百八十二度八分度之五而夏至牛首之山 反覆三百六十五度
　　四分度之一而成一歲"

해서 帝堯之朞 閏曆이 生하고 다시 帝舜之朞 閏曆으로 長하여 夫子之朞 正曆으로 완성되는 것임을 유추할 수 있다.[61)

이러한 四曆의 생성변화원리를 밝히기 위해서 작용수인 三百六十度와 體數인 十五度를 모두 포함하는 原曆을 자세히 고찰해 보자.

原曆의 내용을 구성하는 一元推衍數는 앞에서 고찰한 바와 같이 四曆의 시간적 생성 變易을 주관하여 역도 자체의 근원적인 구조를 나타내는 數로서 四曆의 시간적 전개인 六十三(七 × 九), 七十二(八 × 九), 八十一(九 × 九)의 逆生倒成作用을 통하여 천지가 합덕된 근원 자리를 추연하는 원리를 표상하는 동시에 八十一, 七十二, 六十三의 倒生逆成作用을 통하여 四曆의 生成變化原理를 표상하게 됨을 밝히고 있다. 倒生逆成作用은 八十一·七十二·六十三으로 작용함으로써 四曆의 生成變化과정에서 原曆과 두 閏曆의 마디를 표상하게 된다.[62)

이러한 四曆의 시간적 변화를 공간적 원리로 표현한 것이 四象分體度數이다. 四象 分體度數는 四曆의 생성변화과정을 공간성의 측면에서 천지일월 四象의 體用度數로 나타낸 것이다.[63) 一元推衍數

61) 李鉉中, 「圖書原理의 내용인 曆數原理」, 『철학논총』, 제24집 제2권, 새한 철학회, 2001, 283쪽 참조.
62) 여기서 正曆의 마디를 表象하는 六九 五十四는 乾策에서 坤策으로 변화된 것으로 一元推衍數에서는 드러나지 않는다.
63) 四象 分體度數는 本體度數 十五度와 分位度數 百四十四度를 合한 一百五十九度이다. 天地日月 四象의 本體度數는 天이 一, 地가 二, 日이 七, 月이 五이며, 天地日月의 分位度數는 天이 六十, 地가 三十, 日이 三十, 月이 三十이다. 『正易』「十五一言」, 第三·四張에서는 四象 分體度數를 己位·戊位·太陽·太陰으로 밝히고 있으나, 필자의 硏究가 미치지 못하는 부분으로 본 연구에서는 다루지 않기로 한다.

에 의하여 표상된 倒逆生成作用原理가 바로 四象의 體用度數로 표상되는 體用原理임을 의미하는 것으로서 四曆變化原理가 바로 天地日月의 四象작용원리임을 의미한다.

천지일월의 四象作用原理는 일월역수의 변화를 통해서 十五 天地가 成道合德되는 것으로 일월의 합덕에 의해서 天地의 합덕이 이루어진다. 천지는 일월의 成道合德에 의해서 成道合德되기 때문에 易道의 내용은 일월역수의 변화원리가 근본내용이다. 일월역수의 변화를 통해 四曆의 朞數가 밝혀지고, 일월의 倒逆生成作用에 의해 천지일월이 합덕되는 것이다.

천지와 일월은 體用관계로 天地의 뜻을 대행하는 일월의 변화를 통해 역수변화가 이루어지고, 十五 천지의 합덕에 의한 倒逆生成作用을 통해서 일월의 변화도수를 추연하게 되는 것이다. 즉 天의 倒生逆成作用인 體十用九原理와 地의 逆生倒成作用인 體五用六原理에 의하여 일월역수변화원리의 구성과 마디가 밝혀지게 된다. 일월에 의해서 이루어지는 四曆變化原理는 用九用六作原理에 의해 이루어지는 倒逆生成作用原理이다. 이것은 日月이 天地의 精髓로 天地의 뜻을 대행하지만, 日月의 변화에 의해서 표상되는 四曆變化의 推衍은 도리어 十五 天地의 用九用六原理에 의해서 밝혀지게 된다.

用九用六原理[64]는 十이 體가 되어 九로 작용하는 體十用九의 倒

---

64) 用九用六은 원래 『周易』의 乾·坤卦에서 근거한 것으로 六十四卦 形成에 있어서 基本要素인 陰·陽爻를 表象하는 數이다. 즉 陽爻(▬)는 用九라 하고, 陰爻(▬ ▬)는 用六이라 한다. 河洛象數 입장에서는 河圖와 洛書가 十五를 本體로 하고 一二三四의 生數와 六七八九의 成數가 작용함에 있어서 十五가 成數인 九·六을 씀으로써 合德된다는 뜻이다. 그래서 體十用九와 體五用六이라 하는 것이다.

生逆成作用과 五가 體가 되어 六으로 작용하는 體五用六의 逆生倒成作用을 말한다. 이 倒逆生成作用은 四曆의 구성원리인 동시에 역수가 생성변화하는 네 마디를 규정하는 원리가 된다. 倒生逆成作用은 十을 體로 하여 用九·用八·用七·用六의 네 마디 작용을 하며, 逆生倒成作用은 用一·用二·用三·用四로 작용하여 五를 體해서 六으로 작용하게 된다. 이와 같이 十五 천지의 합덕에 의해서 이루어지는 用九用六作用은 倒逆生成作用으로 이것을 『정역』에서는 政令作用(정령작용)과 律呂作用(율려작용)65)으로 규정하고 있다.66)

정령작용과 율려작용은 倒逆生成作用을 그 내용에 따라 구분한 것으로 倒生逆成作用은 政令制度와 같이 겉으로 드러나는 외면적 작용이기 때문에 政令作用이라 하였으며, 逆生倒成作用은 음악의 리듬과 같이 일정한 마디를 형성하는 작용을 하기 때문에 律呂作用이라 하였다.67) 日月曆數變化를 구성하는 작용이 政令作用이며, 그 裏面에서 曆數 리듬의 마디를 규정하는 작용이 律呂作用으로 用九用六作用을 역수의 측면에서는 政令作用과 律呂作用이라 한 것이다.

---

65) 金恒, 『正易』, 「十一五一言」, 第二十五張, "政令은 己庚壬甲丙이오 呂律은 戊丁乙癸辛을"이라 하여 政令은 己十·庚9(4)·壬1(중심 축)·甲8(3)·丙7(2)로 倒生作用을 하고, 律呂는 戊五·丁2(7)·乙3(8)·癸6(軸)·辛4(9)로 逆生作用을 한다.

66) 李鉉中, 「圖書原理의 내용인 曆數原理」, 『철학논총』, 제24집 제2권, 새한철학회, 2001, 285쪽 참조.

67) '政令'이란 '政治上의 命令'을 말하지만 『正易』에서는 太陽(日)의 運行度數를 중심으로 一年間의 曆數 및 朞數를 의미하며, '律呂'는 '六律六呂'에서 유래된 말이지만 『正易』에서는 太陰(月)의 運行度數를 중심으로 一年間의 曆數를 의미한다.(柳南相, 「正易의 圖書象數 原理에 關한 硏究」, 『論文集』, 제8권 제2호, 忠南大學校 人文科學硏究所, 1981, 198쪽.)

用九用六作用은 十五本體[68])가 九와 六으로 합덕작용하면서 用八用七 閏度數로 변화하고 그것이 다시 증감을 통하여 九·六으로 합덕됨으로써 본체도수 十五로 복귀하는 작용이다. 十五 天地는 九·六의 합덕작용에 의하여 음양의 用八用七 閏度數가 불어나 閏曆이 生하고 그것이 성장하여 음양이 합덕된 中正曆으로 완성하는 것이 用九用六作用의 내용인 것이다. 이것이 閏曆의 생성과정에서는 본체도수 十五가 九와 六으로 합덕작용함으로써 閏曆을 생성하는 閏度數가 드러나고, 그것이 귀체됨으로써 다시 본체도수 十五가 되는 것이다. 閏曆이 생장하는 때는 正曆이 體가 되고 본체도수 十五가 九·六合德作用에 의해 閏度數가 생성되어 閏曆을 생장시키고, 閏曆이 장성하여 正曆이 되면 다시 十五는 본체도수로 귀체되는 것이다. 따라서 用九用六作用에 의하여 十五가 합덕귀체되면서 四象數의 생성변화가 이루어지므로 四象數의 생성에 의하여 표상되는 사력변화도수는 用九用六原理에 의해서 추연될 수밖에 없다고 하겠다.

그런데 用九用六作用은 河圖와 洛書의 합덕에 의해서 倒逆生成作用原理를 표상하는 것이기 때문에 그 推衍은 河圖와 洛書의 四象作用數가 합덕된 數를 중심으로 밝힐 수 있다. 즉 河圖와 洛書의 合德數인 一元數 百에서 본체도수인 二十을 제외하고 작용수인 八十을 基準度數로 하여 四曆變化原理를 推衍하게 된다. 따라서 본체도수 二十이 작용의 體가 되면서 그 中精之氣인 一이 작용수인 八

---

68) 여기서 十五 本體는 河圖의 中極數 十과 洛書의 中極數 五가 合德된 것이니, 十과 五가 合德되었다 함은 바로 河圖와 洛書의 전체가 合德되었다는 뜻이다. 즉 河圖 五十五와 洛書 四十五가 合德하여 一元數 百이 되었다는 것을 내포하고 있다. 또한 原曆의 體數인 十五度의 의미이다.

十에 더하여져 八十一 用九 原曆이 형성됨으로써 四曆變化原理가 推衍되는 것이다.

또한 四曆의 生成變化原理는 政令作用을 표상하는 六度와 律呂作用을 표상하는 九度를 근거로 하여 推衍되게 된다.[69] 政令度數와 律呂度數에 의하여 四曆의 변화를 推衍하는 法則은 九九法(구구법)[70]이다.[71] 이 九九法은 선진 성학에서 天道인 曆數原理를 표상하는 논리로 널리 사용된 것으로서[72] 九九法이 四曆 變化를 推衍하는 법칙임을 『정역』에서는 다음과 같이 말씀하고 있다.

---

69) 洛書의 四象作用에서 用九를 表象하는 九와 用六을 表象하는 六과는 다르다. 여기서 六과 九는 十五度의 내용을 형성하는 數이다. 十五 天地의 合德에 의해서 이루어지는 作用에서 九度는 律呂度數가 되고, 六度는 政令度數가 되어 작용하게 된다.(金恒, 『正易』, 「十五一言」, 第七張, "一歲周天律呂度數니라. 分은 一萬二千九百六十이니라 刻은 八百六十四니라 時는 一百八이니라 日은 一九니라")

70) 九九法(구구법): 九九法은 陰陽의 相乘合德作用을 數로 表象한 것으로 九數는 陰陽生成作用에 있어 그 極致點을 表象한 數로서 一·二·三·四, 六·七·八·九를 모두 九數로 乘할 때 비로소 三百六十 正曆朞數가 형성된다. 따라서 河洛原理가 曆數生成의 基本原理가 되는 까닭도 이 九九法에 의한 相乘을 前提하기 때문이다.

71) 柳南相, 「正易의 圖書象數 原理에 關한 硏究」, 『論文集』, 제8권 제2호, 忠南大學校 人文科學硏究所, 1981, 197쪽 참조.

72) 『管子』輕重篇 戊에서는 "복희가 六爻를 그어서 陰陽의 원리를 드러내었으며 九九法을 만들어서 天道에 合德하여 天下를 敎化하였다.(宓戱作造六峜 以迎陰陽 作九九之數 以合天道而天下化之)"라고 하였으며, 『九章算術』序文에서는 "옛날 복희씨 때에 처음으로 八卦를 그어서 神明한 덕에 통하여 만물의 情僞를 구분하였으며 九九法을 만들어서 六爻의 변화를 드러내었다.(昔在包犧氏 始劃八卦 以通神明之德 以類萬物之情 作九九法之術)"고 하여 九九法이 天道인 曆數原理의 表象 論理임을 밝히고 있다.

"麒麟처럼 고결한 품성으로 비유되신 우리 大聖 공부자시여! 乾坤
에 中立하시어 위로 天時를 조율하시고 아래로 인도를 밝히셨으니 그
道가 금일에까지 이어 오도다. 오호라, 금일 금일이여 六十三, 七十
二, 八十一은 一夫에서 하나 되었도다."("麟兮我聖이여 乾坤中立하사
上律下襲하시니 襲于今日이로다. 鳴呼라 今日今日이여 六十三 七十
二 八十一은 一乎一夫니라")73)

위에서 '六十三·七十二·八十一'은 九九法에 의한 曆數 推衍原
理를 밝힌 동시에 그 合이 乾策數와 일치함으로써 九九法에 의한
乾坤策數가 推衍74)됨을 아울러 제시함으로써 曆數原理의 推衍이 九
九法에 의해서 이루어짐을 말씀하고 있다. 또한 『정역』 '九九吟(구구
음)'에서는 河洛原理에 담긴 역수원리의 추연법칙이 九九法임을 밝
히고 九九法에 의한 神明原理와 河洛原理의 관계를 논하고 있다.75)

---

73) 金恒, 『正易』, 「十五一言」, 第一張.

74) 九九法에 의한 乾坤策數의 推衍은 다음과 같다. 本體度數인 十五을 제
외한 나머지 四象數에 九를 상승함으로써 얻어진다. 乾策數는 九九 八
十一, 八九 七十二, 七九 六十三을 合德함으로써 二百一十六이 되며,
坤策數는 一九 九, 二九 十八, 三九 二十七, 四九 三十六, 六九 五十
四를 合德함으로써 一百四十四가 되는 것이다. 따라서 陰陽生成數를
전부 九數로 乘하면 四曆變化의 基準曆이 되는 三百六十 正曆 朞數
가 형성되는 것이다.

75) 金恒, 『正易』, 「十五一言」, 第十七張·第十八張, 九九吟 "凡百滔滔儒
雅士아 聽我一曲放浪吟하라 讀書學易은 先天事요 窮理修身은 后人誰
오 三絶韋編吾夫子도 不言无極有意存이라 六十平生狂一夫는 自笑人
笑恒多笑라 笑中有笑笑何笑오 能笑其笑笑而歌라 三百六十當朞日을
大一元三百數는 九九中에 排列하고 无无位六十數는 一六宮에 分張하
야 單五를 歸空하면 五十五點昭昭하고 十五를 歸空하면 四十五點斑
斑하다 我摩道正理玄玄眞經이 只在此宮中이니 誠意正心하야 終始无
怠하면 丁寧我化化翁이 必親施教시리니 是非是好吾好아"

九九法은 四象數에 九를 相乘함으로써 曆數를 추연하는 법칙으로 九九法에 의해서 乾‧坤策數가 추연되는 것과 마찬가지로 九九法에 의하여 河圖洛書의 합덕에 의한 四象作用이 표상된다. 즉 九九法은 陰陽의 相乘合德作用을 數에 의해서 표상하는 원리로 九와 九를 相乘合德시킴으로써 四曆變化原理를 추연하는 법칙이다. 이때 九는 음양의 相乘合德作用의 극치점을 나타내는 수로 九와 九가 상승함으로써 작용의 극치인 八十을 넘어서 본체로 돌아가는 八十一이 추연되는 것이다. 즉 九에 一을 상승한 九에서 시작하여 成長數의 극치를 나타내는 九에 九를 상승함으로써 八十一數가 추연되는 것이다. 이 八十一數는 앞에서 고찰한 바와 같이 음양의 생성작용이 극치에 이르러서 다시 본체로 돌아가는 것을 나타내는 數이다.

이상에서 四曆變化原理의 추연은 河圖‧洛書의 一元數原理를 바탕으로 用九用六原理와 九九法에 의해서 이루어짐을 알 수 있다. 用九用六原理는 十五 天地에 의해서 이루어지는 합덕‧귀체원리이며, 九九法은 用九用六作用의 구체적인 내용인 倒逆生成作用原理의 도수를 추연하는 법칙인 것이다.

그러면 四曆의 생성변화는 구체적으로 어떻게 推衍되는가?

河圖洛書가 표상하는 四曆變化原理의 내용에 대하여는 硏經院 편저인 『周‧正易經合編』(도서출판 연경원, 2008)의 「易學圖錄 其一」天之曆數原理圖說에서 구체적으로 밝히고 있다. 이에 그 구체적인 내용을 『周‧正易經合編』의 차례에 근거하여 고찰하고자 한다.

앞의 '河圖洛書의 體用合德度數와 一元數原理'에서 고찰한 바와 같이 四曆의 생성변화작용원리를 추연하기 위해서는 四曆變化原理의 본체도수인 十五를 時數로 전환한 百八十度數[76]가 中心基準度

數이자 中心樞機度數가 된다. 이 百八十 도수는 河圖洛書의 합덕수인 百數를 근원으로 하고, 그 中精之氣를 나타내는 중심의 一數가 객관적 시간에서 四曆을 생성시키는 四曆生成의 도수인 八十一까지를 포함한 數이다. 즉 百八十度數는 母體 九十九度[77]와 四曆生成度數 八十一度[78]를 합한 도수이다. 이 중심 기준도수 百八十度數가 百度와 八十度로 나누어지면서 역수의 생성변화가 추연되는데 一元數 百度는 用一에서 逆成作用을 하여 用四에서 成道하고, 八十은 작용의 기본수인 一數가 더해져 八十一度가 되어 用九에서 倒生作用을 하여 用六에서 合德하게 된다.

그런데 河圖洛書의 倒逆生成作用原理가 동시 작용이기 때문에 用一이 시생되는 '空'條와 用九가 시생되는 '十'條를 함께 배치하고, 또 用一과 用九는 '一·九'條에, 用二·用三과 用八·用七은 '二三·八七'條, 用四와 用六은 '四·六'條에 각각 같이 배치하였으며, 마지막에 體五를 '五'條에 배치하여 동시작용원리임을 표상하고 있다.[79]

먼저 '空'條에서 空은 본래 河圖洛書가 합덕된 일체화의 體用度

---

76) 東洋 曆學에서는 一日을 十二時間으로 計算하였다. 따라서 十五本體度數에 十二時間을 相乘하면 百八十度가 된다. 一日을 二十四時間으로 換算하는 것은 西歐曆學理論에 의한 것이다.
77) 一元數는 百이지만 陰陽合德의 核心이 될 一數가 生成數의 根源이 되어 나감으로써 一元數의 數值는 九十九가 되어 母體數가 되는 것이다.
78) 時間의 生成에 소요되는 數值는 八十이지만 一元數 百에서 넘어온 一數를 근원으로 하여 八十數까지 生成됨으로써 生成의 極限數는 一元數에서 받은 根源數 一과 自體 生成數 八十을 합하여 八十一이 되는 것이다. 이 一數는 用六의 正曆이 되면 다시 本體로 돌아가게 된다.
79) 아래의 내용은 『周·正易經合編』(도서출판 연경원, 2008)의 「易學圖錄 其一」 天之曆數原理圖說을 그대로 풀어 놓은 것임을 밝힌다.

數이다. 즉 一元 100數를 위주로 하는 까닭에 河圖洛書의 中位 본체도수 15와 單5의 합 20數는 化翁无位度數이다. 또 河圖洛書의 四象作用數 합인 80數는 四曆의 生成·合德변화작용수이니 天之曆數原理가 一元 100數를 근원으로 하고 작용이 시작되는 까닭에 그 中樞의 오묘한 뜻이 이 一元數와 四曆變化度數의 가운데 있는 것이다.

'十'條에서 體十用九는 이 體用數를 각각 같은 數로 相乘하면 十은 一元 100數가 되고 九는 四曆生成·合德變化作用數인 80이 되니 합하면 180度數이다. 이것은 天之曆數原理의 中心基準度數이자 中心樞機度數이다. 이러한 까닭에 여기서 原曆原理에 있어서는 時數單位로 數를 推理하면 十五尊空爲體가 되고, 正曆原理에 있어서는 日數單位로 數를 推衍하면 九·六(乾·坤策)合德爲用되니 四曆이 成易하고 中位正易原理가 이루어지는 것이다.

'一·九'條에서 用一(1 × 9 = 9 = 100〜180度)은 妊一作用이니 河圖洛書가 合德한 一元 100數를 근원으로 하고 작용이 시작하는 까닭에 一九의 9數는 100度로부터 108度까지의 度數이다. 妊一은 原曆太陰의 逆成作用의 시작과 마침度數이고 또 一元 100數가 體十用九度數와 더불어 合이 180度이니 이것이 曆數原理의 中心基準度數인 까닭에 原曆原理에 있어서는 時數單位로 數를 推理하면 十五尊空爲體가 되고, 正曆原理에 있어서는 日數單位로 數를 推衍하면 九·六(乾·坤策)合德爲用되니 이에 體用數를 합하면 375度 原曆基數原理이고 十五를 尊空하면 360度 正曆朞數原理이다.

用九(9 × 9 = 81〜73度)는 九九 81度이니 이것은 四曆變化作用原理를 위주로 하는 度數이다. 9度를 遞減하여 73度에 이르는 것은 用九原曆作用의 要終度數이다. 이 81度와 一元 100度가 더불어 합

하면 180度가 되니 여기서 原曆原理에 있어서는 時數單位로 數를 推理하면 十五尊空爲體가 되고, 正曆原理에 있어서는 日數單位로 數를 推衍하면 九·六(乾·坤策)合德爲用되니 體用數를 합하면 375度 原曆이 되고 十五를 尊空하면 360度 正曆이 된다.

'二三·八七'條에서 用二(2 × 9 = 18 = 109～117～180度)는 八九 72度의 用二이니 72時(六日)는 河圖洛書가 合德된 一元 100數 가운데에 先天 洛書의 源空(體十)用一 原曆太陰이 能産生한 閏度이다. 地道 爲主인 까닭에 逆生作用의 陰閏度이니 莽數에 있어서는 陰閏度, 즉 360度 正曆莽數(先天에는 陰陽閏曆莽數의 구분이 되는 中心基準曆數)의 內에서 減算하는 까닭에 354日이 一莽이니 이것은 堯莽의 陰曆이다.

또 用二는 그 작용도수는 二九 18度이나 109度로부터 9度 遞增하면 117度에 이르니 이것은 用二 陰閏度가 始生작용하는 시작과 마침度數이다. 109度로부터 180度까지 72度(時)는 곧 6日이니 이것은 用二가 始生하는 陰閏度이다.

用三(3 × 9 = 27 = 118～126～180度)은 七九 63度의 用三이다. 이것은 63度(時), 즉 5日3時이니 이것은 陰閏度가 成長作用하는 度數이다. 그 莽數, 즉 또한 354日9時 一莽이니 이것은 舜莽의 陰曆이다.

또 用三은 그 작용도수는 三九 27度이나 118度로부터 9度 遞增하면 126度에 이르니 이것은 用三 陰閏度가 成長작용하는 시작과 마침度數이다. 118度로부터 180度까지 63(時)은 곧 5日3時이니 이것은 用三이 成長되는 陰閏度이다.

그러나 이 用三 成長 63度(時)의 陰閏度가 洛書의 逆生作用에 의거하여 완전성장하여 그 要終度數 126度에 이르러서 비록 河圖의 倒

生 用七作用의 要終度數 55(河圖의 體用數 一致)와 더불어 합하면 180度(時)라도 河圖洛書・陰陽이 각각 隔離 生長하여 서로 왕래하지 못하고 또 時位가 아직 當하지 못함에 握苗匿人이 그 사이를 끊어 놓는 것이라 그러므로 太陰太陽이 서로 만나 合德하지 못한 것이다.

用八(8 × 9＝72～64度)은 八九 72度의 用八이니 『정역』에 말씀하시기를 "先天은 五九니 逆而用八하니 錯이라 閏中이니라." 하였으니, 72時(6日)가 河圖洛書의 合德 一元 100數의 가운데에 또한 先天 洛書의 源空(體十)用一 原曆太陰이 能産生의 閏度이다. 天道 爲主인 까닭에 倒生作用의 陽閏度이니 朞數에 있어서는 陽閏度, 즉 360度 正曆朞數(先天에는 陰陽閏曆朞數의 구분이 되는 中心基準曆數)의 外에 加算하는 까닭에 366日이 一朞이니 이것은 堯朞의 陽曆이다.

또 用八은 그 作用度數가 八九 72度이다. 72度로부터 9度 遞減하면 64度에 이르니 이것은 用八 陽閏度가 始生(倒生)작용하는 시작과 마침度數이다.

用七(7 × 9＝63～55度)은 七九 63度의 用七이다. 이것은 63度(時), 즉 5日 3時이니 用七 陽閏度의 成長作用하는 度數이다. 天道 爲主의 陽閏度인 까닭에 倒生作用이니 그 朞數에 있어서는 360度 正曆朞數(先天에는 陰陽閏曆朞數의 구분이 되는 中心基準曆數)의 外에 加算하여 365日 4分度之1度(日) 一朞이니 이것은 舜朞의 陽曆이다.

또한 用七은 七九 63度(時), 즉 5日 3時이니 이것은 63度로부터 9度를 遞減하여 55度에 이르니 이것이 用七 陽閏度가 成長作用하는 시작과 마침度數이다.

그러나 用七度數가 先天에 있어서는 『정역』에 말씀하시기를 "五九는 太陰之政이니 一八七이라." 하였으니 陽閏度의 成長度數인 까닭에 63度의 陽閏度가 河圖의 倒生作用에 의거하여 完全成長하여 그 要終度數 55度에 이르러서 비록 洛書의 逆生 用三作用 要終度數 126度와 더불어 합하면 180度(時)라도 河圖洛書・陰陽이 각각 隔離 生長하여 서로 왕래하지 못하고 또 時位가 아직 當하지 못함에 握苗匪人이 그 사이를 끊어 놓는 것이라 그러므로 太陰太陽이 서로 만나 合德하지 못한 것이다.

‘四・六’條에서 用四($4 \times 9 = 36 + 54 = 90 + 90 = 180$度)는 본래 河圖 洛書가 合德된 一元 100數를 근원으로 하고 作用하여 또 시작이 되어 洛書의 逆生 用三作用 要終度數에 이르러 126度(時)이니 河圖의 倒生 用七作用 要終度數 55度(時)로 더불어 합덕하여 180度(時)가 되나 河圖洛書・陰陽이 각각 격리 생장하여 능히 서로 왕래하지 못하고 또 時位가 아직 當하지 않아 握苗匪人이 그 사이를 끊어 놓다가 그 時位에 當한 즉 體五가 黃中하고 用四・用六作用의 位가 謙虛하여 空으로 삼았으나 만약 作用한즉 用四・用六度數가 同時作用하는 까닭에 用四作用은 四九 36의 用六作用이고, 用六作用은 六九 54의 用四作用이다.

이러한 까닭에 洛書 先天太極과 河圖 后天无極의 中心度數인 五皇極度數를 本體로 삼고 用四・用六作用의 位를 謙虛해서 空으로 삼은 즉 天道는 下濟하여 先天末世 否之匪人之邦 用四度數의 位(以卦爻原理則謙卦三爻勞謙君子之位)에서 光明하고 36度가 作用하여 河圖의 體用度數인 135度를 이루며, 地道는 내려와서 后天盛德 開始의 세상에 上行하여 天地가 交泰하여 萬物이 用六度數의 位(豫卦九四爻由豫大有得之位)에서 正位하고 54度가 作用하여 后天正曆 坤策度數 144度를 이루는 까닭에 下濟된 用四作用 36度와 上行된

用六作用 54度가 上下 合德하여 90度가 되고 先·后天度數가 각각
90로 合하면 180度가 되니 여기에서 用四度數의 位에서 十五(日)尊
空爲體되어 原曆朞數(一夫之朞) 375度(日)와 四曆變化度數(四聖之
朞) 그리고 四曆成易이 闡明되는 것이며, 用六度數의 位에서 九·
六(乾·坤策)合德爲用되어 正曆朞數(孔子之朞) 360度(日)와 先·后
天(四曆)變化運行 그리고 中位正易이 運用되는 것이다.

用六(6 × 9 = 54 + 36 = 90 + 90 = 180度)은 『정역』에서 말하기를 "后
天은 十五니 順而用六하니 合이라 正中이니라." 하였으니 用六은
后天 360度 正曆朞數를 形成하는 作用의 基本度數임을 가히 알 수
있는 것이니 본래 河圖洛書가 合德된 一元 100數를 根源으로 하고
河圖의 體十用九 倒生作用 81度를 시작으로 삼고 用七作用 要終度
數 55度(時)에 이르러 洛書의 逆生 用三作用 要終度數 126度(時)로
더불어 합하면 180度(時)가 나 河圖洛書·陰陽이 각각 隔離 生長
하여 서로 왕래하지 못하고 또 時位가 아직 當하지 못함에 似而非
가 덕을 어지럽히어 그 사이를 끊어 놓다가 그 時位에 當한 즉 五
皇極度數를 本體로 삼아 用六·用四作用의 位가 謙虛하여 空으로
삼았으나 만약 작용한 즉 用六·用四度數은 同時作用하는 까닭에
用六作用은 六九 54의 用四作用이며 用四作用은 四九 36의 用六作
用이다.

이러한 까닭에 河圖 后天无極과 洛書 先天太極의 中心度數인 五
皇極度數를 本體로 삼고 用六·用四作用의 位를 謙虛하여 空으로
삼으면 先天에 十五聖人이 한 말씀으로 가르친 '執中'의 뜻에 의거
하여 天道는 下濟하여 先天末世 似而非의 亂德之邦 用四度數의 位
(以卦爻原理則謙卦三爻勞謙君子之位)에서 光明하고 36度로 작용하

여 河圖의 體用度數 135度를 이루며, 地道는 낮추어서 后天盛德 開始의 세상에 上行하여 天地가 交泰하여 萬物이 用六度數의 位(豫卦九四爻由豫大有得之位)에서 正位하고 54度로 작용하여 后天正曆 坤策度數 144度를 이루는 까닭에 上行된 用六作用 54度와 下濟된 用四作用 36度로 더불어 上下가 合德하여 90度가 되고 先·后天度數가 각각 90度로 합하여 180度가 되니 여기에서 用四度數의 位에서 十五(日)尊空爲體되어 原曆朞數(一夫之朞) 375度(日)와 四曆變化度數(四聖之朞) 그리고 四曆成昜이 闡明되는 것이며, 用六度數의 位에서 九·六(乾·坤策)合德爲用되어 正曆朞數(孔子之朞) 360度(日)와 先·后天(四曆)變化運行 그리고 中位正昜이 運用되는 것이다.

이러한 까닭에 先天原曆原理에 있어서는 時數單位를 爲主로 하여 數를 推理하면 用四度數의 位에서 十五(日)尊空爲體되며, 后天 正曆原理에 있어서는 日數單位를 爲主로 하여 數를 推衍하면 用六度數의 位에서 九·六(乾·坤策)合德爲用되어 四曆이 成昜되고 中位正昜되는 것이다.

'五'條에서 戊五己十 單五歸空爲體度數(一百八十度 十五聖言'執中'度數)·體五(36+54＝90+90＝180度)는 黃中通理되고 正位居體되는 뜻이니 五居中位된 五皇極度數를 本體로 삼고 用四·用六作用의 位를 謙虛하여 空으로 삼았으나 만약 作用한 즉 用四·用六度數는 同時作用하는 것이니 先天에 十五聖人이 한 말씀으로 가르친 '執中'의 뜻에 의거하여 天道는 下濟하여 先天末世 似而非의 亂德之邦 用四度數의 位(以卦爻原理則謙卦三爻勞謙君子之位)에서 光明하고 36度로 작용하여 河圖의 體用度數인 135度를 이루며, 地道는 낮추어서 后天盛德 開始의 세상에 上行하여 天地가 交泰하여

萬物이 用六度數의 位(豫卦九四爻由豫大有得之位)에서 正位하고 54度로 작용하여 后天正曆 坤策度數인 144度를 이루는 까닭에 上行된 用六作用 54度와 下濟된 用四作用 36度로 더불어 上下가 合德하여 90度가 되고 先天末世 作用度數와 后天盛德之世 作用度數, 즉 先·后天度數가 각각 90度로 합하여 180度가 되니 이 180度數는 본래 先·后天을 一貫하는 天之曆數原理의 中心基準度數와 中心樞機度數인 까닭에 先天之末世 用四度數의 位에서 十五(日)尊空爲體되고 后天盛德之世 用六度數의 位에서 九·六(乾·坤策)合德爲用되니 이로써 十五聖人이 한 말씀으로 가르친 '執中'이라는 것이 정확히 이 180度數를 말씀한 것이다.

이상에서 四曆의 生成變化는 體十用九(源空用一)에서 用八·用七과 用二·用三로 始生·成長작용하여 體五用六(用四)로 成道合德되는 변화임을 알 수 있다. 즉 四曆變化는 用九(用一) 原曆에서 用八 陽閏曆(用二 陰閏曆)이 출생하고 그것이 장성하여 用七 陽閏曆(用三 陰閏曆)이 되고 用七 陽閏曆이 다시 用六(用四) 正曆으로 완성되는 과정임이 밝혀진 것이다. 用九 原曆에서 用八 陽閏曆으로의 변화는 음양이 分生하는 변화이며, 用八 陽閏曆에서 用七 陽閏曆으로의 변화는 출생한 閏曆이 장성하는 변화이며, 用七 陽閏曆에서 用六 正曆으로의 변화는 음양이 成道合德하는 변화인 것이다.

이러한 四曆變化의 과정을 四曆의 彗數를 밝힌 네 성인을 중심으로 고찰해 보면, 두 閏曆과 正曆이 原曆의 내에서 구성되기 때문에 一夫의 原曆에서 九度가 遞減하여 帝堯의 閏曆이 형성되고 帝堯 閏曆에서 九度가 遞減하여 帝舜의 閏曆이 형성되며, 帝舜 閏曆에서 다시 九度가 遞減하여 孔子의 正曆이 형성되는 것이다.[80] 즉 原曆

三百七十五日에서 三百六十六日 閏曆으로 다시 三百六十五日四分
度之一日 閏曆이 운행되고 다시 三百六十日 正曆으로 변화하게 되
는 것이다.

그렇다면 四曆變化에 의해서 성취될 用六 正曆은 어떠한 원리로
구성되어 있는가?

四曆의 생성변화 과정은 正曆을 이루어 가는 과정으로서 四曆의
생성변화가 네 단계를 거치면서 正曆이 운행되게 되며, 이 네 단계
의 생성변화는 正曆을 구성하는 요소가 된다. 이는 正曆의 구성원리
와 형성원리가 같은 의미로 형성원리가 시간의 측면에서 논한 것이
라면, 구성원리는 공간의 측면에서 논한 것이다.[81)]

四曆의 생성변화에서 四曆의 생성변화를 이루는 각 단계에 있어
서 두 작용의 합은 언제나 같은 도수로 드러나게 된다. 즉 八十一에
서 五十四까지 등차적으로 체감하는 만큼 九에서 三十六까지 등차
적으로 체증하여 四象作用의 각 단계를 나타내는 도수의 합은 언제
나 九十이 되는 것이다.

네 단계를 각각 고찰해 보면, 八十一 用九 原曆의 裏面 律呂度數
는 九이므로 합하여 九十이 되고, 七十二 用八 閏曆의 裏面 律呂度
數는 十八이므로 합하여 九十이 되고, 六十三 用七 閏曆의 裏面 律
呂度數는 二十七이므로 합하여 九十이 되고, 五十四 用六 正曆의

---

80) 易學에서 밝히고 있는 聖統은 堯에서 舜으로 舜에서 孔子로 孔子에서
一夫로 이어지지만, 朞數의 변화의 입장에서 一夫之朞 내에서 閏曆과
正曆이 운행되는 것이다. 이것은 聖統에 있어서 一夫는 乾策聖人이고,
다른 聖人은 坤策聖人이기 때문이다.
81) 李鉉中,「圖書原理의 內容인 曆數原理」,『철학논총』제24집, 새한철학회,
2001, 292쪽 참조.

제5장 하도낙서원리의 曆數原理的 내용 체계 173

裏面 律呂度數는 三十六으로 합하여 九十이 된다. 이 네 단계의 九十을 합하면 正曆度數 三百六十이 되는 것이다.

이를 九九法에 의하여 추연하면 四象의 작용수에 각각 九數를 乘하여 합하면 三百六十 正曆莫數가 얻어지게 된다. 즉 乾策數 二百十六{9 × (9 + 8 + 7)}과 坤策數 百四十四{9 × (1 + 2 + 3 + 4 + 6)}가 正曆을 구성하게 되는 것이다.

또한 洛書에서 서로 대응하고 있는 四象은 그 합이 각각 十이며, 이 十에 九를 乘하면 九十 되니, 洛書는 四象作用으로 그것을 모두 더하면 三百六十이 되는 것이다.

이러한 正曆의 구성원리를 도표화하면 다음과 같다.[82]

### 正曆의 構成原理

| 九・六原理 | 體十用九 (用一) | 用八 (用二) | 用七 (用三) | 體五用六 (用四) | |
|---|---|---|---|---|---|
| 四　　　曆 | 原曆(正曆) | 閏曆 | 閏曆 | 正曆(原曆) | |
| 三易原理 | 生의 변화 | | 長의 변화 | 成의 변화 | |
| 成數作用 | (9 × 9) 81 | (8 × 9) 72 | (7 × 9) 63 | (6 × 9) 54 | |
| 生數作用 | (1 × 9) 9 | (2 × 9) 18 | (3 × 9) 27 | (4 × 9) 36 | 正曆 360度 |
| 曆　　　數 | 90 | 90 | 90 | 90 | |

---

82) 柳南相,「正易의 圖書象數 原理에 關한 研究」,『論文集』, 제8권 제2호, 忠南大學校 人文科學研究所, 1981, 201쪽 圖表7.

위 正曆의 구성원리에서 四曆變化가 陰陽合德曆인 正曆을 목표로 한다는 점에 있어서 易學이 궁극적으로 밝히고자 하는 세계가 음양이 합덕된 中正曆의 세계임을 알 수 있다. 또한 正曆 朞數의 구성을 통해서 밝혀졌듯이 閏曆은 없어져야 할 것이 아니라 正曆이 되기 위한 과정으로 閏曆의 도수도 모두 正曆을 구성하는 요소인 것이다.[83]

또한 十五 天地를 본체로 하여 이루어지는 九·六合德爲用原理가 음양의 合德曆인 三百六十 正曆의 운행으로 완성되기 때문에 正曆의 구조원리를 이해함으로써 十五 천지의 내용을 자각할 수 있을 것이다. 즉 正曆 朞數의 분석을 통하여 正曆原理를 밝힘으로써 十五 本體原理를 밝히 수 있은 것이다. 『정역』에서는 三百六十 正曆 朞數에 대하여 다음과 같이 밝히고 있다.

"三百六十日은 正曆數에 해당하니 大一元 三百數는 九九中에 배열하고 无无位 六十數는 一六宮에 분장하여 (이 无无位 六十數 중에

---

[83] 이를 『周易』에서 天道를 표상하고 있는 乾卦를 통해 살펴보면, 初爻에서는 潛龍, 二爻에서는 見龍, 五爻에서는 飛龍, 上爻에서는 亢龍으로 각각 다르게 龍을 표현하고 있다. 즉 그 매 시기가 初爻, 二爻, 五爻, 上爻 등으로 다르지만 龍으로 일관하고 있는 것이다. 인간의 삶에 있어서도 주어진 時間이 다르다는 것은 주어진 命이 다르다는 것으로 인간이 자신에게 주어진 시간 속에서 過去와 未來에 얽매이지 않고 恒常되게 살아가야 하는 것이다.

人道의 측면에서는 先天은 小人之道에 后天은 君子之道에 대응한다고 할 때 先天의 小人은 제거해야 할 대상이 아니라 后天의 君子가 되기 위한 과정에 있음을 의미한다. 佛敎에서 자신의 佛性을 自覺하면 부처가 되듯이 衆生은 아직 깨우치지 못한 사람이지 부처와 대립되는 존재가 아니라 하겠다.

서) 五를 귀공하면 五十五의 河圖數가 형성되고 十五를 귀공하면 四十五의 洛書數가 형성된다. 내가 자각한 역도의 바른 이치와 오묘한 참된 經典이 이 宮(一六宮)과 中(九九中)에 존재하니."("三百六十當朞日을 大一元三百數는 九九中에 排列하고 无无位六十數는 一六宮에 分張하야 單五를 歸空하면 五十五點昭昭하고 十五를 歸空하면 四十五點斑斑하다 我摩道正理玄玄眞經이 只在此宮中이니")[84]

위 인용문에서 三百六十 正曆數는 體를 나타내는 无无位數 六十과 用을 나타내는 大一元數 三百으로 구성되어 있음을 알 수 있다. 이것은 '河圖洛書原理의 논리적 구조'에서 고찰한 바와 같이 三百六十日 正曆의 朞數는 河洛原理로 표상되는 것으로 河洛原理가 역수원리를 표상하고 있음을 확인할 수 있다. 그런데 河圖洛書는 역도인 역수원리 자체를 음양으로 나누어서 표상한 것으로, 陰陽合德曆인 正曆原理를 통해서 易道 自體의 구조를 밝혀지게 된다.

위의 正曆數의 구조를 도표화하면 다음과 같다.[85]

### 正曆數의 構造

| 正曆數 三百六十 = 大一元數(三百) + 无无位數(六十) | |
|---|---|
| 大一元數(三百) = 一元數(百) × 三才(三) | 无无位數(六十) = 无位數(二十) × 三才(三) |
| 一元數(百) = 河洛의 體用 合德數 (五十五 + 四十五) | 无位數(二十) = 河洛의 體 合德數 (十五 + 五) |

84) 金恒, 『正易』, 「十五一言」, 第十七張・第十八張, 九九吟.
85) 李鉉中, 앞의 논문, 296쪽.

이상에서 四曆變化原理에 대하여 논명해 보았다.

四曆變化原理는 十五 天地가 일월을 통해 드러나고 밝혀지는 일월역수변화원리이며, 일월역수변화원리는 四曆의 朞數를 통하여 밝혀진다. 이는 時間性의 原理의 자기 전개작용에 의해 시간이 섭리·주재되는 것으로 바로 十五 천지에 의해서 일월의 운행이 섭리·주재되는 것이다.

四曆變化原理가 朞數의 변화를 통하여 이루어진다 하여 그 朞數가 단순히 현상적인 四時氣節의 변화원리에 국한된 것이 아니라 영원한 우주사를 통한 朞數로 一年曆數 자체의 변화에 큰 의의가 있는 것이다. 易學에서 사용된 數가 일상적으로 사용하는 계산수와 동일하지만 그 철학적 의미는 天地之道를 표상하는 天地之數로서 이수이기 때문에 역수원리의 내용인 四曆變化原理가 물리적인 시간상에서는 일월에 의한 朞數 變化가 아니라 인격적 존재의 存在原理를 표상하게 된다.

한편, 四曆變化原理를 통해서 易學의 가장 근원적인 문제인 先后天變化原理(선후천변화원리)[86]에 대하여 曆數原理 측면에서 이해할 수 있다. 『정역』에서는 用八 閏曆과 用七 閏曆을 先天으로 규정하고 用六 正曆을 后天으로 구분하여 다음과 같이 논하고 있다.

"先天은 五를 體로 하여 六에서 九를 향하여 逆으로 작용하는 用八의 세계이다. 음양이 어긋나기 때문에 윤달을 사용하여 음양을 합

---

86) 易學의 先后天變化原理에 대해서는 柳南相 教授의 「正易思想의 根本問題」(『論文集』 제7권 제2호, 忠南大學校 人文科學研究所, 1980.)와 李鉉中 教授의 「易學의 先后天變化原理」(『철학논총』, 제22집, 새한철학회, 2000.)를 참고 바람.

덕시킨다. 后天은 十을 體로 하여 九에서 五를 향하여 順으로 작용하는 用六의 세계이다. 그러므로 음양이 합덕되어 정중이 된다."("先天은 五九니 逆而用八하니 錯이라 閏中이니라. 后天은 十五니 順而用六하니 合이라 正中이니라")[87]

위에서 음양의 曆이 나누어져서 운행되는 閏曆의 세계가 先天이며, 음양이 합덕된 三百六十 正曆이 운행되는 세계를 后天이라고하였다. 따라서 역수원리의 내용인 四曆變化原理는 先天 閏曆에서后天 正曆으로 변화하는 先后天變化原理라고 하겠다.

先后天變化原理에서 先天은 三百六十이 體가 되어 十五 天地가九와 六으로 나누어져서 합덕작용하는 閏度數가 生하는 閏曆이라면,后天은 九와 六이 합덕되어 十五가 體가 되고 三百六十 中正曆이用이 되는 正曆이다. 즉 四曆變化에 있어서 閏曆에서 正曆으로의변화가 바로 先后天變化原理라고 할 때 이는 體用이 변화되는 것임을 알 수 있다. 이러한 체용의 변화와 先后天에 대하여 『정역』에서는 다음과 같이 밝히고 있다.

"선천은 方을 體로 하여 圓이 用이기 때문에 二十七朔 만에 윤달을 사용한다. 후천은 圓을 體로 하여 方을 사용하기 때문에 三百六十의 正曆이 운행돼 바르다."("先天은 體方用圓하니 二十七朔而閏이니라. 后天은 體圓用方하니 三百六旬而正이니라")[88]

여기서 道德의 측면에서는 圓은 天道이며 方은 地德이고, 度數의

---

87) 金恒, 『正易』, 「十一一言」, 第二十六張, 四正七宿用中數.
88) 金恒, 『正易』, 「十五一言」, 第十九張, 先后天正閏度數.

측면에서는 圓은 天度이며 方은 地數를 의미한다. 그러므로 先天은 地德과 地數가 體가 되어 天道와 天度가 작용하는 시대이며, 后天은 天道·天度가 體가 되어 地德·地數가 작용하는 것으로 體用이 서로 바뀌게 된다. 앞의 인용문과 함께 보면, 先天은 閏曆의 시대로 五를 體로 하여 이루어지는 逆生倒成作用이 중심이며, 后天은 正易의 시대로 十을 體로 하여 이루어지는 倒生逆成作用이 중심임을 알 수 있다.

이상에서 九·六合德爲用原理는 四曆變化原理로 전개되며, 四曆變化原理를 통해서 易學의 先后天變化原理가 밝혀지게 됨을 알·수 있다.


## 3. 하도낙서원리와 中正之道


앞의 두 절에서 河圖洛書原理의 역수원리 내용인 十五尊空爲體原理와 九·六合德爲用原理(四曆變化原理)에 대하여 논구해 보았다.

十五度數가 四曆變化를 통해서 歸空되어 中位의 본체도수가 되는 十五尊空爲體原理와 四曆이 생성변화하여 음양이 합덕된 正曆으로 완성되는 九·六合德爲用原理를 『정역』에서는 '中位正易原理'(중위정역원리)[89]라고 하였다.[90]

---

89) 『正易』에서 밝히고 있는 '中位正易'原理에서의 '中'은 『書經』의 '厥中'

이 中位正易原理는 선진 성학에서 밝히고 있는 中正之道의 존재 근거로서의 河洛原理를 말하는 것이기 때문에 유학의 성학적 내용으로서 존재론적 진리인 '中正之道'의 본래적 의미가 다시 문제되는 것이다. 中正之道는 天地人 三才를 일관하는 존재원리이기 때문에 河洛原理와 人道에 공통되는 것이다. 『정역』에서는 성학의 中正之道의 본래적 의미를 河圖洛書의 十五尊空爲體原理와 九·六合德爲用原理(四曆變化原理)를 내용으로 하는 天之曆數原理로 밝히고, 天之曆數原理가 인간 주체적 자각을 통하여 드러나는 天人合德의 存在原理로 규정한 것이다.[91]

河圖洛書原理에서 十五尊空爲體原理와 四曆變化原理가 中位正易原理의 내용으로 밝혀지면서 中正之道의 본래 의미가 드러나게 된다. 이러한 中正之道를 洞覺한 사람이 성인으로 성인은 十五尊空爲體原理에 연원하여 탄강된 존재로 十五尊空爲體原理와 九·六合德爲用原理(四曆變化原理)를 주체적으로 자각하여 천지의 본성을 밝힘으로써 인간 본래성을 말씀으로 전한 존재이다. 따라서 十五尊空爲體原理는 인류 역사의 中極的 존재인 성인의 존재 근거로 인류 역사의 중심축이 되는 中道인 것이다.

반면에 九·六合德爲用原理(四曆變化原理)는 앞 절에서 밝힌 바

의 中과 『中庸』의 '時中'의 中이며, '位'는 『正易』의 '一夫所謂包五含六十退一進之位'의 位를 말한 것이다.

90) 『正易』, 「十一一言」, 第二十三張에서, "卦에서 震巽은 度數로 十과 五이니 五行의 宗이오 六宗의 長이니 中位正易이 이루어진다.(卦之震巽은 數之十五니 五行之宗이오 六宗之長이니 中位正易이니라)"고 하여 中位正易을 밝히고 있다.

91) 柳南相, 「正易의 圖書象數 原理에 關한 硏究」, 『論文集』, 제8권 제2호, 忠南大學校 人文科學硏究所, 1981, 203쪽 참조.

와 같이 洛書原理에 의해서 표상되는 四象作用原理로 用九·用八·用七·用六의 네 마디 작용을 통해 正曆으로 완성되는 것이다. 이러한 四象作用原理를 『주역』에서는 '元亨利貞'[92]의 四象으로 표상하고, 이어 文言에서는 이 四象原理를 주체화하여 仁禮義智 四德原理로[93] 말씀하고 있다. 이는 天道인 四曆變化原理가 人道에 있어서는 四德原理로 내재화됨을 밝힌 것이다. 또한 이 四德을 밝힌 마지막 부분에서 "君子는 이 四德原理를 행하는 者이다."[94]라고 하여 군자가 四德原理의 실천 주체임을 말하고 있다. 四曆變化原理가 十五尊空爲體原理를 體로 해서 드러나는 작용원리이므로 군자에 의해서 실천되는 四德原理가 正道임을 알 수 있는 것이다.

『중용』에서는 中道와 聖人, 正道와 君子에 대하여

"정성은 하늘의 도요 정성스럽게 하는 것은 사람의 도이니 정성은 힘쓰지 않고도 적중하며 생각하지 않아도 얻어서 모양을 좇아서 도에 적중하니 성인이요 정성스럽게 하는 것은 본성을 택하여 굳게 잡는 것이다."("誠者는 天之道也ㅣ오 誠之者는 人之道也ㅣ니 誠者는 不勉而中하며 不思而得하야 從容中道하나니 聖人也ㅣ오 誠之者는 擇善而固執之者也ㅣ니라)[95]

라고 하여, 성인은 天道인 '誠(정성)'과 中道를 연계하고 있고, '誠之(정

---

92) 『周易』, 「重天乾卦」, 卦辭, "乾 元 亨 利 貞"
93) 『周易』, 「重天乾卦」, 文言, "文言曰 元者 善之長也 亨者 嘉之會也 利者 義之和也 貞者 事之幹也 君子 體仁 足以長人 嘉會 足以合禮 利物 足以和義 貞固 足以幹事"
94) 『周易』, 「重天乾卦」, 文言, "君子 行此四德者 故 曰乾元亨利貞"
95) 『中庸』, 第二十章.

성스럽게)'는 人道와 연계하고 善性을 굳게 잡아서 실천하는 군자의 正道를 밝히고 있다.

또 『주역』에서는 '元亨利貞' 四象原理를 '大亨以正'[96]이라고도 말씀하여 天道와 天命의 관계를 밝히고 있다. 地澤臨卦(䷒ 지택림괘) 彖辭와 天雷无妄卦(䷘ 천뢰무망괘) 彖辭에서는 다음과 같이 밝히고 있다.

> "正道로서 크게 형통함이 天道이다."("大亨以正 天之道也")[97]
> "正道로서 크게 형통함이 天命이다."("大亨以正 天之命也")[98]

위 인용문에서는 '大亨以正'을 말씀한 데 있어서 天道로서의 '正'은 四曆變化原理에 의한 正曆으로 曆數變化를 말한 것이며, 天命으로서의 '正'은 天道가 인간에게 天命으로 주어진 것으로 군자가 실천해야 할 四德原理를 의미한다. 따라서 『주역』의 전체 내용이 '大亨以正'으로 집약되면서 天道인 四曆變化原理의 正曆原理에 근원하여 인간의 四德原理가 밝혀짐을 알 수 있는 동시에 中正之道가 '正' 一字의 의미로 요약되는 것이다.[99]

十五尊空爲體原理를 위주로 하는 河圖와 四曆變化原理를 위주로

---

96) 『周易』, 「地澤臨卦」, 彖辭, "大亨以正 天之道也"
　　「天雷无妄卦」, 彖辭, "大亨以正 天之命也"
　　「澤火革卦」, 彖辭, "大亨以正"
97) 『周易』, 「地澤臨卦」, 彖辭.
98) 『周易』, 「天雷无妄卦」, 彖辭.
99) 柳南相, 「正易思想의 根本問題」, 『論文集』, 제7권 제2호, 忠南大學校 人文科學硏究所, 1980, 244쪽 참조.

하는 洛書가 體用의 관계이듯이 성인과 군자의 관계도 체용관계이다. 성인이 주체가 되어 天之曆數原理를 자각하여 四德原理를 밝히면 君子之道가 밝혀지는 것이며, 군자가 주체가 되어 四德原理를 실천하면 聖人之道가 드러나게 되는 것이다.

성인은 선천적 존재로 天之曆數原理를 주체적으로 자각하여 四德原理를 밝혀 우주와 인류 역사의 중심축이 되는 존재이며, 군자는 후천적 존재로 天之曆數原理에 근거한 性命之理를 자각하여 四德原理를 실천하는 존재이다. 즉 天之曆數原理를 주체적으로 자각하여 천지의 본성을 밝혀 말씀으로 전하는 존재가 성인이며, 천도가 주체화된 자신의 본성을 자각하여 실천하는 존재가 군자로서 성인과 군자는 주어진 사명에 의하여 구분된다. 河洛原理의 내용인 十五尊空爲體原理와 四曆變化原理는 인간의 존재 근거이자 성인과 군자를 통하여 드러나고 실천되는 것이다.

『주역』에서는 "진실로 그 사람이 아니면 易道는 헛되이 행하여지지 않는다."[100]고 하여 성인과 군자가 아니면 易道가 밝혀지고 실천되지 않는다고 하였으며, 『정역』에서는 "天地는 일월이 아니면 빈껍데기와 같고 일월은 인간이 아니면 헛된 그림자와 같다."[101] "天地의 사업은 인간을 기다려서야 비로소 이루어진다."[102]고 하여 天地之道가 日月曆數原理에 의해 드러나고 日月曆數原理는 성인과 군자에 의하여 밝혀지고 실천됨을 말씀하고 있다. 또한 『서경』에서는

---

100) 『周易』,「繫辭下」, 第八章, "苟非其人 道不虛行"
101) 金恒, 『正易』,「十五一言」, 第八張, "天地는 匪日月이면 空殼이오 日月은 匪至人이면 虛影이니라"
102) 金恒, 『正易』,「十五一言」, 第二十張, 布圖詩, "靜觀宇宙无中碧하니 誰識天工待人成가"

"하늘의 일을 인간이 대신한다."103)고 하여 十五尊空爲體原理와 四曆變化原理를 내용으로 하는 天道의 사업을 성인·군자가 대신한다고 하였다. 이는 성인과 군자가 天地의 본성을 주체적으로 자각하여 자신에게 주어진 使命을 현실에서 실천·구현함을 말한 것이다.

또한 曆數原理를 근거로 聖統이 전개되기 때문에 聖統을 따라서 성인으로부터 전수되는 '執中'104)의 心法 역시 河圖洛書原理를 통하여 밝혀지는 것으로『정역』에서는 다음과 같이 논하고 있다.

> "十은 十九의 中이니라. 九는 十七의 中이니라. 八은 十五의 中이니라. 七은 十三의 中이니라. 六은 十一의 中이니라. 五는 一九의 中이니라. 四는 一七의 中이니라. 三은 一五의 中이니라. 二는 一三의 中이니라. 一은 一一의 中이니라. 中은 十十과 一一의 空이니라. 堯舜의 厥中의 中이니라. 孔子 時中의 中이니라. 一夫가 말씀하는 바 包五含六과 十退一進의 位니라."("十은 十九之中이니라. 九는 十七之中이니라 八은 十五之中이니라 七은 十三之中이니라 六은 十一之中이니라 五는 一九之中이니라 四는 一七之中이니라 三은 一五之中이니라 二는 一三之中이니라 一은 一一之中이니라 中은 十十一一之空이니라 堯舜之厥中之中이니라 孔子之時中之中이니라 一夫所謂包五含六十退一進之位니라")105)

---

103)『書經』,「虞書」, 皐陶謨篇, "天工을 人其代之하나니이다"

104)『書經』,「虞書」, 大禹謨篇에서는 "天之曆數在汝躬하니 汝終陟元后하리라 人心은 惟危하고 道心은 惟微하니 惟精惟一이라야 允執厥中하리라 …… 四海困窮하면 天祿이 永終하리라"라 하여 舜이 禹에게 전한 것을 밝히고 있으며,『論語』, 堯曰篇에서는 "堯曰咨爾舜아 天之曆數在爾躬이니 允執其中하라 四海困窮하면 天祿이 永終하리라"라 하여 堯가 舜에게 전한 것을 밝히고 있다.

105) 金恒,『正易』,「十一一言」, 第二十五張, 十一歸體時.

위에서 堯舜의 '厥中'의 道도 孔子의 '時中'의 道도 모두 河洛原理의 十五尊空爲體原理와 四曆變化原理에 근거한 것임을 알 수 있다. 聖人之道는 十五 聖統에 의하여 執中의 心法으로 전수되는 것이다. 또한 十에서 一까지 數를 모두 '中'이라 하여 天地之數가 天道인 中道를 표상하는 체계임을 알 수 있다.

따라서 『서경』을 비롯한 선진 성학 經典에서의 聖人傳授에 의한 執中의 心法과 『주역』의 卦爻原理에서 밝히고 있는 聖人·君子의 中正之道와 性命之理가 단순히 관념론적인 형이상학적 이론으로 말한 것이 아니라 『정역』의 十五尊空爲體原理와 四曆變化原理를 내용으로 하는 '中位正易'원리를 전제로 하고 있음을 알 수 있다.[106] 즉 聖統에 따라 전수된 中正之道를 내용으로 하는 聖學의 天命이 天之曆數原理에 근원하였음을 알 수 있는 동시에 '天之曆數'와 '中正之道'의 본래적 의의가 천명되면서 선진 성학의 본래 면목이 드러나게 되는 것이다.[107]

성인이 天之曆數原理를 주체적으로 자각하여 밝힌 천지의 本性이 내재화된 인간의 본성은 무엇인가에 대해 묻지 않을 수 없다.

天地의 본성에 대하여 『주역』에서는 '天地之道'[108]와 '天地之大

---

106) 『정역』이 干支度數와 河洛象數로 表象되는 天道인 曆數原理를 밝히고 있기 때문에 性命之理를 중심으로 人道를 밝히고 있는 『주역』을 비롯한 先秦 儒學의 經典들이 『정역』에 근거 두고 있다고 하겠다.

107) 柳南相, 「正易의 圖書象數 原理에 關한 硏究」, 『論文集』 제8권 제2호, 忠南大學校 人文科學硏究所, 1981, 203쪽.

108) 『周易』, 「地天泰卦」, 大象, "象曰天地交 泰 后 以 財成天地之道 輔相天地之宜 以左右民"
「雷風恒卦」, 彖辭, "天地之道 恒久而不已也"
「繫辭上」, 第四章, "易 與天地準 故 能彌綸天地之道"

德'109) 그리고 '天德'110)이라 하여 天地의 본성이 道德原理임을 밝히고 있으며, 이러한 天地의 본성을 '天地之心',111) '天地之情',112) '天地萬物之情',113) 天命114) 등으로 표상하여 道德原理의 내용이 인격성임을 논하고 있다.

한편, 『정역』에서는 천지의 본성이 天地道德原理임을 다음과 같이 밝히고 있다.

"己位는 四金과 一水 그리고 八木과 七火의 中으로 无極이다. 无極이면서 太極이니 十一이다. 十一은 地德이면서 天道이다. 天道는 圓하니 庚壬甲丙이요 地德은 方하니 二四六八이다. 戊位는 二火와 三木 그리고 六水와 九金의 中으로 皇極이다. 皇極이면서 无極이니 五十이다. 五十은 天度이면서 地數이다. 地數는 方하니 丁乙癸辛이요 天度는 圓하니 九七五三이다."("己位는 四金一水八木七火之中이니 无極이니라 无極而太極이니 十一이니라 十一은 地德而天道니라 天道라 圓하니 庚壬甲丙이니라 地德이라 方하니 二四六八이니라 戊位는 二火三木六水九金之中이니 皇極이니라 皇極而无極이니 五十이니라 五十은 天度而地數니라 地數라 方하니 丁乙癸辛이니라 天度라

---

「繫辭下」, 第一章, "天地之道 貞觀者也"

109) 『周易』, 「繫辭下」, 第一章, "天地之大德曰生"

110) 『周易』, 「重天乾卦」, 用九象, "用九 天德 不可爲首也", 文言 九五爻辭, "飛龍在天乃位乎天德"

111) 『周易』, 「地雷復卦」, 彖辭, "復 其見天地之心乎"

112) 『周易』, 「雷天大壯卦」, 彖辭, "正大而天地之情 可見矣"

113) 『周易』, 「澤山咸卦」, 彖辭, "觀其所感而天地萬物之情 可見矣"
「雷風恒卦」, 彖辭, "觀其所恒而天地萬物之情 可見矣"
「澤地萃卦」, 彖辭, "觀其所聚而天地萬物之情 可見矣"

114) 『周易』, 「天雷无妄卦」, 彖辭, "天命不祐 行矣哉"
「澤地萃卦」, 彖辭, "用大牲吉利有攸往 順天命也"

圓하니 九七五三이니라")115)

위 인용문에서는 '天道'와 '地德'을 구체적으로 말씀하여 天地의 본성이 도덕원리임을 밝히고 있다. 여기서 天地를 度數로 표상하면 十과 五가 되며, 이 十과 五는 天地의 本性을 상징하는 도수로서 十五에 근거를 두고 十一이 드러나게 됨을 말씀하고 있다. 十五 天地의 본체도수원리가 十一 歸體原理로 밝혀져 體五用六의 도덕원리로 드러나게 됨을 밝히고 있는 것이다. 앞에서 논명한 바와 같이 十五 본체도수가 十一 귀체원리에 의하여 尊空되는 것은 體五用六에서 합덕됨을 상징하는 것이며,116) 이 體五用六원리에 의해서 卦爻原理가 형성되었기 때문에 性命之理를 밝히고 있는 『주역』의 卦爻原理가 天地度數原理에 근거하고 있다는 것이 분명해진다.

이에 河圖洛書原理는 十五 천지를 중심으로 하는 天地度數原理를 위주로 표상된 것이라면, 體五用六原理에 의해 드러난 卦爻原理는 인간 性命之理의 근거가 되는 天地道德原理를 표상한 것이다. 『주역』에서는 河圖洛書의 중심 본체도수인 十과 五는 나타내지 않고, 실제 작용하는 用九用六數만을 가지고 卦와 爻의 象을 表象한 것이다.117)

그런데 天地의 본성인 도덕원리에서 中正之道는 어떻게 표상되는

---

115) 金恒, 『正易』, 「十一一言」, 第二十六張, 雷風正位 用政數.
116) 十退一進과 包五含六을 十一歸體로 규정한 까닭은 十一의 體用이 體五用六(包五含六)의 位에서 合德됨을 나타내고자 함이다. 즉 十과 一이 五에서 合德되어 六으로 작용하는 것으로 十과 一이 合德되어 歸體되었다는 것이다.
117) 柳南相, 「正易思想의 根本問題」, 『論文集』, 제7권 제2호, 忠南大學校 人文科學研究所, 1980, 243쪽.

가? 도덕원리의 본성을 말할 때에는 中道라 하고 그 작용원리를 말할 때에는 正道라 하여 中正之道가 天地道德原理의 體用이 합덕된 인격적 표현임을 알 수 있다. 天地의 본성 측면에서 中正之道는 天地가 인격적 차원에서 하나가 되는 것임을 의미한다고 하겠다.

한편 中正之道를 天道와 人道의 관계를 중심으로 살펴보면, 天道인 時間性의 原理가 中道로, 人道인 空間性의 原理가 正道로 밝혀지게 된다. 『서경』과 『논어』에서는 天之曆數를 말씀하면서 이것이 '中'으로 내재화되었음을 밝혔으며, 『정역』의 「십일일언」 第二十五張 十一歸體時에서는 時間性의 原理를 표상하는 天地之數를 모두 '中'으로 규정하여 天道인 역수원리가 中道임을 밝히고 있다. 또한 正道가 空間性의 原理로 人道임을 『주역』에서는 三才之道로 규정하고, 空間性의 原理의 내용이 人道인 性命之理[118]로 밝혀짐을 말씀하고 있다.[119]

天地의 본성인 도덕원리가 인간의 본래성으로 주체화되어[120] 性命之理가 되었기 때문에 인간 본래성의 구조는 性과 命의 관계로 구분될 수 있다. 『주역』에서는 "道德에 和順하여 義에서 다스리며 이치를 궁구하고 性을 다하여 命에 이르니라."[121]라고 하였다. 여기

---

118) 『周易』, 「說卦」, 第二章, "昔者聖人之作易也 將以順性命之理 ……"
119) 李鉉中, 『易經과 四書』, 도서출판 亦樂, 2004, 232쪽 참조.
120) 天道가 인간 本性으로 主體化되었음을 『周易』에서는 "한 번은 陰으로 작용하고 한 번은 陽으로 작용하는 것을 일러 道라 하며, 계승해 가는 것이 善이고, 이루어 가는 것이 性이다."(『周易』, 「繫辭上」, 第五章, "一陰一陽之謂 道 繼之者 善也 成之者 性也")라 하였으며, 『書經』과 『論語』에서는 "天의 曆數原理가 그대 몸에 內在化되어 있으니"(『書經』, 「虞書」, 大禹謨篇, "天之曆數 在汝躬" 『論語』, 堯曰篇, "堯曰咨 爾舜 天之曆數 在爾躬")라 하였다.

서 이치를 궁구하여 그 본성을 다함으로써 命에 이른다고 하는 것은 性과 命의 관계를 나타내는 부분으로 性과 命은 體用의 관계임을 알 수 있다.

그런데 설괘 제1장은 인간 본래성으로 주체화된 性命之理를 君子 중심으로 논하여 '性體命用(성체명용)'의 관계로 밝히고 있으나, 天地와 聖人의 관계를 중심으로 살펴보면 性과 命의 관계가 달라진다. 그것은 命의 내용이 聖人의 관점과 君子의 관점에서 서로 다름을 뜻한다. 命의 내용이 聖人과 君子의 관점에 따라서 달라지고 그에 따라서 性과의 관계가 달라진다는 것은 天道를 자각하는 측면과 그것을 현실에서 실천·구현하는 관점에의 性과 命의 관계가 서로 달라짐을 뜻한다.

性과 命의 관계가 성인과 군자를 중심으로 달라진다는 것은 성인과 군자에게 주어진 사명이 다름을 뜻한다. 성인은 天的 존재이며 군자는 地的 존재이다. 『주역』에서 "天에 근본을 둔 성인은 形而上의 세계와 친하며 地에 근본을 둔 군자는 形而下의 세계와 친하다."[122]고 하여 성인과 군자를 구분한 까닭이 여기에 있다. 성인이 天에 근본을 두었다는 것은 曆數原理에 근거하여 탄강한 존재임을 뜻한다. 그리고 上과 친하다는 것은 道 자체와 친하다는 것으로 聖人에게는 天地의 道를 인간 주체적으로 자각하여 천명하는 命이 있다는 것이다. 반면에 君子가 地에 근본을 두었다는 것은 三才之道에 근거한 존재이고, 下와 친하다는 것은 백성들과 合德되어야 하는 존재임을

---

121) 『周易』, 「說卦」, 第一章, "和順於道德而理於義 窮理盡性 以至於命"
122) 『周易』, 「重天乾卦」, 文言 九五爻辭, "聖人 作而萬物 覩 本乎天者 親上 本乎地者 親下 則各從其類也"

뜻하는 것으로 君子에게는 聖人이 밝힌 人道를 현실에서 실천 구현하는 命이 있다. 따라서 聖人에게는 易道를 자각하여 天命을 밝힐 역사적 사명이 주어졌으며, 君子에게는 현실에서 실천·구현할 사회적 사명이 주어진 것이다.

성인에게 주어진 역사적 使命을 중심으로 군자의 본래성을 논한 것이 『중용』에서 언급한 "天命 그것을 일러 본래성이라고 한다."[123]라 하겠다. 그것은 命이 體가 되어 그것이 性이 되었음을 의미한다. 따라서 이때의 性과 命의 관계는 '命體性用(명체성용)'이 된다. 이러한 性과 命의 관계를 자각과 실천의 문제를 중심으로 살펴보면 '性體命用'은 인간이 天道를 주체적으로 자각하는 측면에서 언급된 것이라면, 반대로 天道가 인간에게 주체화되는 측면에서는 性命의 관계가 '命體性用'으로 바뀌게 된다.[124] 이를 통하여 性과 命의 관계는 聖人과 君子를 중심으로 이해되어야 함을 알 수 있다. 성인은 존재론적 天命을 天으로부터 받은 존재이며, 君子는 天으로부터 당위적 사명을 받은 존재라고 볼 수 있다.

孟子는 성인의 존재론적 命인 역사적 使命과 군자의 당위론적 命인 사회적 使命을 구분하여 인간 본래성의 性命的 구조를 다음과 같이 논하고 있다.

---

123) 『中庸』, 第一章, "天命之謂性"
124) 여기서 命體性用의 관점에서의 命은 '存在論的 命'이라 할 수 있으며, 性體命用의 命은 '當爲的 命'으로 규정할 수 있다. 聖人의 역사적 使命이 存在論的 命이라면 君子의 社會的 使命은 當爲的 命이라고 할 수 있는 것이다. 물론 存在論的 命이 전제가 되었기 때문에 그것이 人間 개체에 있어서 當爲的 命이 될 수 있다.(李鉉中, 『中國哲學의 易學的 照明』, 청계, 2001, 149쪽.)

"입이 맛있는 음식을 원하고 눈이 아름다움 모습을 추구하고 귀가 좋은 소리를 추구하고 코가 좋은 냄새를 추구하며 四肢가 편안함을 추구하는 것은 人間의 本性이다. 그러나 人間에게는 주어진 命이 있기 때문에 君子는 性이라고 하지 않는다.

父子에서 仁과 君臣 간의 義, 주인과 손님 간의 禮 그리고 賢者의 智慧와 聖人의 天道에 있어서 그것은 命이나 性이 있기 때문에 君子는 命이라 하지 않는다."("口之於味也와 目之於色也와 耳之於聲也와 鼻之於臭也와 四肢之於安佚也에 性也 l 나 有命焉이라 君子 l 不謂性也 l 니라

仁之於父子也와 義之於君臣也와 禮之於賓主也와 智之於賢者也와 聖人之於天道也에 命也 l 나 有性焉이라 君子不謂命也 l 니라")[125]

父子・君臣・賓主・賢者에 있어서 仁義禮智와 성인의 天道에 관한 것이 形而上學的 天命으로 주어지는 것이지만, 인간 본래성에 있어서는 性으로 내재되어 있는 것으로 君子는 命이라 하지 않고 性이라고 하는 것이다. 또한 耳目口鼻와 四肢를 절도에 맞게 사용함으로써 인간의 본성이 그대로 드러나도록 하여 仁義禮智의 四德을 實踐하는 것이 군자의 사명이기 때문에 비록 그것이 타고난 본성이지만 性이라고 하지 않고 命이라고 하는 것이다.

이러한 性命之理는 天道의 四象原理를 그대로 품부받은 것으로 『주역』 중천건괘 문언에서는 다음과 같이 밝히고 있다.

"文言에서 말씀하기를 元은 善의 어른이다. 亨은 아름다움의 모임이다. 利는 義의 조화이다. 貞은 事의 根幹이다. 君子는 仁을 체득하

---

125) 『孟子』, 盡心章句下.

여 족히 다른 사람의 어른이 된다. 아름다운 모임이 족히 禮에 合한다. 萬物을 이롭게 함이 족히 義에 조화된다. 바르고 견고하니 족히 事의 근간이 된다."("文言曰 元者 善之長也 亨者 嘉之會也 利者 義之和也 貞者 事之幹也 君子 體仁 足以長人 嘉會 足以合禮 利物 足以和義 貞固 足以幹事 君子 行此四德者 故 曰乾元亨利貞")126)

이것은 인간 본래성인 性命之理가 天道인 四象原理가 그대로 주체화된 것이며, 性命之理의 내용이 仁禮義智 四德原理임을 밝힌 것이다.

性命之理와 仁禮義智 四德原理의 관계에 대하여 논급해 보면, 「계사상」 第5장에서는 "한 번은 陰으로 작용하고 한 번은 陽으로 작용해 가는 것을 일러 道라 하며, 계승해 가는 것이 善이고, 이루어 가는 것이 性이다. 仁者가 보면 仁이라 이르며 知者가 보면 知라고 한다."127)라고 하여 天道가 인간 본래성으로 내재화되었음을 말씀하고, 그 性의 내용이 四德에서 仁과 智임을 말씀하고 있다. 『중용』에서도 "誠은 物의 終始이니 …… 君子가 자신을 완성시키는 것은 仁이고 事物을 완성시키는 것은 智로 仁과 智는 性의 德으로 仁性과 智性이 곧 內外를 합덕시키는 道이다."128)라고 하여 仁과 智를 性으로 규정하고 있다.

한편 『서경』에서는 "義로써 사물을 다스리고, 禮로써 마음을 다스

---

126) 『周易』, 「重天乾卦」, 文言.
127) 『周易』, 「繫辭上」, 第五章, "一陰一陽之謂 道 繼之者 善也 成之者 性也 仁者 見之 謂之仁 智者 見之 謂之智"
128) 『中庸』, 第二十五章, "誠者는 物之終始니 …… 成己는 仁也ㅣ오 成物은 智也ㅣ니 性之德也ㅣ라 合內外之道也ㅣ니 故로 時措之宜也ㅣ니라"

린다."129) 하고, 『주역』 중지곤괘 文言에서는 "敬130)으로 안을 바르게 하고 義로써 밖을 바르게 하여 敬과 義가 확립되면 德은 외롭지 않다."131)라고 하여 義는 사물을 다스리는 마땅함이며 禮는 마음을 다스리는 것임을 알 수 있다.

위의 내용을 종합해 보면 仁禮義智 四德 가운데서 仁과 智가 性이라면 禮와 義는 命이 됨을 알 수 있다. 이는 인간 본래성이 性命的 구조를 가지고 그것이 仁禮義智 四德原理로 드러나기 때문에 性이 仁과 智라면 나머지 禮와 義는 命이 될 수밖에 없는 것이다. 性과 命은 體用의 관계이기 때문에 仁과 禮가 體用의 관계이며,132) 智와 義도 體用의 관계임이 밝혀지는 것이다.

그러면 『주역』 중천건괘(☰) 문언에서 밝힌 四象의 의미와 四德을 의미를 구체적으로 고찰해 보자.

'元은 善의 으뜸이다'에서 '元'은 인간 본래성의 四德原理인 善을 모두 포괄하는 개념이자 가장 근본적인 개념이기 때문에 으뜸(長)이라고 하였다. 앞의 제3장 3절에서 고찰한 바와 같이 '元'은 一元數原理의 元으로 河圖洛書의 曆數原理가 집약된 것으로 聖人에 의하여 주체적으로 자각된 神明之德인 天意임을 알 수 있다.

그리고 善의 개념은 「계사상」 제5장에서는 "한 번은 陰으로 작용

---

129) 『書經』, 「商書」, 中虺之誥篇, "王은 懋昭大德하샤 建中于民하소셔 以義로 制事하시며 以禮로 制心하시샤 垂裕後昆하리이다"

130) 『孟子』에서도 "恭敬之心(辭讓之心) 禮之端也라" 하여 敬과 禮가 같은 의미임을 밝히고 있다.

131) 『周易』, 「重地坤卦」, 文言 六二 爻辭, "君子 敬以直內 義以方外 敬義立而德不孤"

132) 『論語』, 顔淵 편에서는 "자기를 이겨 禮로 돌아가는 것이 仁이 된다"("克己復禮爲仁")라고 하여 仁과 禮가 체용관계임을 밝히고 있다.

하고 한 번은 陽으로 작용해 가는 것을 일러 道라 하며, 계승해 가는 것이 善이고, 이루어 가는 것이 性이다."133)라고 하여 善이란 道의 본질을 그 작용의 측면에서 언급한 것이다. 즉 元이 善의 으뜸이라는 것은 天道인 曆數原理가 인간 본성인 善性의 근원이 되는 것임을 의미한다고 하겠다. 중천건괘(䷀) 象辭에서는 "元은 만물의 존재근거로 시간의 세계를 거느린다."134)고 하여 시간을 섭리 주재하는 天道인 曆數原理를 乾元으로 규정하였다.

이어 '仁을 체득하여 족히 사람의 어른이 된다.'는 것은 四象原理의 元이 仁性으로 내재화되어 본성을 이루므로 仁을 체득한 사람만이 다른 사람의 어른이 될 수 있다는 것이다. 四象原理의 元은 四德原理의 仁으로 주체화되기 때문에 仁은 四德原理를 포괄하면서도 가장 근원적인 德이다. 「계사하」 제1장에서는 천지의 위대한 덕을 生하고 성인의 위대한 자리를 지키는 것이 仁이라135) 하여 仁이 인간의 德性의 기본이 됨을 밝히고 있다. 즉 四德原理를 한마디로 표현하면 仁으로 그것이 생명의 근원이 되는 동시에 생명작용의 시초가 되어 생명현상이 이루어지며, 인간의 본래 지평인 인격의 세계이자 인간이 正位가 되는 것이다. 이것을 孟子는 "仁은 사람이 편안히 거처해야 할 집"136)으로 표현하였다.

다음으로 '亨은 아름다움의 모임이다.'에서 아름다움이란 元의 작용이 드러난 것으로 元을 근거로 始生된 존재를 현상적 측면에서

---

133) 『周易』, 「繫辭上」, 第五章, "一陰一陽之謂 道 繼之者 善也 成之者 性也."
134) 『周易』, 「重天乾卦」, 象辭, "大哉 乾元 萬物 資始 乃統天"
135) 『周易』, 「繫辭下」, 第一章, "天地之大德曰生 聖人之大寶曰位 何以守位 曰仁"
136) 『孟子』, 離婁章句上, "仁은 人之安宅也요 義는 人之正路也라"

아름다움의 모임이라고 한 것이다. 天地를 가득 채우고 있는 만물은 모두 元의 작용에 의해서 시생된 존재들이다. 그것은 모두 실다움 그 자체이며, 善 그 자체이고, 아름다움 그 자체이다. 따라서 중천건 괘(䷀) 彖辭에서는 "구름이 흐르고 비가 내려서 온갖 사물이 형체를 갖게 된다."[137]고 하였다. 이는 亨이 사물의 생성과정에서 보면 象을 이루어서 形體를 갖추는 단계임을 나타내고 있는 것이라고 하겠다.

'아름답게 만나서 족히 禮에 부합된다.'라고 하여 禮는 인격적 존재의 만남 원리임을 알 수 있다. 禮에 의해서 형성된 관계를 아름다운 모임이라 하였다. 그러므로 禮에 합당하기 위해서는 아름답게 만나야 하며, 인격적으로 만난 아름다운 만남은 家庭과 國家라는 사회로 드러난다. 家庭과 國家는 단순한 사람들의 집단이 아니라 인격적인 만남의 아름다운 세계인 것이다.

앞에서 고찰한 바와 같이 仁性이 體가 되어 나타나는 것이 禮이다. 仁性이 바탕이 되어 그것이 인격적 관계로 드러나는데 그러한 아름다운 관계 맺음의 원리가 禮인 것이다. 이러한 禮는 자신을 낮추는 겸손으로 드러나기 때문에 자신을 비우고 남을 받아들이는 관용과 남을 받드는 존경이 전제되어야 한다. 또한 禮는 자신의 근본인 神明性에 대한 사랑으로부터 출발하기 때문에 天地 부모의 대행자인 부모에 대한 禮인 孝가 모든 인격적 행위의 근본 바탕이 되는 것이다. 따라서 孟子는 "禮를 행하는 자는 다른 사람을 공경한다."[138]고 하였던 것이다.

'利는 義의 조화이다.'라 하여 利는 시생한 만물을 기르는 작용으

---

137) 『周易』, 「重天乾卦」, 彖辭, "雲行雨施 品物流形"
138) 『孟子』, 離婁章句下, "仁者는 愛人하고 有禮者는 敬人하나니"

로 만물이 성장했을 때 비로소 의롭게 되는 것이다. 元과 亨이 向外的인 작용인 것과 달리 利와 貞은 向內的 작용이다. 중천건괘(≡) 文言에서 利와 貞을 性情으로 규정한 까닭이 여기에 있다. 性情은 본성을 지칭하는 것으로 形而上的 존재이기 때문에 중천건괘(≡) 文言에서는 "元에서 시생되어 형통하고 利貞은 性情이다."139)라 하여 元과 亨은 따로 논하고 利와 貞은 같이 논하고 있다. 따라서 亨에서 利로의 변화는 向外的 작용에서 向內的 작용으로의 변화이다. 다시 말하면 元亨은 陽的 작용이고, 利貞은 陰的 작용이다.

'만물을 이롭게 하여 족히 義에 조화된다.'는 것은 禮가 비인격적 존재인 사물에까지 확산되는 것을 義라고 하는 것이다. 禮가 인격적인 존재의 만남 원리인 것과 달리 義는 비인격적 존재인 사물을 다스리는 원리인 것이다. 사물을 이롭게 한다는 것은 사물을 그 본래적 가치에 맞게 사용한다는 것이다. 이에 孟子는 "인격적 존재인 백성은 仁으로 대하고 非人格的 존재인 사물은 아끼는 것"140)이라고 하여 인간과 사물을 대하는 방법에 仁과 愛로 구분하고 있다. 또한 『주역』「계사하」 제1장에서는 "財物을 다스리고 言辭를 바르게 하며 백성들로 하여금 잘못되지 않게 禁하는 것이 義이다."141)라고 하여 義가 단순하게 사물에 대한 관계 맺음으로 그치는 것이 아니라 그것을 통하여 인간의 言과 行이 각각 禮에 부합함으로써 王道政治의 이상에까지 이르는 일관된 원리임을 알 수 있다.

여기서 元亨利貞을 사물의 생성에 비유하여 살펴보면, 元과 亨은

---

139) 『周易』, 「重天乾卦」, 文言, "乾元者 始而亨者也 利貞者 性情也"
140) 『孟子』, 盡心章句上, "親親而仁民하며 仁民而愛物이니라"
141) 『周易』, 「繫辭下」, 第一章, "理財 正辭 禁民爲非曰 義"

사물의 외면적 生長의 단계이며 利와 貞은 내면의 성장이 이루어지는 단계라 하겠다. 四時의 측면에서 利는 가을에 해당하며, 봄(元)에 시작된 외면적 성장은 여름(亨)에 이르러서 절정에 이르고, 가을에 이르면 그 成長의 성격이 변화하여 量的 성장에서 質的 성장으로 변화한다고 비유할 수 있다.

‘貞은 事의 줄기이다.’ 이것은 貞이 事의 근원임을 뜻하는 것으로 元과 亨이 向外的 작용이기 때문에 物의 측면에서 本末을 중심으로 논하는 것과는 달리 利와 貞은 向內的 작용이기 때문에 事의 측면에서 終始를 중심으로 논하는 것이다. 이에 『대학』에서는 “物에는 本末이 있으며 事에는 終始가 있다.”[142]라 하여 존재하는 모든 것을 天地에 상응하는 시간과 공간의 측면에서 事와 物을 구분하였다. 일의 줄거리는 일의 마침·終을 의미하는 것으로 終이 근간이 되어서 始가 이루어지는 것으로 貞이 事의 근본이라 규정한 것이다.

‘곧고 바르니 족히 事를 주관한다.’는 四象原理의 貞은 四德原理의 智性으로 주체화되어 事의 終始를 자각할 수 있는 主體가 됨을 의미한다. 이 智性은 시비를 판별할 수 있는 지각 능력으로 드러나 天道를 깨닫고 그것을 현실에서 실천 구현할 수 있는 것이다. 智性에 의하여 天道를 자각한다는 것은 변화의 道를 알아서 神이 하는 바를 알 수 있는 시간의식을 가지고 있다는 것이다. 그러므로 인간은 智性이 바탕이 되어 나타난 시간의식을 갖게 되어 올바른 시간의식인 時義性에 맞는 행위를 하여 義에 부합되게 된다. 중천건괘(䷀) 文言에서는 “진퇴존망의 시의성을 알고 때에 맞게 행하여 正道

---

142) 『大學』, 經一章, “物有本末하고 事有終始하니 知所先後ㅣ면 則近道矣리라”

를 벗어나지 않는 존재는 오직 성인뿐이구나."143)라 하여 時義性에 부합되는 행동원리를 통해 智性으로 논하고 있다.

또한 '元亨利貞'을 '大亨以正'144)으로 규정한 것으로 생각해 보면, '元'은 '大'와 대응되는 것으로 天道의 위대함을 상징하기 때문에 善의 으뜸이 되고, '利貞'은 내면으로 수렴되는 작용을 표상하기 때문에 '以正'으로 규정한 것임을 알 수 있다.

그런데 智性을 仁性과 비교하면 智性은 時間性의 원리로 仁性은 空間性의 원리로 이해될 수 있으며, 智性과 仁性은 상호 體用關係이기 때문에 禮도 역시 仁性을 體로 하지만 그 근저에는 智性이 전제되지 않으면 안 된다. 仁性이 생명체의 생명력이라면 智性은 그 생명력을 유지하는 내적인 원리에 비유할 수 있다.

이러한 四德原理를 실천하는 군자의 사명에 대하여 중천건괘(☰) 文言 첫머리 마지막에서 다음과 같이 분명하게 밝히고 있다.

> "君子는 이 四德을 行하는 사람이다. 그러므로 乾 元亨利貞이라 한다."("君子 行此四德者 故 曰乾元亨利貞")145)

성학의 이상적 인격체인 군자는 바로 이 四德을 행하는 사람이라고 말씀하고 있다. 군자가 四德原理를 실천하는 존재라는 것은 君子

---

143) 『周易』, 「重天乾卦」, 文言 上九爻辭, "知進退存亡而不失其正者 其唯聖人乎"
144) 『周易』, 「地澤臨卦」, 彖辭, "大亨以正 天之道也"
　　　「天雷无妄卦」, 彖辭, "大亨以正 天之命也"
　　　「澤火革卦」, 彖辭, "大亨以正"
145) 『周易』, 「重天乾卦」, 文言.

가 자기 본성으로 내재화된 天之曆數原理를 주체적으로 자각하여 四德原理를 실천함에 있어서 仁智之性을 中道로 하고, 禮義之命을 正道로 해야 함을 밝힌 것이다.[146] 이것은 성인이 밝힌 易道를 군자가 실천하는 것으로 天之曆數原理가 주체화된 본성을 中道로 하고 四德原理를 正道로 실천해야 함을 의미하는 것이다.

군자가 실천해야 할 正道인 四德原理에 대하여 중천건괘(䷀) 문언 九二爻에서는 다음과 같이 논하고 있다.

"군자는 배움을 통하여 천하의 이치를 내면화하며(智), 내면화된 이치를 스스로 물어서 변별하여(義), 그것을 바탕으로 자신을 낮추고 상대방을 높이는 禮로 주체화하여(禮), 仁으로 행하는 자이니(仁), 易에 말하기를 드러난 龍이 밭에 있으니 大人(聖人)之道를 깨달으면 이롭다고 하는 것은 군자의 德을 말하는 것이다."("君子 學以聚之 問以辨之 寬以居之 仁以行之 易曰見龍在田利見大人 君德也")[147]

또한 君子가 天之曆數原理인 中道를 주체적으로 자각하여 四德을 실천해야 함을 중지곤괘(䷁) 文言에서도 분명하게 밝히고 있다.

"(易道의 실천을 使命으로 하는) 君子는 마음 가운데서 性命之理를 自覺하고 그것을 主體로 하여 天德의 세계에 사니 아름다움이 거기에 있다. 그 아름다움이 四肢에 흘러서 王道政治의 事業으로 드러나니 그것이 아름다움의 至極한 것이다."("君子 黃中通理 正位居體

---

146) 이에 性命之理를 中正之道로 이해하면, 中道는 仁智之性이며 正道는 禮義之命으로 구분될 것이다.

147) 『周易』,「重天乾卦」, 文言 九二爻辭.

美在其中而暢於四支 發於事業 美之至也")148)

'黃中通理 正位居體(황중통리 정위거체)'는 天道의 주체적 자각을
의미하며, '黃中'은 天地를 玄黃에 의하여 비유한 구분에 따라서 地
的 존재인 군자의 본래성을 나타낸 것으로 군자가 天道에 통하여
그 德性에 머무르는 것임을 의미한다. 美가 거기에 있다는 것은 머
무르는 상태를 아름다움으로 表現한 것이다. '暢於四支 發於事業(창
어사지 발어사업)'은 군자의 德이 발현되는 실천을 의미한다. 즉 暢
於四支는 군자의 개인적 측면에서 언행이 드러나는 것이며, '發於事
業'은 군자의 사회적 측면에서 天下를 道濟(도제)하는 사업을 말한
것이다. 그런데 마지막에 '美之至也'라 하여 지극한 아름다움은 君
子의 실천에 있음을 나타내고 있다.

군자가 인간 본래성으로 내재된 天之曆數原理를 자각하여 正道인
四德原理를 실천하는 존재라는 것은 성인이 이미 밝혀 놓은 인간
본래성을 자각하고 그것을 현실에서 실천하는 존재임을 의미하는 것
이다. 그러므로 『주역』의 각 卦의 의의를 집약하고 있는 大象에서
"군자가 이를 주체적으로 자각하여(君子 以)"라고 하여 『주역』의 저
작 의미가 군자의 실천적 사명에 있음을 밝히고 있다.

한편 中正之道를 연구하여 자각하고 그것을 실천하는 존재가 군
자임을 天水訟卦(䷅ 천수송괘)에서는 "大人을 보는 것이 이롭다는
것은 中正을 숭상하기 때문이다."149)라고 하여 大人之道인 聖人之
道를 자각하는 것이 中正之道를 자각하는 것임을 밝히고 있다. 또한

---

148) 『周易』, 「重地坤卦」, 文言 六五爻辭.
149) 『周易』, 「天水訟卦」, 彖辭, "利見大人 尙中正也"

天火同人卦(䷌ 천화동인괘)에서는 "中正으로 응하는 것이 군자의 正道이니."[150]라고 하여 君子가 中正之道를 자각하고 행하는 것이 올바른 삶임을 밝히고 있다.

즉 聖人이 말씀한 '中正之道'와 君子가 실천해야 할 性命之理가 본질적으로 하나임을 알 수 있는 동시에 성인이 天之曆數原理를 주체적으로 자각하여 四德原理를 밝힌 것은 后天 군자로 하여금 이것을 깨우쳐 실천하게 하기 위함인 것이다. 따라서 성인의 말씀을 기록한 經典의 내용은 后天的 진리로서 실천하는 데 의의가 있는 것이며, 성인이 밝힌 진리의 길을 가는 것이 后天 군자의 길임을 강조하게 되는 것이다.

이상에서 河圖洛書原理에서 十五尊空爲體原理는 성인의 존재 근거로서 우주와 인류역사의 중심軸이 되는 것이 中道이며, 九·六合德爲用原理는 四曆變化原理로 드러나 군자의 실천원리인 四德原理의 근거가 되는 正道임을 알 수 있다. 따라서 十五尊空爲體原理는 先天 十五聖統原理의 연원이며, 九·六合德爲用原理는 后天 군자의 四德原理 실천의 曆數原理的 근거임이 밝혀지는 것이다.

---

150) 『周易』, 「天火同人卦」, 彖辭, "中正而應 君子正也"

# 제6장

## 하도낙서원리와 先秦 聖學 經典

## 1. 하도낙서원리와 三經

선진 성학의 三經인『주역(易經)』과『서경』그리고『시경』은 역을 지은 성인인 공자에 의해 집대성된 聖人之學의 경전이기 때문에 하나의 일관된 논리체계를 근거로 저술되고 산정되었음을 생각할 수 있다.

앞 장에서 고찰한 바와 같이 천도인 역수원리를 위주로 밝힌『정역』은 하도낙서원리를 표상체계로 하고 있으며, 인도인 성명지리를 위주로 밝힌『주역』은 괘상원리를 표상체계로 하고 있다. 즉 하나의 易道를 표상하는 데 있어서 그 입장만 달리했을 뿐, 그 관계에 있어서는 『주역』이『정역』의 역수원리를 근거로 하고 저작되었다고 하겠다.

역수원리를 표상하는 河圖洛書는 倒逆生成作用을 하는데, 倒生逆成作用은 겉으로 드러나는 외면적 작용이며, 逆生倒成作用은 음악의 리듬같이 일정한 마디를 형성하는 내면적 작용이다. 이러한 河圖洛書의 작용원리를 『정역』에서는 내면적 리듬인 律呂度數原理와 외면적 작용인 政令度數原理로 밝히고 있다.

선진 성학의 삼경은 모든 人道를 표상하고 있지만, 『주역』은 易道인 三才之道를 중심으로 聖人·君子之道를 밝히고 있으며, 『시경』은 역도를 근거로 律呂度數原理를 위주로 표상하고 있으며, 『서경』은 政令度數原理를 위주로 표상한 경전이다. 즉 『시경』은 역수원리의 律呂度數原理에 근거하여 인간의 내면적 情感을 詩라는 형식을 통해 人道를 표상하고 있으며, 『서경』은 政令度數原理에 근거하여 성통을 중심으로 전개된 역사를 바탕으로 人道인 왕도정치원리를 밝히고 있다.[1]

삼경에 나타난 河圖洛書에 대하여 고찰함에 먼저 河圖洛書는 一부터 十까지의 天地之數로 구성된 도상으로 『주역』에서는 '神物(신물)', '神', '鬼神', '蓍(시)', '龜(귀)', '數' 등 상징적으로 밝히고 있음에 유의하면서 구체적으로 고찰해 보도록 하겠다.


### 1) 『주역』에 나타난 하도낙서

『주역』에서는 역도를 표상하는 데 있어서 수리를 통한 방법과 괘상을 통한 방법을 밝히고 있으나, 『주역』의 저작 목적에 대하여 "옛날에 성인이 『주역』을 지으심에 장차 性命之理에 순응하고자 함이

---

1) 이현중, 『正易과 三經』, 충남대출판부, 2006, 15쪽.

니."[2]라 하여, 人道인 성명지리를 위주로 밝히고 있기 때문에 성명지리의 존재 근거가 되는 河圖洛書에 대해서는 대체만 밝히고, 구체적인 내용에 대해서는 '退藏於密(퇴장어밀)'[3]하여 은밀하게 감춰 놓고 있다.[4] 즉 『주역』에서는 성명지리의 존재근거가 되는 河圖洛書에 대하여 여러 곳에서 상징적으로 밝히고 있다.

여기서는 앞 장들에서 논의된 내용을 근거로 『주역』에서 하도와 낙서라고 생각되는 부분을 구체적으로 밝혀 보고자 한다.[5]

먼저 『주역』 5번째 괘인 水天需卦(☵☰ 수천수괘)에서는

"상에서 말하기를 모래밭에서 기다린다는 것은 衍(연)으로 가운데에 있는 것이니"("象曰需于沙 衍 在中也")[6]

라 하여, '衍(연)'을 통해서 中道를 얻었다고 하였다. 여기서 연은 일반적으로 '흐르다'·'넘치다' 등의 뜻이지만, 여기서는 「계사상」 제9장에서 말한 '大衍之數(대연지수, 크게 불어난 수) 五十'을 상징하는 것으로 낙서의 본체도수 五와 하도의 본체도수 十을 相乘合德한 것을 의미한다고 하겠다. 그리고 27번째 괘인 山雷頤卦(☶☳ 산뢰이괘)에서는

---

2) 『周易』, 「說卦」, 第二章, "昔者聖人之作易也 將以順性命之理 是以立天之道曰陰與陽 立地之道曰柔與剛 立人之道曰仁與義 兼三才而兩之."
3) 『周易』, 「繫辭上」, 第十一章, "聖人 以此 洗心 退藏於密."
4) 유남상, 「正易의 圖書象數原理에 關한 硏究」, 『論文集』, 제8권 제2호, 충남대 인문과학연구소, 1981, 184~185쪽.
5) 『주역』에서 하도낙서원리는 앞 장들에서 구체적으로 고찰하였다. 따라서 이 장에서는 「계사상」 제9장과 같이 하도낙서원리를 구체적으로 밝힌 부분을 근거로 은밀하게 숨겨진 부분을 찾아보고자 한다.
6) 『周易』, 「水天需卦」, 九二爻 小象.

"초구는 너의 신령스러운 거북을 버리고 나를 보고 턱을 늘어뜨리니 흉하니라."("初九 舍爾靈龜 觀我 朶頤 凶")7)

라고 하여, 자신에게 주어진 신령스러운 거북(龜)을 버리고 대상적인 존재를 보고 턱을 늘어트리고 있으니 흉하다고 하였다. 여기서 '거북'은 낙서를 상징한다고 하겠다. 다음으로 41번째 괘인 山澤損卦(☶ 산택손괘)와 42번째 괘인 風雷益卦(☳ 풍뢰익괘)에서는

"육오는 혹이 더해 주면 十이 벗을 하는 것이라 거북도 능히 어기지 않으니 크게 길하니라."("六五 或益之 十朋之 龜 弗克違 元吉")8)
"육이는 혹이 더해 주면 十이 벗하는 것이니 거북도 능히 어기지 않으니 영원히 바름이 길하며 왕이 상제에게 제사를 쓰더라도 길하니라.("六二 或益之 十朋之 龜 弗克違 永貞 吉 王用享于帝 吉")9)

라 하였는데, '十이 벗을 하는' 것은 하도의 본체도수 十수를 자각했음이며, '거북'은 낙서를 상징하는 것으로 낙서는 하도에 근거하기 때문에 어기지 않는 것을 말한 것이다. 즉 五황극을 중심으로 표상한 낙서원리는 十무극을 중심으로 표상한 하도원리에 근거해야 함을 밝힌 것이다. 또한 산택손괘(☶) 象辭에서는 "아래를 덜어 위에 더하여 그 도가 위로 행함이니"10)라 하여 一에서 十으로 작용하는 낙서의 逆작용원리를 밝히고, 풍뢰익괘(☳) 단사에서는 "위를 덜어 아래에

---

7) 『周易』, 「山雷頤卦」, 初九爻.
8) 『周易』, 「山澤損卦」, 九五爻.
9) 『周易』, 「風雷益卦」, 六二爻.
10) 『周易』, 「山澤損卦」, 象辭, "損下益上 其道 上行"

더하니 …… 위로부터 아래로 내려 주니"[11]라고 하여 十에서 一로
작용하는 하도의 順작용원리를 밝혀 河圖洛書의 順逆작용원리를 직
접 표상하고 있다. 그리고 48번째 괘인 水風井卦(䷯ 수풍정괘)에서는

> "井은 마을은 고칠 수 있으나 우물은 고치지 못하는 것이니 마르지
> 도 않고 넘쳐나지도 않으며 왕래에 井井하나니"("井 改邑 不改井 无
> 喪无得 往來井井")[12]

라고 하였다. 정괘에서 '우물(井)'은 九수로 표상되는 낙서를 상징하
는 것으로 우물은 바꿀 수가 없는 것이며, 河圖洛書의 영원한 진리
성을 밝힌 것이 '마르지도 않고 넘쳐나지도 않으며'이라 하겠다. 수
풍정괘의 낙서원리는 『맹자』의 왕도정치원리에서 '井田制(정전제)'로
밝혀지고 있다. 또한 河圖洛書의 순역작용을 '왕래에 정정하다'고
한 것이다. 다음 60번째 괘인 水澤節卦(䷻ 수택절괘)에서는

> "상에서 말하기를 연못 위에 물이 있는 것이 절이니 군자가 이로써
> 수와 도를 제정하며 덕행을 의논하나니라."("象曰澤上有水　節　君子
> 以　制數度　議德行")[13]

라고 하여, 군자가 節卦를 주체적으로 자각하여 '數'와 '度'를 제정
한다고 하였다. '수'는 앞에서 밝힌 바와 같이 河圖洛書를 표상하는
이수라고 하겠다.

---

11) 『周易』, 「風雷益卦」, 彖辭, "損上益下 …… 自上下下"
12) 『周易』, 「水風井卦」, 卦辭.
13) 『周易』, 「水澤節卦」, 大象.

또한 「계사상·하」에서는 '占(점)'과 'ㅏ(복)'과 '筮(서)'에 대하여

"수를 지극히 하여 미래를 아는 것을 일러 점이라고 한다."("極數 知來之謂 占")[14]
"복서하는 사람은 그 점을 숭상한다."("以ㅏ筮者 尙其占")[15]
"점의 일을 하여 미래를 알게 되니"("占事 知來")[16]

라고 하여, '占'은 수를 지극히 하여 미래를 아는 것이기 때문에 하도와 낙서의 수를 推衍[17]하는 것이며, 'ㅏ'과 '筮'는 각각 낙서와 하도를 상징하는 것임을 알 수 있다.[18] 설괘편에서는

"지나간 것을 헤아리는 것은 순방향이고 미래를 아는 것은 역방향이니 이런 고로 易道는 逆으로 헤아리는 것이라."("數往者 順 知來者 逆 是故 易 逆數也")[19]

라고 하여, 河圖洛書의 작용원리를 순역으로 밝히고 있다. 河圖洛書

---

14) 『周易』, 「繫辭上」, 第五章.
15) 『周易』, 「繫辭上」, 第十章.
16) 『周易』, 「繫辭下」, 第十二章.
17) 역학에서 '推衍'은 하나의 수를 일정한 원칙에 의하여 체증하거나 체감하는 등 일련의 과정을 통하여 새로운 도수를 얻는 것을 의미한다. 추연에 사용되는 수가 일상적인 계산수가 아니라 철학적 이수임을 이해할 때 도수의 추연을 통해서 도덕적 존재인 천지의 뜻을 자각하게 되는 것이다.
18) 이현중, 「占의 역철학적 의의」, 『인문학연구』제31권 2호, 충남대 인문과학연구소, 2004, 참조.
19) 『周易』, 「說卦」, 第三章.

의 순역원리에 대하여 雷山小過卦(䷽ 뇌산소과괘)에서는

"나는 새가 남긴 소리가 위로 올라가는 것은 마땅하지 않고 아래로 내려오면 마땅하여 크게 길하다는 것은 위로 향하는 것은 逆방향이고 아래로 내려오는 것은 順방향이기 때문이다."("飛鳥遺之音不宜上宜下 大吉 上逆而下順也")[20]

라고 하여, 낙서의 逆生倒成作用은 마땅하지 않고 하도의 倒生逆成 作用이 마땅하여 크게 길하다고 한 것이다.

이 밖에도 河圖洛書에 근거를 두고 언급된 부분을 여러 곳에서 찾을 수 있다. 水山蹇卦(䷦ 수산건괘)에서는 河圖洛書가 표상하는 시간성 원리의 작용성에 대하여 "오황극의 입장에서 가는 것(往)은 허물이 있고 오는 것(來)은 명예가 있다."[21]라고 하여 往來로 표상하고 있으며, 天水訟卦(䷅ 천수송괘)에서는 河圖洛書의 合德數인 一元 百數에 三極을 승한 大一元 三百數에 대하여 밝히고 있으며,[22] 雷風恒卦(䷟ 뇌풍항괘)에서는 작용의 근원수인 一太極을 밝히고 있으며,[23] 하도의 順作用原理를 地火明夷卦(䷣ 지화명이괘)에서는 새가 날개를 드리우는 것으로 표상하고,[24] 「계사하」 제2장에서는 치마가 드리우는 것으로 표상하고 있으며,[25] 重雷震卦(䷲ 중뢰진괘)에서

---

20) 『周易』, 「雷山小過卦」, 彖辭.
21) 『周易』, 「水山蹇卦」, 初六爻, "初六 往 蹇 來 譽"
22) 『周易』, 「天水訟卦」, 九二爻, "九二 不克訟 歸而逋 其邑人 三百戶 无眚"
23) 『周易』, 「雷風恒卦」, 六五爻, "象曰婦人 貞吉 從一而終也"
24) 『周易』, 「地火明夷卦」, 初九爻, "初九 明夷于飛 垂其翼 君子于行 三日不食 有攸往 主人 有言"
25) 『周易』, 「繫辭下」, 第二章, "黃帝堯舜 垂衣裳而天下治"

는 河圖洛書의 合德數인 一元 百數에 대하여 밝히고 있다.26)

## 2) 『서경』에 나타난 하도낙서

『서경』은 堯舜(요순)으로부터 禹(우)·湯(탕)·箕子(기자)·文王(문왕)·武王(무왕)·周公(주공)으로 이어지는 聖統을 근거로 하여 왕도정치원리를 중심으로 밝히고 있기 때문에 정치원리의 근거가 되는 천도를 표상하는 河圖洛書에 대하여 여러 곳에서 말하고 있다. 즉 『서경』은 정치적 입장에서 인도를 밝히고 있기 때문에 왕도정치원리를 중심으로 말하고 있지만 그 존재 근거가 되는 천도에 대해서도 밝히고 있다.

『서경』에서 五典으로 불리는 堯典(요전), 舜典(순전), 大禹謨(대우모), 皐陶謨(고요모), 益稷(익직)에서는 직접 천도인 天時에 근거한 왕도정치원리를 밝히고 있으며, 洪範(홍범)에서는 '洪範九疇(홍범구주)'라 하여 九數로 표상되는 낙서에 근거를 두고 왕도정치원리를 표상하고 있다. 또한 「周書(주서)」 顧命에서는 "大玉과 夷玉과 天球와 河圖는 동쪽 계단에 두고"라 하여 하도를 직접 말하고 있다.

먼저 『서경』에서 왕도정치원리의 근거가 되는 천도에 대하여 직접 말한 곳은 대우모편으로 다음과 같다.

"天의 曆數가 너의 몸에 있는 것이라 너는 장차 원후에 오를 것이다. 인심은 오직 위태롭고 도심은 오직 은미한 것이니 오직 정일하여 진실로 그 중을 잡아라 …… 사해가 곤궁하면 하늘의 녹이 영원히 끊

---

26) 『周易』, 「重雷震卦」, 卦辭, "震驚百里 不喪匕鬯"

어질 것이다."("天之曆數ㅣ 在汝躬이라 汝終陟元后하리라 人心은 惟
危하고 道心은 惟微하니 惟精惟一하야사 允執厥中하리라 …… 四海
困窮하면 天祿이 永終하리라")27)

앞의 인용문에서는 천도인 '曆數'를 직접 말하면서 천도가 인간
본성으로 내재화되었기 때문에 본성을 자각하여 정치를 올바로 해야
사해가 곤궁하지 않아 하늘의 녹이 끊어지지 않음을 밝히고 있다.
여기서 왕도정치의 근거가 되는 '천의 역수'는 천도인 역수원리로
'역수'는 앞 장에서 고찰한 바와 같이 시간의 근거가 되는 시간성의
원리를 표상하는 河圖洛書라 하겠다. 또한 홍범편에서도

　　"四五紀는 첫째 해를 말하고 둘째 달을 말하고 셋째 날을 말하고
　　넷째 별을 말하고 다섯째 역수를 말한다."("四五紀는 一曰歲오 二曰
　　月이오 三曰日이오 四曰星辰이오 五曰曆數니라")28)

라고 하여, 직접 역수에 대해 말하여 홍범구주에서 밝히고 있는 왕도
정치원리의 근거됨을 밝히고 있다. 그리고 「虞書(우서)」 요전편에서는

　　"이에 羲氏와 和氏에게 명하여 공경히 천도에 순응하야 일월성신
　　을 曆하고 象하여 人時를 공경히 주게 하셨다."("乃命羲和하샤 欽若
　　昊天하야 曆象日月星辰하야 敬授人時하시다")29)

---

27) 『書經』, 「虞書」, 大禹謨.
28) 『書經』, 「周書」, 洪範.
29) 『書經』, 「虞書」, 堯典.

라고 하여, 천도에 순응하여 일월성신의 운행을 曆과 象으로 표상하여 인간들에게 시간을 알려 주었다는 것이다. 즉 요임금은 천도인 역수원리를 자각하여, 역수원리에 의해 운행되는 일월성신을 통해서 그 운행원리를 밝혀 역수로 표상하고 괘상으로 표상하여 백성들에게 시간을 알려 주라고 한 것이다. 여기서 천도인 일월성신의 운행원리를 표상하는 방법인 역은 河圖洛書이며, 상은 괘상원리로 인도를 표상하는 것이다. 또한 日月運行에 의해 드러나는 일 년 朞數에 대하여

"堯帝가 말씀하시기를 아! 너희 희씨와 화씨야, 朞數는 三百六十六日이니 閏月을 사용하여야 四時 歲를 이룰 것이니 진실로 百工을 다스려야 많은 공적이 모두 빛나리라."("帝曰咨 汝義曁和아 朞三百有六旬有六日이니 以閏月이라샤 定四時成歲하야 允釐百工하야 庶績이 咸熙하리라")[30]

라 하여, 河圖·洛書로 표상되는 曆數의 구체적인 내용으로 일 년의 朞數인 '三百六十六日'의 閏曆을 밝히고 있다.

또한 순전편에서는

"삼가 五典을 아름답게 하신데 오전이 능히 좇으며, 百揆를 들인데 백규가 시간으로 차례 하며"("愼徽五典하신데 五典이 克從하며 納于百揆하신데 百揆ㅣ 時敍하며")[31]

"순제가 말씀하시기를 설아 백성이 친하지 않으며 五品이 공손하지 않을세"("帝曰契아 百姓이 不親하며 五品ㅣ 不遜일세")[32]

---

30) 『書經』, 「虞書」, 堯典.
31) 『書經』, 「虞書」, 舜典.

라고 하여, '五典(오전)'과 '五品(오품)'의 五는 낙서의 본체도수로 五皇極이며, '百揆(백규)'와 '百姓(백성)'의 百은 하도 五十五와 낙서 四十五가 합해진 수를 의미하는 것이다.

대우모편에서는

> "우임금이 말씀하시기를 길에 惠(順)하면 길하고 역을 좇으면 흉한데 오직 影과 響하니라."("禹曰 惠迪하면 吉이오 從逆하면 凶한데 惟影響하니라")[33]

라고 하여, 순작용원리인 하도는 길하고 역작용원리인 낙서는 흉하다고 하였다. 또한,

> "우가 말씀하시기를 공신을 낱낱이 卜하시어 오직 길을 좇으소서! 순제가 말씀하시기를 官占은 오직 먼저 뜻을 판단하고 뒤에 元龜를 명하니 나의 뜻은 먼저 정해졌거늘 물어서 도모한 것이 모두 같으며 귀신이 의지하여 거북(龜)과 筮가 합하여 좇으니 복은 거듭하는 않은 것이 길하니라."("禹曰枚卜功臣하샤 惟吉之從하소셔 帝曰禹아 官占은 惟先蔽志오샤 昆命于元龜하나니 朕志ㅣ 先定이어늘 詢謀ㅣ 僉同하며 鬼神이 其依하야. 龜筮協從하니 卜不習吉이니라")[34]

이라 하였는데, '卜'과 '거북(龜)'는 낙서를 상징하며, '귀신'과 '筮'는 하도를 상징하는 것이라 하겠다. 『서경』에서는 이외에도 '복'과

---

32) 『書經』, 「虞書」, 舜典.
33) 『書經』, 「虞書」, 舜典.
34) 『書經』, 「虞書」, 大禹謨.

'거북' 그리고 '서'에 대하여 여러 곳에 말하고 있다.35)

고요모편에서는

"화합하여 받아서 펼치면 九德이 모두 일하여 큰 다스림이 관에 있어서 百僚가 사사하며 백공이 오직 때로 五辰을 어루만져 뭇 공적이 이루어지리다."("翕受敷施하면 九德이 咸事하야 俊乂ㅣ 在官하야 百僚ㅣ 師師하며 百工이 惟時로 撫于五辰하야 庶績이 其凝하리이다")36)

라고 하여, '구덕'은 낙서의 극한수인 九의 작용을 말한 것이며, '百僚'(백료)와 '백공'은 모두 하도 五十五와 낙서 四十五가 합한 百數를 상징하는 것이다. '五辰(오진)'은 현상적인 다섯 개의 별자리를 의미하기도 하지만 낙서의 오황극 원리를 의미한다고 하겠다.

또한 『서경』에서는 하도와 낙서로 표상되는 시간성의 원리를 終始원리로 규정하여 다음과 같이 밝히고 있다.

"오호라 終始를 삼가는 것은 오직 그 시작이니 예를 번성하게 하며 어둡고 난폭함을 덮으시어 천도를 공경하고 숭상하여 천명을 영원

---

35) 『書經』,「尙書」, 盤庚上, "不能胥匡以生일새 卜稽호니 曰其如台라하나다"
「周書」, 洪範, "七稽疑는 擇建立卜筮人하고샤 乃命卜筮니라 …… 凡七은 卜五ㅣ오 占用二니 衍忒하나니라 立時人하야 作卜筮호되 三人이 占이어든 則從二人之言이니라 汝則有大疑어든 謀及乃心하며 謀及卿士하며 謀及庶人하며 謀及卜筮하라"
「周書」, 金縢, "今我ㅣ 卽命于元龜호리니 爾之許我인된 我其以璧與珪로 歸俟爾命호리이니와 爾不許我인된 我乃屛璧與珪호리라 乃卜三龜호니 一習吉이어늘 啓籥見書하니 乃幷是吉하더라"
「周書」, 大誥, "寧王이 遺我大寶龜하산든 紹天明이시니"
36) 『書經』,「虞書」, 皐陶謨.

히 보호하시다.”(“嗚呼ㅣ라 愼厥終할든 惟其始ㅣ니 殖有禮하시며 覆昏暴하샤 欽崇天道하샤 永保天命하시리이다”)37)

즉 천도인 종시원리를 삼가고 자신의 본성으로 내재화된 예를 번성하게 하여 어둡고 난폭함을 덮어 천명을 완수하게 됨을 밝히고 있다. 또한 천도인 시간성의 원리가 인간의 덕으로 내재화됨을 여러 곳에서 밝히고 있다.38)
이 외에도 河圖洛書의 이수로 생각되는 곳을 여러 곳에서 찾을 수 있다.39)

### 3) 『시경』에 나타난 하도낙서

『시경』은 역시 공자가 刪定한 경전으로 근원적인 존재원리인 道에 근거를 두고 인간의 情感을 중심으로 군자지도를 밝히고 있기 때문에 그 존재 근거가 되는 천도를 표상하고 있는 河圖洛書에 대

---

37) 『書經』, 「尙書」, 仲虺之誥.
38) 『書經』, 「尙書」, 太甲下, “德이면 惟治하고 否德이면 亂이라 …… 終始에 愼厥與는 惟明明后ㅣ니이다 先王이 惟時로 懋敬厥德하샤 克配上帝하시니”
「尙書」, 咸有一德, “惟新厥德이니 終始惟一이 時乃日新이니”
39) 『書經』, 「夏書」, 五子之歌, “乃盤遊無度하야 畋于有洛之表하야 十旬을 弗反하니라”
「尙書」, 說命下, “旣乃遯于荒野하며 入宅于河하며 自河徂亳하야曁厥終하야 罔顯호라”
「周書」, 無逸, “肆高宗之享國이 五十有九年이시니이다” “文王受命이 惟中身이러시니. 厥享國이 五十年이시니이다”

해서도 말하고 있다.[40)]

이에 본 장에서는 『시경』이 밝히고 있는 내용이 인도로써 군자지도임을 고찰하고, 군자지도의 근거가 되는 천도를 표상하는 河圖洛書가 어떻게 나타나고 있는지 구체적으로 고찰해 보도록 하겠다.

『시경』이 밝히고 있는 내용은 『시경』을 산정한 공자의 시에 대한 이해와 『시경』을 다수 인용하고 있는 四書를 통해서 확인할 수 있다. 사서에서는 군자지도를 체계적으로 말하고 마지막에는 『시경』의 말을 인용하여 결론을 맺고 있는 형식을 취하고 있다. 대표적인 경우가 『중용』의 제20장으로

> "군자지도는 쓰고 숨는 것이라 …… 『시경』에서 말씀하기를 솔개는 날아서 하늘에 이르고 물고기는 연못에서 뛰는 것이라 하니 그 상하를 살피는 것을 말하는 것이라."("君子之道는 費而隱이니라. …… 詩云鳶飛戾天이어늘 魚躍于淵이라하니 言其上下察也ㅣ니라")[41)]

라 하여, 군자지도는 쓰고 숨는(費而隱) 것이라 말하고 마지막에 『시경』의 말을 인용하여 앞의 말한 내용을 증명하고 있다.

사서에서 『논어』는 군자의 학문방법을 중심으로 말하고, 『맹자』와 『대학』은 군자의 실천론인 왕도정치원리를 밝히고, 『중용』은 時中之道(시중지도)를 중심으로 군자의 본성을 천명하여 그 일관된 주제가 군자지도임을 알 수 있다. 사서가 군자지도를 근본문제로 밝히면서 『시경』을 결론 부분에서 인용하여 말의 근거로 삼는다는 것은 『시경』

---

40) 이현중, 『正易과 三經』, 충남대학교 출판부, 2006, 17쪽.
41) 『中庸』, 第二十章.

의 근본적인 내용이 군자지도이기 때문일 것이다. 따라서 『시경』이 단순한 시적 정감을 노래한 가사가 아니라 군자지도의 내용을 시로 표상하였음을 알 수 있다.

또한 공자가 『시경』을 산정한 이유는 공자의 말을 기록한 『논어』에서 확인할 수 있다.

> "공자께서 말씀하시기를 詩에서 일어나고 禮에서 세우며 樂에서 이루니라."("子ㅣ 曰興於詩하고 立於禮하고 成於樂하니라")[42]

라고 하여, 시에서 일어난다는 것은 시를 통해서 인간 삶의 길인 도덕적인 존재가 되겠다는 뜻을 세운다는 것이라 하겠다. 즉 『시경』의 시가 단순한 감정의 흥취를 돋우는 것이 아니라 인격적 존재로 살아가는 뜻을 세우는 것임을 말한 것이다. 또한 제자들에게

> "공자께서 말씀하시기를 너희들은 어찌 시를 배우지 않느냐? 시를 통해서 일깨울 수 있고, 깨우칠 수 있고, 무리가 될 수 있고, 원망할 수 있고, 가까이는 부모를 섬기고 멀리는 임금을 섬길 수 있으며 조수와 초목의 이름을 많이 알 수 있을 것이다."("子ㅣ 曰小子는 何莫學夫詩ㅣ오 詩는 可以興이며 可以觀이며 可以羣이며 可以怨이며 邇之事父ㅣ며 遠之事君이오 多識於鳥獸草木之名이니라")[43]

라고 하여, 『시경』을 배움으로써 자신의 도덕적 본성을 자각하여 부모를 섬기고 임금을 섬길 수 있으며, 또한 금수와 초목과 같은 형이

---

42) 『論語』, 泰伯.
43) 『論語』, 陽貨.

하의 대상사물의 이름을 익혀야 사물을 올바로 다스릴 수 있는 군자
지도를 알 수 있다고 한 것이다.

그리고 제자와의 대화에서는

"자하가 묻기를 '예쁜 웃음에 보조개가 아름답고 아름다운 눈에 눈
동자가 빛남이여 ……' 공자께서 말씀하시기를 '그림을 그리는 것은
바탕의 뒤이다.' 자하가 말하기를 '禮가 뒤입니까?' 공자가 말씀하시
기를 '나를 일으키는 자는 상이구나. 비로소 가히 더불어 시를 말할
수 있구나!'"("子夏ㅣ 問曰巧笑倩兮며 美目盼兮여 素以爲絢兮라하니
何謂也ㅣ잇고 子ㅣ 曰繪事ㅣ 後素ㅣ니라 曰禮ㅣ 後乎ㄴ뎌 子ㅣ 曰起
予者는 商也ㅣ로다 始可與言詩已矣로다")44)

라고 하여, 시를 통해서 자신의 도덕적 본성을 자각함으로써 예를 행
할 수 있다고 하였으니, 시가 군자의 도덕적 본성을 표현하고 있음을
알 수 있다. 또한 孔子께서는 『詩經』과 그 내용을 직접 말하시기를

"공자께서 말씀하시기를 詩 三百篇의 내용을 한마디로 요약하면
'思無邪'이다."("子ㅣ 曰詩三百에 一言以蔽之하니 曰思無邪ㅣ니라")45)
"공자께서 말씀하시기를 關雎章은 즐거우면서도 淫亂하지 않고 슬
프면서도 傷하지 않는다."("子ㅣ 曰關雎는 樂而不淫하고 哀而不傷이
니라")46)

---

44) 『論語』, 八佾.
45) 『論語』, 爲政.
46) 『論語』, 八佾.

라고 하여, 『시경』三百여 편의 내용이 바로 '思無邪(사무사)'라 하여 『시경』의 내용이 군자지도를 바탕으로 군자의 본성이 발현된 '思(생각)'에 사특함이 없음을 말한 것이고, 또한 『시경』 첫 번째 章인 주남 관저장을 논하여 '음란하지 않고 상하지 않는다.' 하여 군자의 도덕적 본성을 말하고 있다.

이상에서 공자가 『시경』을 산정한 이유가 바로 후세 사람들이 자신의 도덕적 본성을 깨우쳐 군자의 길로 살아가게 하기 위함임을 알 수 있다.

그런데 『시경』은 예악의 측면에서 인간의 정감을 중심으로 군자지도를 밝히고 있기 때문에 河圖洛書에 대하여 쉽사리 포착할 수 있는 것은 아니다. 『시경』에서 하도와 낙서에 근거를 둔 말이라 생각되는 부분을 구체적으로 고찰해 보자.

첫 번째 장인 「國風(국풍)」 周南(주남) 關雎章(관저장)에서는

> "구욱구욱 우는 물수리가 河水의 모래섬에 있도다. 얌전한 숙녀는 군자의 좋은 배필이로다."("關關雎鳩 ｜ 在河之洲 ｜ 로다 窈窕淑女 ｜ 君子好逑 ｜ 로다")[47]

라 하였는데, 여기서 '河水'가 단순히 하수의 물이 아니라 하도를 상징한다고 할 때, '하수의 모래섬에 있도다.' 한 것은 하도원리를 익히고 있음을 의미한다고 하겠다. 즉 하수에 있는 물수리는 하도로 표상되는 역도를 자각해야 유학의 이상적 인격체인 군자의 좋은 짝이 됨을 상징하는 것이다.

---

47) 『詩經』, 「國風」, 周南 關雎章.

이 외에도 '河(하)'가 하도원리를 상징하고 있는 부분이 여러 곳에 있다.[48]

魏風(위풍) 十畝章(십묘장)에서는

"열 이랑 사이에 뽕 따는 사람이 유유히 지나는 곳이니 장차 그대와 더불어 돌아가리라."("十畝之間兮여 桑者閑閑兮니 行與子還兮호리라")[49]

라 하여, '열'을 말하고 그 열 사이에서 뽕을 따는 사람들이 자기와 더불어 돌아갈 것임을 노래하였다. 여기서 '열'은 하도의 본체도수 十數를 상징하는 것이라 하겠으며, 뽕 따는 사람은, 『주역』에서 뽕나무(桑)는 巽卦로[50] 神道를 표상하기 때문에 신도인 하도낙서원리를 공부하는 사람을 상징한다고 하겠다.

「小雅(소아)」鹿鳴(녹명) 伐木章(벌목장)에서는

"나무 베는 소리 정정히 울리고 새가 울기를 앵앵하나니 깊은 계곡에서 나와 높은 나무로 올라가도다. 앵앵히 옮이여 그 벗을 구하는 소리로다. 저 새를 보건대 오히려 벗을 찾는 소리를 하는데 하물며

---

48) 『詩經』, 「國風」, 王風 葛藟章, "綿綿葛藟ㅣ여 在河之滸ㅣ로다 終遠兄弟라 謂他人父호라 謂他人父ㅣ나 亦莫我顧ㅣ로다"
「國風」, 衛風 河廣章, "誰謂河廣고 一葦杭之로다 誰謂宋遠고 跂予望之로다"
「國風」, 鄘風 君子偕老章, "君子偕老ㅣ라 副笄六珈ㅣ니 委委佗佗ㅣ며 如山如河ㅣ라 象服是宜어늘 子之不淑은 云如之何오"
「國風」, 鄘風 栢舟章, "汎彼栢舟ㅣ여 在彼中河ㅣ로다 髧彼兩髦ㅣ 實維我儀니 之死ㅣ언정 矢靡他호리라 母也天只시니 不諒人只아"
49) 『詩經』, 「國風」, 魏風 十畝章.
50) 『周易』, 「說卦」, 第十一章, "巽爲木"

사람이 벗을 구하지 않는단 말인가? 신명하고 맑게 들어주니 마침내 화평하게 되느니라."("伐木丁丁이어늘 鳥鳴嚶嚶하나니 出自幽谷하야 遷于喬木하놋다 嚶其鳴矣여 求其友聲이로다 相彼鳥矣혼대 猶求友聲이오 矧伊人矣단 不求友生가 神之聽之하야 終和且平이니라")51)

하였다. 이 부분은 『맹자』 滕文公章句上(등문공장구상)52)에서도 인용한 것으로 '나무', '새', '神' 등 河圖洛書에 근거한 표현들이 다수 등장하고 있다고 생각된다. '신'은 앞에서 살펴본 바와 같이 신명원리에 근거한 것으로 河圖洛書를 상징하며, '새'는 하늘의 뜻을 전달하는 天使(천사)를 상징한다고 하겠다.

이 밖에도 '신'에 대하여 밝힌 부분이 여러 곳에 등장하고 있다.53)

이상에서 고찰한 바와 같이 『주역』은 인도인 성명지리를 위주로 표상한 경전이기 때문에 천도를 표상하는 河圖洛書에 대해서는 은밀히 감춰 놓고 있으나 卦爻辭와 十翼의 여러 곳에서 인도의 존재근거가 되는 河圖洛書를 상징적으로 밝히고 있음을 알 수 있다.

『서경』에서는 오전으로 불리는 요전, 순전, 대우모, 고요모, 익직에서 직접 천도인 天時에 근거한 왕도정치원리를 밝히고 있으며, 홍

---

51) 『詩經』, 「小雅」, 鹿鳴 伐木章.
52) 『孟子』, 滕文公上, "吾聞出於幽谷하야 遷于喬木者ㅣ오 未聞下喬木而入於幽谷者케라"
53) 『詩經』, 「小雅」, 鹿鳴 天保章, "神之弔矣라 詒爾多福이며 民之質矣라 日用飮食이로소니 羣黎百姓이 徧爲爾德이로다"
「小雅」, 北山 大田章, "旣方旣皁하며 旣堅旣好ㅣ오 不稂不莠ㅣ어든 去其螟螣과 及其蟊賊이라야 無害我田穉니 田祖有神은 秉畀炎火ㅣ여다"
「大雅」, 文王 旱麓章, "瑟彼柞棫은 民所燎矣로다 豈弟君子는 神所勞矣로다" 등 여러 곳에서 찾을 수 있다.

범에서는 '洪範九疇'라 하여 九數로 표상되는 낙서에 근거를 두고 왕도정치원리를 밝히고 있기 때문에 河圖洛書에 대하여 상징적으로 표상하고 있다. 또한 「周書」 顧命에서는 하도를 직접 말하여 河圖洛書에 근거를 두고 유학의 왕도정치원리를 밝히고 있다.

『시경』은 禮樂의 측면에서 인간의 정감을 중심으로 군자지도를 밝히고 있기 때문에 河圖洛書에 대하여 쉽사리 포착할 수 있는 것은 아니지만, 주남 관저장·위풍 십묘장·소아 벌목장 등에서 河· 열(十) 그리고 神 등을 말하여 군자지도의 근거가 되는 천도를 표상하는 하도와 낙서에 대하여 밝히고 있음을 알 수 있다.

또한 선진유학 경전에는 『주역』이 표상하는 역도를 근거로 일관된 논리체계가 있음을 알 수 있었다. 즉 선진유학 경전은 『주역』에 형이상학적 근거를 두고 『서경』은 군자의 대외적 실천인 왕도정치원리를 말하고 『시경』은 군자의 내면적 정감을 노래하여 올바른 인간 삶의 길인 군자지도를 밝히고 있다고 하겠다.

## 2. 하도낙서원리와 四書

하도낙서원리의 내용인 역수원리를 중심으로 밝힌 『정역』에서는 그 첫머리인 大易序에서 孔子와 孟子에 대하여 "오호라 성스럽구나 孔夫子 성인이시여 文과 學의 으뜸 어른은 孔夫子시고 정치의 으뜸 어른은 孟子시니 오호라 양 夫子께서는 만고의 성인이시니라."[54]라고 하여 『정역』이 선진 성학 경전과 별개의 學이 아니라 孔子와 孟子가 집대성한 선진 성학을 계승한 것임을 밝히고 있다.

그리고 『정역』에서는 易道의 근본원리인 三極之道를 논하면서 无極之无極原理를 말하고 이것이 孔子의 道라고 하여 『정역』의 三極之道가 공자의 道를 계승하였음을 다음과 같이 밝히고 있다.

"오호라 지극하구나 무극지무극이여 孔夫子께서 말씀하지 않으신 바이니 말씀하시지 않으면서도 믿은 것은 그것이 부자의 도이기 때문이다. 일생 동안 易道를 연구하여 기뻐하시어 十으로 드리우시고 一로 관통하시니 진실로 만세의 스승이시다."("嗚呼至矣哉라 无極之无極이여 夫子之不言이시니라 不言而信은 夫子之道시니라 晚而喜之하사 十而翼之하시고 一而貫之하시니 儘我萬世師신져")[55]

위의 인용문에서 '十而翼之(십이익지)'는 『주역』의 十翼의 의미와 함께 河圖의 倒生逆成作用原理를 말한 것이며, '一而貫之(일이관지)'는 『논어』의 문장에 나타난 夫子의 道를 의미함과 동시에 洛書의 逆生倒成作用原理를 의미하는 것이다. 즉 '十而翼之'와 '一而貫之'는 河圖洛書의 倒逆生成作用原理를 말하는 것으로 『논어』가 逆生倒成作用原理를 중심으로 쓰인 경전임을 밝힌 부분이라 하겠다.

또한 河圖의 倒生逆成作用과 洛書의 逆生倒成作用은 체용의 관계로 十翼을 내용으로 하는 『주역』과 '一而貫之'를 말씀한 『논어』가 서로 체용의 관계임을 알 수 있는 것이다. 『주역』과 『논어』가 체용

---

54) 金恒, 『正易』, 大易序, "嗚呼聖哉라 夫子之聖乎여 文學宗長은 孔丘是也시요 治政宗長은 孟軻是也시니 嗚呼라 兩夫子시여 萬古聖人也시니라"
55) 『正易』, 十五一言, 第二張.

의 관계 이듯이 『주역』과 四書의 관계는 서로 체용의 관계라 할 수 있다. 이것은 『주역』이 표상하고 있는 三才之道를 근거로 四書에서는 君子之道의 학문방법과 실천에 대하여 구체적으로 밝히고 있기 때문이다. 그런데 天道인 역수원리를 표상하는 하도낙서원리에 근거하여 人道인 성명지리가 형성되었기 때문에 『주역』과 『정역』 또한 체용의 관계라 하겠다.

따라서 『주역』에 근거를 둔 四書도 역시 天道인 역수원리를 표상하는 하도낙서원리를 밝힌 『정역』에 바탕을 두고 이해돼야 할 것이다.

이에 四書가 君子之道를 중심으로 밝히면서 그 裏面에는 君子之道의 근거가 되는 河圖洛書原理라 생각되는 부분을 구체적으로 고찰해 보도록 하겠다.


## 1) 『논어』에 나타난 하도낙서

『논어』는 공자의 언행을 기록한 경전으로 군자의 학문원리를 중심으로 人道를 표상하고 있기 때문에 그 존재 근거인 河圖와 洛書에 대해서 여러 곳에서 말씀하고 있다.

堯曰篇에서는 '天之曆數'[56]라고 하여 직접 '曆數'를 말씀하고 있으며, 子罕에서는 "공자께서 말씀하시기를 鳳凰이 이르지 않고 河에서 圖가 나오지 않으니 내 그칠 것인져"[57]라고 하여 河圖를 직접 말씀

---

56) 『論語』, 堯曰, "堯曰咨爾舜아 天之曆數ㅣ 在爾躬이니 允執其中하라 四海困窮하면 天祿이 永終하리라"
57) 『論語』, 子罕, "子ㅣ 曰鳳鳥ㅣ 不至하며 河不出圖하니 吾已矣夫인뎌"

하시면서, '河에서 圖가 나오지 않으니 내 그칠 것인져.' 하여 河圖原理가 드러나지 않아 공자 자신의 道가 그칠 것이라 하였던 것이다.

먼저 4번째 장인 里仁에서는

　　"曾參아! 나의 道는 一로써 관통하니라."("子ㅣ 曰參乎아 吾道는 一以貫之니라")[58]

라 하여, 夫子의 道가 一로써 관통한다고 하였다. 여기서 '一'은 '하나'라는 계산수의 의미가 아니라 철학적 원리를 나타내는 理數임을 생각할 때, 理數에 의해 표상되는 河圖·洛書를 유추할 수 있을 것이다. 따라서 여기서 一은 河圖·洛書에서의 '一太極'을 가리키는 것으로 이해하여 부자의 道가 河圖·洛書에 근원하였음을 밝히고 있다고 미루어 생각할 수 있을 것이다.[59]

2번째 장인 爲政에서는

　　"공자께서 말씀하시기를 나는 十五에 學에 뜻을 두고, 三十에 立하고, 四十에 不惑하고, 五十에 天命을 알고, 六十에 耳順하고, 七十에 마음이 하고자하는 바를 좇아도 법도를 넘어서지 않았다."("子ㅣ 曰吾ㅣ 十有五而志于學하고 三十而立하고 四十而不惑하고 五十而知天命하고 六十而耳順하고 七十而從心所欲하야 不踰矩호라")[60]

---

58) 『論語』, 里仁.

59) 孔子께서는 衛靈公篇에서도 직접 "曰非也ㅣ라 予는 一以貫之니라"하여 一로서 道를 관통하였음을 말씀하고 있다.

60) 『論語』, 爲政.

라고 하여, 공자께서는 數를 가지고 인생의 의미를 밝히고 있다. 十有五는 河圖와 洛書의 본체수이고, 三十은 一月의 政事이고, 四十은 사상작용수 총합이며, 五十은 大衍之數이며, 六十과 七十도 모두 理數의 의미라고 하겠다. 大衍之數 五十에 대해서는 여러 번 말씀하고 있는데, 7번째 장인 述而에서는

　　"공자께서 말씀하시기를 나에게 數年을 더해서 五十으로써 學易하면 가히 大過는 없을 것이리라."("子ㅣ 曰加我數年하야 五十以學易이면 可以無大過矣리라")61)

라고 하여, 五十의 大衍之數로서 易學을 배우면 大過는 없다고 하였다. 위에서 말씀한 '五十而知天命'은 역학을 공부하여 天命을 자각하게 됨을 알 수 있다. 또한 9번째 장인 子罕에서는

　　"공자께서 말씀하시기를 後生은 가히 두려우니 어찌 來者가 지금같지 못함을 알겠는가? 四十五十이 명성이 없으면 이것은 또한 족히 두렵지 않으니라."("子ㅣ 曰後生이 可畏니 焉知來者之不如今也ㅣ리오 四十五十而無聞焉이면 斯亦不足畏也已이니라")62)

라고 하여, 四十五十의 洛書에 통하지 않으면 가히 두려워할 바가 없다고 하였다.
　　첫 번째 장인 學而에서는

---

61) 『論語』, 述而.
62) 『論語』, 子罕.

"曾子가 말하기를 마침을 삼가고 멀리를 追求하면 백성의 德이 돌아옴이 두터울 것이다."("曾子曰ㅣ 愼終追遠이면 民德이 歸厚矣리라")[63]

라 하였다. 이에 대한 일반적인 해석은 "愼終은 初喪에 禮를 다하는 것이고, 追遠은 祭祀에 그 정성을 다하는 것이다."[64]고 하였으나, 논자가 보는 견지에서 '終'은 時間性의 原理의 구조와 내용인 終始性의 終으로 미래에 있을 마지막을 의미하며, '遠'은 '멀다'·'아득하다'는 뜻으로 과거에 있은 근원적인 뜻을 말하는 것으로 이해하여, '愼終追遠(신종추원)'은 終始原理를 삼가고, 과거의 근원자리인 태초의 뜻을 추구한다는 것으로 해석하여 河圖·洛書가 표상하고 있는 時間性의 原理를 밝히고 있다고 생각된다.

5번째 장인 公冶長에서는

"대답해서 말하기를 賜는 어치 감히 回를 바라겠습니까? 顔回는 一을 들어서 十을 알고 賜는 一을 들어서 二를 아는 것입니다."

이라 하였는데, '一'은 洛書 작용의 출발점으로 洛書의 의미이며, '十'은 十數原理로 河圖를 상징하는 것으로 顔回가 易道를 자각했음을 알 수 있다. 이 외에도 十數를 말씀하고 있는 여러 곳을 찾을 수 있다.[65]

『논어』에서는 '鬼神'을 몇 곳에서 이야기하고 있는데, 『논어』의

---

63) 『論語』, 學而.
64) 朱子, 『論語集註』, 學而註, "愼終者喪盡其禮追遠者祭盡其誠"
65) 『論語』, 公冶長, "陳文子ㅣ 有馬十乘이러니 棄而違之하고" 泰伯, "武王이 曰予有亂臣十人호라"

'鬼神'은 『주역』에서 밝히고 있는 變化之道의 인격적 표현인 鬼神의 의미임을 알 수 있다.66) 또한 '龜'도 한 곳에서 밝히고 있다.67)


## 2) 『맹자』에 나타난 하도낙서

다음으로 『맹자』에서 표상되고 있는 河圖와 洛書에 대하여 고찰해 보면 다음과 같다.

『맹자』는 왕도정치원리를 중심으로 밝히고 있기 때문에 왕도정치의 주체인 군자의 본성으로서 性善과 四端을 말씀하고, 본성의 근거인 天道를 밝히고 있다. 이를 盡心章上에서는 "그 마음을 다하는 사람은 그 본성을 알게 되니 그 본성을 안 즉 天道를 알게 되는 것이라."68)라고 한 것이다.

따라서 『맹자』에서는 왕도정치원리의 존재 근거로서 天道를 표상하고 있는 河圖와 洛書에 대하여 말씀하고 있음을 알 수 있다.

먼저 왕도정치의 근거가 되는 天地之道에 대하여 7번째 장인 離婁章上에서는

---

66) 『論語』, 雍也, "樊遲ㅣ 問知한대 子ㅣ 曰務民之義오 敬鬼神而遠之면 可謂知矣니라"
　　泰伯, "子ㅣ 曰禹는 吾無間然矣로다 菲飮食而致孝乎鬼神하시며……"
　　先進, "季路ㅣ 問事鬼神한대 子ㅣ 曰未能事人이면 焉能事鬼리오"
67) 『論語』, 季氏 "且爾言이 過矣로다 虎兕ㅣ 出於柙하며 龜玉이 毁於櫝中이 是誰之過與오"
68) 『孟子』, 盡心章上, "孟子ㅣ 曰盡其心者는 知其性也ㅣ니 知其性則知天矣니라"

"規矩는 方圓의 지극함이요 聖人은 人倫의 지극함이다."("規矩는 方圓之至也ㅣ오 聖人은 人倫之至也이라")[69]

라 하여, '方圓(방원)'을 밝히고 있다. '方圓'은 河圖와 洛書를 통하여 표상되는 天地之道를 의미하는데, '圓'은 終始原理로 天道를 상징하며, '方'은 空間原理로서 地道를 상징하고 있다고 하겠다. 圓과 方이 天地之道를 표상하고 있음을 『주역』에서는 "시초의 德은 원만하고 신명한 것이며, 卦의 덕은 방정하고 지혜로운 것이며"[70]라고 하여 앞 장에서 고찰한 바와 같다.

첫 번째 장인 梁惠王章上에서는

"갑옷을 버리고 병장기를 끌고 달아나되 혹은 百步 이후에 그치고 혹은 五十步 이후에 그쳐서 五十步로 百步를 비웃으면 어떡합니까."("棄甲曳兵而走호대 或百步而後에 止하며 或五十步而後에 止하야 以五十步로 笑百步則何如하니잇고")[71]

라고 하였는데, '五十步'와 '百步'는 大衍之數 五十과 河圖・洛書의 合德數 百을 상징하는 理數를 근거로 하여 大衍之數와 百數가 같은 원리를 표상하고 있음을 말씀하고 있다. 『孟子』에서는 여러 곳에 五十과 百數를 말씀하고 있는데 이것은 산술적인 계산수의 의미보다는 철학적인 理數의 의미로 해석해야 할 것이다.[72] 왜냐하면 맹자

---

69) 『孟子』, 離婁章下.
70) 『周易』, 「繫辭上」, 第十一章, "蓍之德 圓而神 卦之德 方以知"
71) 『孟子』, 梁惠王章上.
72) 『孟子』, 梁惠王章上, "孟子ㅣ 對曰地方百里而可以王이니이다" "曰吾ㅣ

는 선진 성학을 집대성한 孔子之道를 그대로 계승하여 선진 성학의 왕도정치원리를 종합적으로 밝히고 있기 때문이다. 13번째 장인 盡心章上에서는

"五畝의 집 담장 아래에 뽕나무를 심고 부인이 누에를 치면 늙은이는 비단옷이 족하며, 다섯 마리의 암컷 닭과 두 마리의 암컷 돼지가 그때를 잃지 않으면 늙은이는 족히 고기를 잃지 않으며, 百畝의 밭에 지아비가 밭 갈면 여덟 식구의 가정이 가히 굶주리지 않을 것이니라."("五畝之宅애 樹墻下以桑하야 匹婦ㅣ 蠶之則老者ㅣ 足以衣帛矣며 五母鷄와 二母彘를 無失其時면 老者ㅣ 足以無失肉矣며 百畝之田을 匹夫ㅣ 耕之면 八口之家ㅣ 可以無饑矣리라")[73]

라고 하여, '五畝', '五母', '二母', '百畝', '八口' 등을 말씀하고 있다. 이 인용문은 첫째 장인 梁惠王章上에도 비슷한 문장을 두 번이나 말씀하여 왕도정치에서 경제의 중요성을 강조한 것으로 경제원리의 근거가 河圖·洛書에 있음을 밝힌 것이라 하겠다. 五畝는 洛書의 本體數이고, 五母와 二母를 相乘하면 十數가 되어 河圖의 本體數가 되며, 百畝는 河圖와 洛書가 合德된 數이다. 아울러 八口는 여덟 식구로 『주역』에서는 乾(☰)坤(☷)卦를 父母로 말씀하고, 震(☳)巽(☴)坎(☵)離(☲)艮(☶)兌(☱)를 六子女卦로 말씀하여 온 우주의 식구가 여덟 식구임을 밝히고[74] 있는 것과 일치한다.

---

力足以擧百鈞而不足以擧一羽하며", 公孫丑章上, "且以文王之德으로 百年而後崩하사되 猶未洽於天下ㅣ어시든" 등 여러 곳에서 百數를 말씀하고 있다.

73) 『孟子』, 盡心章上.

또한 6번째 장인 滕文公章下에서는

"뒤에 수 十乘의 수레와 따르는 사람 수 百人으로 諸侯에게 傳食
하는 것이 또한 사치가 아닙니까."("後車數十乘과 從者數百人으로 以
傳食於諸侯ㅣ 不以泰乎ㅣ잇가")75)

라고 하였는데, 十乘은 河圖의 本體數를 상징하며, 百人은 河圖와 洛
書의 合德數를 상징한다고 하겠다. 이 외에도 十數에 대해서는 여러
곳에서 말씀하고 있다.76)

13번째 장인 盡心章上에서는

"孟子가 말씀하기를 함이 있는 사람이 비유하건데 井을 파는 것과
같으니 井을 아홉길 파고 샘에 미치지 못하면 오히려 井을 버리는 것
이니라."("孟子ㅣ 曰有爲者ㅣ 辟若掘井하니 掘井九軔而不及泉이면 猶
爲棄井也니라")77)

---

74) 『周易』,「說卦」, 第十章, "乾 天也 故 稱乎父 坤 地也 故 稱乎母 震
一索而得男 故 謂之長男 巽 一索而得女 故 謂之長女 坎 再索而得男
故 謂之中男 離 再索而得女 故 謂之中女 艮 三索而得男 故 謂之少
男 兌 三索而得女 故 謂之少女"

75) 『孟子』, 滕文公章下.

76) 『孟子』, 滕文公章上, "文公이 與之處하시니 其徒數十人이"
滕文公章下, "良이 曰請復之호리라 彊而後可ㅣ라하야늘 一朝而獲十禽
하고"
告子章上, "雖有天下易生之物也ㅣ나 一日暴之오 十日寒之년 未有能生
者也ㅣ니"

77) 『孟子』, 盡心章上.

라고 하여, '井'과 '九軔'을 말씀하고 있다. 井과 九軔은 九數를 상징하는 洛書이며, 洛書의 九數까지 익히고 河圖의 十數까지 도달하지 못하면 우물을 버리는 것이라고 비유적으로 말씀하고 있다. 井은 『주역』의 48번째 卦인 水風井卦(䷯ 수풍정괘)와 직접 관련된 것으로 九五爻에서는 "九五에서 말하기를 우물에서 차고 시원한 물을 먹는 것이로다."[78]라 하여 진리를 自覺하는 것을 우물에서 차고 시원한 물 마시는 것으로 비유하고 있다. 또한 『맹자』에서 왕도정치원리의 내용에서 경제정책으로 말씀하고 있는 '井田制'도 洛書原理에 근거하여 왕도정치를 실천해야 함을 밝힌 것이지 구체적으로 논밭을 井田으로 구획하는 것에 그치지 않는다고 하겠다.

8번째 장인 離婁章下에서는 다음과 같이 밝히고 있다.

"하늘이 높고 星辰이 멀리 있으나 진실로 그 緣故를 구하면 千年 이후의 동짓날도 가히 앉아서 이를 수 있느니라."("天之高也와 星辰之遠也ㅣ나 苟求其故면 千歲之日至를 可坐而致也ㅣ니라")[79]

즉 天과 星辰의 운행원리인 日月之道(時間性의 原理)를 자각하면 천년 이후의 冬至도 앉아서 推衍할 수 있다고 한 것이다. 盡心章에서는

"무릇 군자는 지나가는 곳을 敎化하며 마음에 보존하는 것은 神이라. 上下가 天地와 더불어 흐르나니 어찌 작은 보탬이라 하겠는가?" ("夫君子는 所過者化하며 所存者神이라 上下與天地同流하나니 豈曰

---

78) 『周易』, 「水風井卦」, "九五曰 井冽寒泉食"
79) 『孟子』, 離婁章下.

小補之哉리오")[80]

"성스럽고 가히 알지 못하는 것을 神이라고 이른다."("聖而不可知
之之謂神이니")[81]

라 하였다. 즉 군자는 자기 마음속의 神明(河圖·洛書)을 보존하고
백성들을 인격적 세계로 교화하는 사명이 있다 하겠다. 이것은 성스
럽고 알기 어려운 神의 원리인 形而上·下의 세계를 깨우쳐 天地之
道와 더불어 하나로 行하는 것임을 밝히고 있는 것이다.


### 3) 『대학』과 『중용』에 나타난 하도낙서

다음으로 『대학』과 『중용』에 나타난 河圖와 洛書에 대하여 고찰
해 보면 다음과 같다.

먼저 『대학』은 三綱領과 八條目으로 구성되어 왕도정치를 중심으
로 君子之道의 실천론을 말씀하고 있다. 따라서 군자지도의 근거인
天地之道에 대하여 밝히고 있다.

『대학』에서는 첫 장에서부터

"物에는 本末이 있고, 事에는 終始가 있으니 그 先后하는 바를 알
면 道(易道)를 自覺하게 된다."("物有本末하고 事有終始하니 知所先
后ㅣ면 則近道矣리라")[82]

---

80) 『孟子』, 盡心章上.
81) 『孟子』, 盡心章下.
82) 『大學』, 經一章.

라고 하여, 人道인 공간성의 원리는 '物有本末'이라 하고, 天道인 시간성의 원리는 '事有終始'라 말씀하여 人道의 근거인 天道로써 終始原理를 밝히고 있다. 그리고 八條目에서 '誠意'를 풀이한 제6장에서는

"曾子가 말하기를 열 눈이 보는 바이며 열 손이 가리키는 바이니 그 엄한 것인져."("曾子ㅣ 曰十目所視며 十手所指니 其嚴乎인뎌")[83]

라고 하였는데, '十目'과 '十手'는 河圖의 十數原理를 상징하는 것으로 天地之道가 인간 본성으로 내재화된 것인 성의임을 밝히고 있다. 마지막 장에서는

"이른바 천하를 공평히 함이 그 나라를 다스림에 있다는 것은, 윗사람이 늙은이를 늙은이로 대우함에 백성들이 효를 흥기하며, 윗사람이 어른을 어른으로 대우함에 백성들이 공경함을 흥기하며, 윗사람이 고아를 구휼함에 백성들이 저버리지 않는다. 이로써 君子는 矩를 재는 道가 있는 것이다."("所謂平天下ㅣ 在治其國者는 上이 老老而民이 興孝하며 上이 長長而民이 興弟하며 上이 恤孤而民이 不倍하나니 是以로 君子는 有絜矩之道也니라")[84]
"윗사람에게서 싫었던 것으로써 아랫사람을 부리지 말며, 아랫사람에게서 싫었던 것으로써 윗사람을 섬기지 말며, 앞사람에게 싫었던 것으로써 뒷사람에게 더하지 말며, 뒷사람에게서 싫었던 것으로써 앞사람에게 따르지 말며, 오른쪽에게서 싫었던 것으로써 왼쪽에게 사귀

---

83) 『大學』, 傳之六章.
84) 『大學』, 傳之十章.

지 말며, 왼쪽에게서 싫었던 것으로써 오른쪽에게 사귀지 말 것이니, 이것을 일러 矩를 재는 道라고 하는 것이다.”(“所惡於上으로 毋以使下하며 所惡於下로 毋以事上하며 所惡於前으로 毋以先後하며 所惡於後로 毋以從前하며 所惡於右로 毋以交於左하며 所惡於左로 毋以交於右ㅣ此之謂絜矩之道也니라”)85)

라고 하였다. 여기서 絜矩之道(혈구지도)는 앞의 『맹자』에서 고찰한 그림쇠로 그리는 원과 곱자로 그리는 방의 이치를 의미하는 것이다.86) 즉 '矩'는 '規矩'의 矩로 方을 그리는 것으로 洛書를 상징하며, '絜'은 '헤아리다'·'재다'는 의미로 時間的으로 헤아리는 것임으로 '規'의 의미라고 하겠다. 그리고 絜矩의 '道'라고 하여 계량적인 도구인 꺾자나 그림쇠를 의미하는 것이 아니라 形而上의 원리를 상징하는 것임을 알 수 있다. 『맹자』에서 밝히고 있는 그림쇠와 곱자가 원과 방을 그리는 도구이지만, 그 상징적인 뜻이 있음을 생각할 수 있다. 즉 원은 시간성 원리인 天道를 상징한다면, 방은 공간성 원리인 地道를 상징하는 것이기 때문에 '絜矩之道'는 곱자로 표상되는 方의 공간성 원리를 중심으로 밝히고 있음을 알 수 있다. 이것은 『대학』이 공간성의 원리에 근거한 왕도정치원리를 표상하고 있기 때문이다. 또한 시간과 공간이 체용의 관계이듯이 天圓이 體가 되어 地方으로 작용함을 알 수 있다.87)

---

85) 『大學』, 傳之十章.
86) 『孟子』, 離婁章句上, “孟子ㅣ 曰規矩는 方圓之至也요 聖人은 人倫之至也니라”
87) 천지의 다른 개념이 '宇宙'인데 '宇'는 上下四方의 공간을 나타내고, '宙'는 古今往來의 시간을 표상하고 있다. 또한 『천자문』 첫머리의 '天

따라서 『대학』의 마지막 장에서 絜矩之道를 말씀하여 大學之道가 天地之道를 표상하는 河圖와 洛書에 근거하고 있음을 밝힌 것이라 하겠다.

한편, 『중용』에서는 '中庸'을 '時中'이라[88] 하여 시간적 측면에서 中庸之道를 말씀하고 있으며, 인간의 본성을 중심으로 군자지도를 밝히고 인간 본성의 근거인 天地之道에 대하여 말씀하고 있다.

먼저 河圖와 洛書를 상징하는 '鬼神'에 대하여 다음과 같이 밝히고 있다.

> "공자께서 말씀하시기를 鬼神의 德 됨이 성대하구나!"("子ㅣ 曰鬼神之爲德이 其盛矣乎인뎌")[89]
>
> "그러므로 君子之道는 몸에 근본을 두어 庶民에게 징험하며 三王에 고증하여 그릇되지 않으며, 天地를 세워도 어그러지지 않으며, 鬼神에게 質正하여도 의심이 없으며, 百世에 聖人을 기다려도 의혹되지 않는 것이라 …… 鬼神에게 質正하여도 의심이 없는 것은 天道를 아는 것이요, 百世에 성인을 기다려도 의혹되지 않음은 사람을 아는 것이다."("故로 君子之道는 本諸身하야 徵諸庶民하며 考諸三王而不謬하며 建諸天地而不悖하며 質諸鬼神而無疑하며 百世以俟聖人而不惑이니라 …… 質諸鬼神而無疑는 知天也요 百世以俟聖而而不惑은 知人也니라")[90]

---

地玄黃'도 하늘의 세계는 시간성 원리로 가물가물하여 아득하며, 땅의 세계는 공간성 원리로 누렇다고 하여 공간을 상징적으로 밝힌 것이다. 즉 동양철학에서는 '天圓地方(천원지방)'이라 하여 천도는 원으로 상징하고, 地道는 方으로 상징됨을 밝히고 있다.

88) 『中庸』, 第二章, "君子之中庸也는 君子而時中이오"
89) 『中庸』, 第十六章.
90) 『中庸』, 第二十九章.

즉 '鬼神'을 德이 있는 인격적인 존재의 원리로 말씀하고, '鬼神에 質正하여 의심이 없는 것이 天道를 아는 것'이라 하여 天道의 인격성을 鬼神으로 말씀한 것임을 알 수 있다. 앞 장에서 논급한 바와 같이 『주역』「계사상」제9장에서는 天道를 표상하는 河圖와 洛書가 변화를 이루는 所以며 鬼神을 行하는 所以(原理)라고 하였던 것이다.91) 그리고 '百世'의 百은 河圖洛書의 體用合德數를 의미한다. 河圖洛書의 체용합덕수와 작용에 대하여 제20장에서는

"다른 사람이 한 번에 능히 하면 나는 백 번 하며 다른 사람이 열 번에 능히 하거든 나는 천 번 한다."("人一能之어든 己百之하며 人十能之어든 己千之니라")92)

라고 하여, 三極之道의 一太極을 상징하는 一과 十无極을 상징하는 十을 밝히고, 河圖洛書의 체용합덕수인 百을 근거로 말씀하고 있는 것이다.

또한 하도의 順작용원리에 대하여

"공자께서 말씀하시기를 부모는 그 順하구나!"("子ㅣ 曰父母는 其順矣乎신뎌")93)

라고 하여, 군자는 천지부모의 마음에 감응하여 순의 방향으로 살아

---

91) 『周易』, 「繫辭上」, 第九章, "凡天地之數 五十有五 此 所以成變化 而行鬼神也"
92) 『中庸』, 第二十章.
93) 『中庸』, 「第十五章」.

가야 함을 밝히고, 천하와 국가를 다스리는 왕도정치에 대하여

> "무릇 천하와 국가를 다스리는 데는 九經이 있으니 무릇 행하는 것
> 은 一이다."("凡爲天下國家ㅣ 有九經하니 凡以行之者는 一也ㅣ니라")94)

라고 하여, 천하와 국가를 다스리는 것은 九經에 근거하여 一로부터
행하는 것이라 하여, 洛書原理에 의해 왕도정치가 행해짐을 밝힌 것
이다. 洛書의 九數原理에 근거한 왕도정치원리는 선진 성학에서 왕
도정치원리의 대체를 밝히고 있는 『서경』의 '洪範九疇'와 일치한다
고 하겠다.
  또한 『중용』의 근본적인 개념인 '誠(성)'에 대해서도

> "蓍와 龜에서 기미를 보아 四體를 움직이는 것이라 …… 고로 지극
> 한 誠은 神과 같은 것이다."("見乎蓍龜하며 動乎四體라 …… 故로 至
> 誠은 如神이니라")95)
> "지극한 誠의 도는 가히 먼저 아는 것인 국가가 장차 흥함에 반드
> 시 곧고 상스러움이 있으며, 국가가 장차 망함에 반드시 요망스런 재
> 앙이 있어서 蓍와 龜에서 나타나며"("至誠之道는 可以前知니 國家將
> 興에 必有禎祥하며 國家將亡에 必有妖孼하야 見乎蓍龜하며")96)
> "誠이라는 것은 天의 道이다."("誠者는 天之道也요")97)
> "誠이라는 것은 物의 終始이니"("誠者는 物之終始니")98)

---

94) 『中庸』, 第二十章.
95) 『中庸』, 第二十四章.
96) 『中庸』, 第二十四章.
97) 『中庸』, 第二十章.
98) 『中庸』, 第二十五章.

라고 하여, 誠을 '著', '龜', '神', '終始', '天道'로 규정하고 있다. 앞에서 고찰한 바와 같이 '著'와 '龜'는 河圖와 洛書를 상징하는 것으로 河圖洛書에 근거하여 인간이 행동하는 것이며, 誠은 物의 終始原理이기 때문에 時間性의 原理인 天道로 규정한 것이다.

이상에서 고찰한 바와 같이 四書는 君子之道를 중심으로 『논어』는 군자의 학문원리를, 『맹자』와 『대학』은 군자의 실천원리인 왕도정치를, 『중용』은 時中之道인 군자의 본성을 밝히고 있기 때문에 그 존재 근거가 되는 天地之道를 표상하는 河圖와 洛書를 말씀하고 있음을 알 수 있다.

# 제 7 장

## 하도낙서원리와 한국 성리학[1]

## 1. 퇴계역학에 나타난 하도낙서

　퇴계의 역학사상은 그의 저서『啓蒙傳疑(계몽전의)』에서 체계적으로 전개되고 있다.

　『계몽전의』는『易學啓蒙(역학계몽)』의 체계에 따라 '本圖書(본도서), 原卦劃(원괘획), 明蓍策(명시책), 考變占(고변점)'의 순서로 그 항목을 배열하고, 河圖洛書와 卦象의 오묘한 뜻을 밝혀 蓍數推衍(시수추연)의 이법을 상세히 설명하였으며,『역학계몽』의 은미한 뜻을 드러내는 한편, 易道의 새로운 경지는 계발하고 있다.[2] 즉 퇴계

---

1) 본 장에서는 한국 성리학을 대표하는 퇴계와 율곡을 중심으로 河圖洛書에 대하여 고찰해 보자 한다. 다른 先儒들의 역학에 나타난 河圖洛書에 관한 연구는 다음 기회로 미루고자 한다.

2) 유남상, 「李退溪之啓蒙傳疑硏究」,『近世儒學與退溪學國際學術會議論文集』, 第四輯, 臺灣國立師範大學, 1979, 281쪽 참조.

는 송대 圖書易學을 집성한 주자의 河圖洛書와 선후천역에 대한 탐구를 통해 자신의 역학체계 안에서 통합하여 易道를 밝히고, 천하 만물의 당연법칙과 소이연의 법칙인 理(리)의 철학적 체계를 밝히고자 하였다.

그러면 퇴계역학에 나타난 河圖洛書에 대하여 구체적으로 고찰해 보자.

먼저 퇴계는 門人인 鄭子中(정자중)에게 보낸 글에서

> "河圖洛書에 이르러서는 이것이 곧 理數의 근원이고 성인이 『주역』 「계사」에서 이미 분명히 말씀하셨으니, 이것을 버리고 역을 배울 수 없다는 것은 분명한 일이다."("至於河圖洛書, 乃理數之原, 聖人於繫辭旣明言之, 其不可舍此而學易, 明矣")3)

라고 하여, 『주역』 「계사」에서 말씀한 河圖洛書에 근원하여 자신의 역학적 체계를 세웠음을 분명하게 밝히고 있다. 즉 퇴계철학은 河圖洛書로 표상되는 天地之數에 근원하고 있음을 밝힌 것이다.

먼저 퇴계는 河圖洛書에 대하여 "河圖洛書의 상서로움이 나타나면서 복희씨와 하우씨가 이것으로 인하여 『주역』과 홍범을 지으시니 …… 이로 말미암아 보건데 河圖洛書의 저작은 모두 하늘의 뜻(天意)에서 출현한 것이고 반드시 聖人이 지은 然後에 비로소 이루어지는 것이다."4)라 하고, "하늘은 말이 없으니 河圖洛書의 출현으로

---

3) 『退溪全書』, 권25, 書, 答鄭子中別紙.
4) 『退溪全書』, 권41, 雜著, 天命圖說後敍附圖, "河洛呈瑞, 羲禹因之而作易範, …… 由是觀之, 圖書之作, 皆出於天意而必有聖賢者作, 然後始可爲也"

부터 성인이 그것으로 인하여 卦爻를 지으니 易道가 비로소 천하에 드러나게 된 것이다."5)라고 하여 河圖洛書를 통해 말이 없는 하늘의 뜻을 표상함으로써 천하에 易道가 드러나게 됨을 밝히고 있다.

그리고 河圖에 대하여 "말하기를 氣는 二이고 운행은 五이니 一三五七九는 陽의 운행이며 二四六八十은 陰의 운행이니 二는 五가 아니면 능히 변화할 수 없고 五는 二가 아니면 능히 스스로 운행할 수 없으니 五라는 것은 五行이다. 天地陰陽이 待對의 定體이고 一로부터 十까지는 陰陽이 流行하는 次序를 말한 것이니 이것에 의거한 즉 합덕운행(行合)하는 것이다. 다만 이것은 生數 一二三四五가 成數 六七八九十로 합덕된 것을 이른 것이니 모두 數의 流行이 이어서 차례하고 합덕하는 것이다 그러므로 합덕운행이라 이른다."6)라고 하여 河圖는 一·六, 二·七, 三·八, 四·九, 五·十이 각각 合德하여 운행하는 원리를 표상하는 '河圖行合說(하도행합설)'을 밝히고 있다.

洛書에 대하여는 "즉 모두 이르기를 北東의 六八은 陰數로 그 떳떳함을 지키는 까닭에 바뀌지 않고 西南의 七九는 陽數로 변화에 통하는 까닭에 서로 옮겨 가니 두 가지 說이 다른 것은 대개 주자는 生數를 위주로 말한 것이고 玉齋胡(옥재호)씨는 成數를 위주로

---

5) 『退溪全書』, 권7, 箚, 進聖學十圖箚幷圖, "天無言語, 自河洛圖書之出, 聖人因作卦爻而道始見於天下矣"

6) 退溪, 『啓蒙傳疑』, 本圖書第一, 河圖行合節, "曰氣有二而行有五, 一三五七九者陽之行也, 二四六八十者陰之行也, 二非五不能變化, 五非二不能自行, 五者, 五行也, 天地陰陽待對之定體, 自一至十者, 陰陽流行之次序云云 據此則行合, 只是謂以生數一二三四五, 合成數之六七八九十, 皆以數之流行次第而合, 故云行合"

말한 까닭이다. 그러나 그 돌아가는 요체는 두 가지 說이 서로 기다리는 것이니 그 뜻의 시작은 갖춰진 것이다."[7]라고 하여 洛書 도상에 대한 선유들의 諸說에 대하여 비평하면서 北東의 六水·八木은 河圖 도상의 위치와 바뀌지 않고, 南西의 七火·九金은 변화하여 통하게 됨을 밝히고 있다.

퇴계가 河圖 도상에서 밝힌 '河圖行合說(하도행합설)'은 河圖가 天地陰陽合德原理를 위주로 표상한 것임을 분명하게 천명한 것이며, 洛書 도상에서 밝힌 南西가 서로 변하여 통하는 '南西通變說(남서통변설)'은 퇴계역학의 독창성과 우수성을 보여주는 '金火相爲用(금화상위용)'의 원리를 밝히는 데 기초가 되었다고 하겠다.

한편 河圖洛書와 『주역』의 卦象과 관계에 대하여

"八卦는 (河圖의) 十數를 온전히 쓰지 않았으니 이 말은 곧 河圖로써 八卦를 그었다는 것이다."("八卦全不用十, 此言則圖以畫卦也")[8]

"또한 성인이 하도로 인하여 괘를 긋고 낙서에 인하여 구주를 펴니라 하였으니 …… 그것은 洛書에 인하여 洪範九疇의 차례가 정해졌다는 뜻이다."("亦云聖人因河圖而畫卦, 因洛書而敍疇 …… 其於因書敍疇之意")[9]

라고 하여, 『주역』의 八卦가 河圖에 근거하고 있으며, 왕도정치원리

---

7) 退溪, 앞의 책, 本圖書第一, 三同二異節, "則皆謂北東六八, 陰守其常故不易, 南西七九, 陽主通變故互遷, 二說不同者, 蓋朱子主生數而言, 胡氏主成數而言故也, 然要其歸, 兩說相須, 其義始備"
8) 退溪, 앞의 책, 本圖書第一, 河圖行合節.
9) 退溪, 앞의 책, 本圖書第一, 玉齋圖書之象 當位不協卦 不當位協卦之辯節.

를 밝힌 『서경』의 홍범구주가 洛書에 근거하고 있음을 밝힌 것이다. 또한 『주역』의 卦象이 河圖洛書에 근거하고 있음을 다음과 같이 밝히고 있다.

> "하물며 괘는 數에 근원하고 卦가 이루어진 이후에 방위가 나누어 배치된다."("況卦源於數, 卦成之後, 分配方位")[10]
>
> "내가 살펴보건대 이 장은 수로 인하여 괘가 나누어지는 것이 최고로 요긴한 뜻이 된다."("滉按此章, 因數分卦, 最爲要緊之義")[11]

위 인용문에서 '卦源於數(괘원어수)'라 하고 '因數分卦(인수분괘)'라고 한 것은 『주역』의 卦爻原理가 天地之數로 구성된 河圖洛書의 理數에 근거하여 형성되었음을 거듭하여 밝힌 것이다. 이것은 북송의 정이천이 주장한 '상이 있는 이후에 수가 있다.'는 '有象以後有數說(유상이후유수설)'과는 다른 입장을 취하고 있음을 알 수 있다.

또한 퇴계는 주자의 象數와 義理를 계승하여 이를 하나로 귀결시키면서 河圖洛書의 體用一源的 本體觀에 입각하여 理發說(이발설)을 주창하였다. 이는 퇴계철학의 독창성을 담보해 주는 이발설의 이론적 근거가 易學의 河圖洛書의 체용론에 있음을 의미하는 것으로[12] 퇴계는 體用一源의 논리로 河圖와 洛書를 분석하고 그것을 통하여 이발설의 철학적 체계를 정립하였던 것이다.

이러한 河圖洛書의 體用一源에 대하여 『계몽전의』에서는 다음과

---

10) 退溪, 앞의 책, 本圖書第一, 河圖洛書節.
11) 退溪, 앞의 책, 本圖書第一, 洛書七八九六迭爲消長圖節.
12) 송인창, 「퇴계 리기론의 역학적 이해」, 『철학논총』제26집, 새한철학회, 2001, 34쪽 참조.

같이 밝히고 있다.

"이 말은 하도로써 괘를 그린 것이다. 그 중앙의 五와 十은 비워서 쓰지 않는 것이다. 五는 말하지 않고 十만 말한 것을 위 글의 본설에 '하도는 수의 전체를 갖추었으나 그 실은 十이 없기 때문에 여기서는 다만 十을 쓰지 않는다.'고 하여 그 뜻을 끝맺은 것이다. …… 주자는 '하도의 偶는 정하여 본체가 되고 낙서의 奇는 동하여 작용이 된다.' 고 하였는데, 유목은 낙서의 나뉘어서 각기 제 곳에 있는 것을 본체 로 삼고, 하도는 합치어 같이 그 방소에 있는 것을 작용으로 삼았다. 대개 유목의 설도 한 뜻이 되니 하도와 낙서가 서로 본체와 작용이 되는 것이 그러한 것이다."("此言則圖以畫卦也 虛其中五與十而不用 也 不言五 獨言十者 上文本說河圖備數之全, 而其實無十, 故此只言 不用十, 以結其義耳 …… 朱子以圖之偶爲靜爲體, 圖之合而同處其方 爲用, 蓋劉說亦是一義, 乃圖書相爲體用者然也")[13]

즉 朱子의 설을 대폭적으로 수용한 퇴계는 河圖의 수를 十으로 洛書의 수를 九로 정의한 다음 그것을 통하여 河圖洛書의 體用論的 해명을 시도하여 體用一源論을 주장하고 있다.

여기서 '圖書相爲體用說(도서상위체용설)'은 朱子가 주장한 河圖 와 洛書는 經緯가 되고, 八卦와 九疇는 表裏가 된다는 經緯表裏說 (경위표리설)을 계승한 것으로 河圖洛書가 서로 체용의 관계가 됨으 로 발전시킨 것은 퇴계역학의 특징적인 주장이라 하겠다.

특히 퇴계는 五行生成原理와 결합된 河圖洛書의 도상에서 河圖 는 북쪽에 一六 水・남쪽에 二七 火・동쪽에 三八 木・서쪽에 四九

---

13) 退溪, 『啓蒙傳疑』, 本圖書第一, 八卦全不用十節.

金 · 중앙에 五十 土로 되어 있고, 洛書는 太陽數 一九 · 少陰數 二八 · 少陽數 三七 · 太陰數 四六이 각각 서로 마주 보고 있음에 대하여 다음과 같이 밝히고 있다.

 "무릇 수의 九七은 이미 그 방위가 바뀌었고 卦의 乾坎卦는 이에 數를 따라 그 방위를 바꾸지 않는 것은 어찌된 것인가? 金火가 서로 작용이 되어 數는 가히 바뀌는 것이며, 방위는 나누어 정해져 卦는 바뀌지 않는 것이다."("夫數之九七, 旣易其方矣, 卦乾坎乃不隨數以易方何也, 金火相爲用, 數可易也, 方位有定分, 卦不可易也")14)

 위 인용문에서 퇴계는 河圖洛書 도상과 주자의 '位數分卦之圖(위수분괘지도)'를 설명하면서 '九 金'과 '七 火'가 서로 交易(교역)되는 '金火相爲用(금화상위용)'을 밝힌 것은 河圖洛書에 대한 퇴계 역학의 독창적인 해석임을 생각해 볼 때 河圖洛書에 대한 깊은 연구가 있었음을 알 수 있다. 이것은 앞에서 洛書 도상을 설명한 '南西通變說'을 발전시킨 것으로 河圖洛書의 數와 卦象의 관계까지 포괄하면서 종합적으로 설명한 것이라 하겠다.
 河圖洛書 도상에 표상된 '金火相爲用'의 구체적인 내용에 대하여 "數에 있어서 河圖는 一에서 十까지이고, 洛書는 一에서 九까지 數이며, 방위에 있어서는 동서남북과 중앙의 방위이다. 모두 세 자리가 같고 두 자리가 다른 것이니 河圖洛書의 一六은 모두 북쪽에 자리하고, 三八은 모두 동쪽에 자리하고, 五는 모두 가운데 있으니 세 자리의 수는 모두 같은 자리이다. 하도의 二七은 남쪽에 자리하고

---

14) 退溪, 앞의 책, 本圖書第一, 兩說異同之辨節.

낙서의 二七은 서쪽에 자리하며, 하도의 四九는 서쪽에 자리하고 하도의 四九는 남쪽에 자리하니 두 자리의 수는 모두 다르다."[15]라고 하여 남쪽의 二·七(火)과 서쪽의 四·九(金)가 서로 위치를 바꾸는 것임을 밝히고 있다.

이 '金火相爲用'의 원리는 구한말 '金火正易(금화정역)'의 원리를 밝힌 『정역』에 와서야 易學의 근본문제이자 河圖洛書의 본질적 문제임이 확연하게 드러나게 된다.[16] 따라서 퇴계의 '金火相爲用說'은 우연히 말씀된 것이 아니라 韓國易學이 天道인 曆數原理를 밝힌 본질적 사명이 있음이 先知된 것이라 생각할 수 있을 것이다.

또한 퇴계는 성리학의 핵심 개념인 太極의 이치도 역시 河圖洛書에 의거해서 성립되었다[17]고 하였으며, 손자 安道(안도)에게 주는 답장에서는 "다만 네가 『주역』을 읽는데 깨끗하고 정밀한 뜻과 아직 河圖洛書가 괘를 긋는 근원임을 알지 못하고"[18]라고 하여 앞에서 밝힌 '卦源於數說'을 밝히고 있다.

뿐만 아니라 퇴계는 성리학의 心性論인 '心統性情說'을 설명하면서도 "心統性情圖를 깨우쳐 제시한 것은 河圖洛書의 位에 의거한

---

15) 『退溪全書』, 권6, 書, 答李宏仲, "數則河圖自一至十, 洛書自一至九之數, 位則東西南北中央之位, 皆三同而二異者, 圖書之一六皆在北, 三八皆在東, 五皆在中, 三者之位數皆同也. 圖之二七在南而書則二七在西, 圖之四九在西而書則四九在南, 二者之位數皆異也"

16) 본 저서는 『정역』원리에 근거하여 河圖洛書원리를 연구하고 있기 때문에 퇴계역학에 표상된 '金火相爲用說'을 역학의 핵심적 문제로 제기하게 되는 것이다.

17) 『退溪全書』, 권31, 書, 答禹景善問目啓蒙, "亦是太極之理, 依圖書而立"

18) 『退溪全書』, 권31, 書, 答安道孫, "但汝於讀易, 未知潔淨精微之義, 圖書卦畫之原"

것이니 …… 圖에 근원하여 心統性情의 이치를 밝힌 것이 이와 같을 뿐이다."19)라고 하여 '心統性情說'이 河圖洛書에 근원하고 있다고 하였으며, 그리고 河圖洛書의 도상에 표상된 四象原理와 人道인 仁禮義智 四德原理와 결부하여20) 인간 本性에 대한 해명에 있어서도 河圖洛書에 근거하고 있음을 알 수 있다.

한편 朱子의 圖十書九說을 자신의 설로 체계화하면서 "2·9·4, 7·5·3, 6·1·8은 석 자씩 잇대어야 마땅하다. 대개 洛書를 가로 잘라서 셋으로 나누어 말한 것은 구궁을 본떠서 명당제도를 만드는 것이 마치 州의 정전을 그리는 것과 같다는 말이다."21)라고 하여 명당제도와 주의 井田法의 근거가 된 낙서까지도 수용하는 입장을 취하고 있다.

이상으로 퇴계역학에 나타난 河圖洛書에 대하여 고찰해 보았다.

퇴계는 『啓蒙傳疑』을 저술하여 송대 주자의 도서역학을 충실히 계승하면서도 河圖洛書에 대한 깊은 연구를 통해 자신의 역학이 天地의 數로 구성된 河圖洛書에 근원하고 있음을 분명하게 밝히고 있다.

또한 퇴계역학의 독창성과 위대성은 河圖洛書에 대한 퇴계의 혜

---

19) 『退溪全書』, 권18, 書, 答奇明論改心統性情圖 "示諭心統性情圖, 依河圖洛書之位, …… 圖本以明心統性情之名理如此而已"

20) 『退溪全書』, 권30, 書, 答金而精, "以圖爲主在北, 而觀者爲賓在南, 自賓而向主, 自南而觀北, 則圖之上面, 爲北爲智, 下面爲南爲禮, 圖之左卽觀者之右, 爲東爲仁, 圖之右卽觀者之左, 爲西爲義, 此非仁義禮智本位之有互易, 由觀者之向背有變, 而四者位置亦隨變耳, 然則上智下禮仍前而仁左義右, 當互換矣"

21) 退溪, 『啓蒙傳疑』, 本圖書第一, 明堂篇, "二九四 七五三 六一八 此語當以每三字聯續 蓋橫截洛書爲三而言之 謂法九宮爲明堂之制 如畫州井地之爲也"

안에 있음을 발견하게 된다. 즉 '金火相爲用說'을 비롯하여 『계몽전의』에서 밝힌 '河圖行合說', '卦源於數說', '圖書相爲體用說' 등은 송대 도서역학의 한계를 극복하려는 퇴계역학의 결정체라고 하겠다. 아울러 퇴계역학의 본래 면목이 河圖洛書에 대한 說에 있음이 분명하기 때문에 퇴계 성리학의 연구에 있어서도 河圖洛書의 연구가 근본이 되어야 함은 자명해지는 것이다.

## 2. 율곡역학에 나타난 하도낙서

율곡은 역학에 대하여 정연한 논리를 밝힌 저술이 없다는 점에서 율곡의 易學觀을 해명하는 데 한계가 있으나, 율곡은 『주역』을 원용하면서 「天道策(천도책)」과 「易數策(역수책)」 등을 통해 역학의 이론을 드러내고 있으며, 특히 율곡 理氣論의 확실한 논거로 易學의 이론을 사용하고 있음을 발견하게 된다.22)

「역수책」은 율곡의 역학관을 전체적으로 보여 주는 중요한 저작으로 「역수책」을 중심으로 율곡역학에 나타난 河圖洛書에 대하여 간략히 고찰해 보고자 한다.

먼저 율곡은 河圖와 洛書의 기원에 대하여, 옛날에 伏羲氏가 으

---

22) 남명진, 「율곡의 역학관에 관한 연구」, 『율곡 이이 사상과 철학의 이해1』, 사단법인 율곡학회, 2006, 301쪽 참조.

뜸으로 나오시어 道統이 시작됨에 하늘이 도를 아끼지 않고 땅이 보물을 아끼지 않아 이에 龍馬가 河圖를 지고 나왔으며,23) 大禹가 홍수를 다스려 地平天成함에 미쳐 신령스런 거북이가 洛書를 바쳤다고 하여 전통적인 견해인 伏羲河圖說과 大禹洛書說를 그대로 수용하고 있다. 그리고 "(복희는) 이것을 법받아 八卦를 그었으니, 대개 천지는 반드시 성인을 기다린 뒤에 이 數를 사람들에게 보여 주고 성인은 반드시 문채의 상스러움을 기다린 뒤에 이 이치를 세상에 나타내는 것이다."24)라고 하여 聖人만이 河圖의 數를 자각하여 세상에 왕도정치를 실천하게 됨을 밝히고 있다.

또한 河圖와 洛書에 대하여 다음과 같이 밝히고 있다.

"대우가 홍수를 다스려 地平天成함에 미쳐 신령스런 거북이가 洛書를 바쳤으며, 대우가 이를 법받아 구주를 펼쳐 놓으니 임금이 정치하는 심법이 여기에 담기게 되었다. 河圖의 수는 온전한 것을 주로 하기 때문에 十에서 끝이 났으니, 天地自然의 象이고, 洛書의 수는 변화를 주로 하기 때문에 九에서 끝이 났으니 人事에 있어서 당연한 道이다. 복희씨는 단지 河圖에서만 얻었고 대우는 단지 洛書에서만 얻었으므로 번다하고 간소한 차이가 있지만 사실에 있어서는 河圖와 洛書가 서로 경위가 되고 팔괘와 구주가 서로 표리가 되어 전후가 한 법도이며 고금이 한 이치인데, 또 무엇을 의심하겠습니까?"("及乎大禹治水, 地平天成, 神龜貢書, 于以則之, 以敍九疇, 人君爲治之心法, 於

---

23) 『栗谷全書』, 「雜著(一) 易數策」, "若稽古昔, 伏羲首出, 道統攸始, 天不愛道, 地不愛寶, 於是, 龍馬負圖"

24) 앞의 책, 「雜著(一) 易數策」, "於是, 龍馬負圖, 于以則之, 乃畫八卦, 蓋天地必待聖人, 然後乃以是數示之人, 聖人必待文瑞, 然後乃以是理著於世, 天不得不生聖人, 亦不得不出文瑞也"

是乎在焉. 河圖之數主全, 故極于十而天地自然之象也, 洛書之數主變, 故極于九而人事當然之道也. 伏羲獨得乎圖, 大禹獨得乎書, 雖若煩簡之不同, 其實則河圖洛書, 相爲經緯, 八卦九疇, 互爲表裏, 前後一揆, 古今一致, 又何疑哉?")25)

위 인용문에서 율곡은 주자가 주장한 河圖와 洛書는 經緯가 되고, 八卦와 九疇가 表裏가 되는 경위표리설을 계승하고 있음을 알 수 있으며, 특히 河圖를 天地自然의 象에 배정하고 洛書를 人事當然의 道에 배정한 것은 율곡의 독특한 견해라 하겠다. 이것은 하도와 낙서의 관계를 해명하기 위한 것으로 天道인 천지자연의 상을 體로 하여 人道인 인사당연의 길이 밝혀지기 때문에 河圖가 본체적 입장이라면 洛書는 작용의 입장임을 밝힌 것이라 하겠다.

이러한 河圖와 洛書의 관계에 대하여 다음과 같이 밝히고 있다.

"복희씨가 아니면 그 누가 전체를 들어서 常數의 體를 제시하겠으며 대우가 아니면 그 누가 洪範을 차례 하여 變數의 작용을 제시하겠습니까. 그러나 洛書의 수로 인하여 팔괘를 그을 수도 있고 河圖의 수로 인하여 구주를 차례 할 수도 있으니, 河圖가 일찍이 洛書가 되지 않는 것이 아니고 洛書도 일찍이 河圖가 되지 않는 것이 아닙니다."("微伏羲, 孰能揭其全, 以示常數之體, 微大禹, 孰能敍洪範, 以示變數之用耶? 然而洛書之數, 亦可因之, 以畫八卦, 河圖之數, 亦可因之, 以敍九疇, 圖未始不爲書, 書未始不爲圖")26)

---

25) 앞의 책, 「雜著(一), 易數策」.
26) 앞의 책, 「雜著(一), 易數策」.

이것은 퇴계의 '圖書相爲體用說'과 맥을 같이하는 것으로 '河圖가 일찍이 洛書가 되지 않는 것이 아니고'는 河圖가 體가 되고 洛書가 작용하는 것을 말한 것이라면, '洛書도 일찍이 河圖가 되지 않는 것이 아닙니다.'는 洛書가 體가 되고 河圖가 작용하는 것을 설명한 것이라 하겠다. 즉 河圖와 洛書는 서로 體用의 관계임을 밝힌 것이다.

그리고 『주역』의 八卦는 洛書의 數로 인하여 그을 수 있었고, 홍범구주는 河圖의 數로 인하여 차례 할 수 있었다는 것은 八卦와 河圖洛書의 관계에 대해 말한 것으로 퇴계가 밝힌 "또한 성인이 하도로 인하여 괘를 긋고 낙서에 인하여 구주를 펴니라 하였으니 …… 그것은 洛書에 인하여 洪範九疇의 차례가 정해졌다는 뜻이다."[27]와는 입장을 달리하고 있음을 알 수 있다.

八卦와 河圖洛書의 관계에 대하여 율곡은 "그러나 역 속에 태극이 있어 이것이 兩儀를 낳고 양의가 四象을 낳고 사상이 팔괘를 낳는 것인데, 성인이 우러러 천문을 보시고 굽어 지리를 살피셨으니 천지 사이의 온갖 만물이 一陰 一陽의 이치가 아님이 없었습니다. 이 理가 있으면 이 象이 있고 이 상이 있으면 이 數가 있는 것이니, 어찌 다만 河圖만이 그러할 뿐이겠습니까?"[28]라고 하여 북송의 정이천이 주장한 '상이 있는 이후에 수가 있다.'는 '有象以後有數說'을 지지하고 있음을 알 수 있다. 이러한 견해는 퇴계가 주장한 『주역』의 卦爻原理가 天地之數로 구성된 河圖洛書의 理數에 근거하여 형

---

27) 退溪, 『啓蒙傳疑』, 本圖書第一, 玉齋圖書之象 當位不協卦 不當位協卦之辯箭, "亦云聖人因河圖而畫卦, 因洛書而敍疇 …… 其於因書敍疇之意"

28) 앞의 책, 「雜著(一), 易數策」, "然而易有太極, 是生兩儀, 兩儀生四象, 四象生八卦, 聖人仰觀俯察, 天地之間, 萬物之衆, 無非一陰一陽之理, 有是理則有是象, 有是象則有是數, 豈獨河圖爲然哉?"

성되었다는 '卦源於數說'·'因數分卦說'과는 다른 입장이라 하겠다.

이상에서 율곡역학은 「역수책」을 중심으로 河圖洛書에 근거하여 전개되고 있으며, 그 구체적인 내용에 있어서는 河圖洛書의 기원과 河圖洛書의 관계, 河圖洛書가 표상하고 있는 내용, 河圖洛書의 數와 『주역』의 卦象과의 관계 등에 대하여 밝히고 있음을 알 수 있었다.

율곡은 퇴계와 마찬가지로 주자나 蔡元定(채원정), 邵雍(소옹) 등 송대 성리학자들의 圖書易學을 계승하면서도 河圖는 天地自然의 象에, 洛書는 人事當然에 道에 배당하여 이해한 것은 河圖洛書에 대한 독특한 견해라 하겠다. 그리고 율곡이 주장한 洛書의 수로 인하여 팔괘를 그을 수 있고 하도의 수로 인하여 홍범구주를 체계화할 수 있다거나, 象이 있는 이후에 數가 있다는 說 등은 퇴계와는 분명히 다른 입장임을 알 수 있었다.

또한 율곡은 「역수책」에서 義理와 象數의 상호보완적 기능을 중시하였기 때문에 율곡이 비판하는 것은 象數가 아니라 術數易學이나 『주역』을 신비적으로 해석한 것이었음을 알 수 있다. 율곡은 진한시대 이후의 양웅, 곽박, 이순풍, 위백양 등 한대 상수역을 인정하지 않으면서도 도가역의 영향을 받은 것으로 보는 陳希夷(진희이)에 연원한 소강절의 역학은 선진 성학을 계승한 것으로 인정하고 있다.[29] 이는 율곡이 송대 도서역학적 입장에 있기 때문으로 당연한

---

29) 앞의 책, 「雜著(一), 易數策」, "嗚呼! 秦漢以下, 聖學不傳, 易道遂泯, 知易之全體者, 固不可得, 知易之一端者, 亦不世出. …… 漢之揚雄, 晉之郭璞, 唐之李淳風·一行之徒, 或著太玄, 或談性命, 或推曆數, 可謂知易之一端矣. 然而惟求於易而不求於理, 徒見其然, 不見其所以然, 卒失易學之宗, 則安能有補於四聖之遺意歟? 不知理而能知易者, 愚未之聞也. 若魏伯陽 之參同契, 亦學易而流於邪說者也, 豈特揚雄輩爲然哉? 若其生

것이라 하겠다.

따라서 율곡이 象數易을 반대하고 義理易學만을 주장했다는 기존의 견해는 바로잡아져야 할 것이다. 「역수책」에서는 河圖洛書를 역학의 본질적 요소로서 받아들이면서 성리학적 義理와 『주역』의 象數를 종합적으로 이해하고자 하였던 것이다. 아울러 율곡 성리학의 특징인 '理氣之妙(이기지묘)'・'理通氣局說(이통기국설)' 등의 이론적 근거가 율곡역학의 특징과 맥을 같이함을 생각할 수 있다.

于千載之下, 得契四聖之心, 學究天人, 通乎性理者, 其惟邵子乎? 邵子之學, 出自陳希夷, 而其獨知之妙, 則靑出於藍而靑於藍者也"

# 제8장

## 曆數原理와 干支度數原理의 淵源

    인간이 존재한다는 것은 바로 '지금'이라는 時間과 '여기'라는 空間을 범주로 하여 실존적으로 존재함을 의미한다고 하겠다. 이러한 시간과 공간은 인간을 포함한 現狀的 存在者인 만물의 존재 범주에 그치지 않고, 근원적인 존재의 존재원리인 易道를 표상하는 범주가 된다. 易道는 현상적인 존재의 근거가 되는 形而上的 존재로 시간과 공간을 초월한 時間性과 空間性을 내용으로 한다. 이를 『주역』에서는 乾坤之道로 말씀하고 있으며,[1] 『대학』에서는 "物에는 본말이 있고 事에는 종시가 있다."[2]라고 하였다. 易道는 인간 존재의 존재구조를 통해서 드러나고 밝혀지기 때문에 시간과 공간이 실존적 인간

---

1) 重天乾卦 大象에서는 "天의 운행이 剛健하니 君子가 이로써 스스로 剛健하여 그침이 없다."라 하여 恒久不已하는 시간의 運行原理를 중심으로 易道를 표상하고, 重地坤卦 大象에서는 "地의 勢를 나타내는 것이 坤卦로 君子가 이로써 두터운 德으로 만물을 싣는다."라고 하여 두터운 德으로 萬物을 실어 경계 없는 공간의 운행원리를 중심으로 易道를 表象하여 乾과 坤이 易道의 표상형식으로 時間原理와 空間原理의 意味인 동시에 내용이자 自覺의 범주임을 밝히고 있다.
2) 『大學』, 第一章, "物有本末하고 事有終始하니"

의 존재 범주라면, 근원적 존재의 存在原理도 시간과 공간을 범주로 표상될 수밖에 없는 것이다.

干支度數原理는 성인이 시간과 공간의 근거가 되는 근원적 존재의 存在原理를 표상하는 체계로 발명한 것이다.[3) 干支度數는 天干과 地支[4)가 하나로 합쳐진 것으로 天干은 甲·乙·丙·丁·戊·己·庚·辛·壬·癸의 十度數이며, 地支는 子·丑·寅·卯·辰·巳·午·未·申·酉·戌·亥의 十二度數이다. 天干은 식물이 생장하여 수렴하는 과정을 상징하고, 地支는 동물의 이름을 직접 말씀한 것이다. 식물은 뿌리를 아래에 두고 위를 향해 자라는 것으로 시간의 경과 과정을 통해서 자라기 때문에 시간의 의의를 상징한다면, 동물은 머리를 땅 위에 두고 사방의 공간을 다니는 것으로 공간의 의의를 상징한다고 하겠다. 즉 干支度數의 天干과 地支는 存在原理의 표상 범주인 시간과 공간을 상징적으로 표상하고 있다고 하겠다.

干支度數原理가 식물과 동물이 가지고 있는 상징적인 뜻을 통해 근원적인 존재원리를 표상한다고 할 때, 식물은 한자리에 고요히 정해져 있는 靜(정)을, 동물은 사방으로 움직이는 動(동)을 상징하니 動靜은 陰陽原理를 표상하고 있음을 알 수 있다.[5)『주역』에서는 "음양의 뜻은 日月과 짝하고"[6)라 하여 陰陽原理의 뜻이 日月原理임으로

---

3) 金恒,『正易』,「十五一言」, 第一張, "黃帝甲子星斗요 神堯日月甲辰이로다"
4) 干支의 文字的 意義를 고찰하면, '干'은 一과 十을 일관하는 원리를 상징하며, 支는 十을 잡아서(又) 지탱하는(支) 것을 상징하여, 天干은 體가 되고 地支는 天干을 받들어 작용하는 用이 된다고 하겠다.
5)『周易』,「繫辭上」, 第一章에서는 "動靜有常하니 剛柔ㅣ 斷矣오"라고 하여 動靜이 陰陽原理임을 밝히고 있다.
6)『周易』,「繫辭上」, 第六章, "陰陽之義 配日月"

干支度數原理가 일월의 政事를 推衍하여 표상하고 있음을 유추할 수 있다. 또한 『주역』「설괘」에서는 "天道를 세워서 말하기를 음陽이오."[7]라 하고, 중화이괘(☲)에서는 "일월이 天道에 걸려 있으며"[8]라고 하여, 이 陰陽·日月原理를 天道로 규정하고 있음으로 干支度數原理가 天道의 표상체계임을 알 수 있다. 이는 易學을 비롯한 선진 성학의 철학적 기초가 天道에 있고, 天道를 日月의 政事를 통하여 이해하려 했으며, 이 日月之政은 曆으로서 干支度數의 형식을 통해 표현한 것이라 하겠다.[9]

역사적으로도 가장 고전인 『서경』의 堯·舜典을 포함한 五典에서 干支度數를 말씀하며, 선진 성학 경전에 曆이나 시간과 관계되는 말씀, 즉 연월일시를 측정하는 말이 전부 干支度數로 표현된 것으로 보아 干支度數는 선진 성학에서 가장 근원적인 기반이 된다고 하겠다.

그러나 漢代 이후 지금까지 干支度數原理를 '六十甲子' 내지 '六甲'이라 부르면서 물리적인 시간을 나타내는 수단이나 讖緯説 등에 이용해 오고 있는 실정이다. 이것은 漢代 이후 易學의 연구가 과학적 차원을 넘어서지 못하고, 干支度數를 천문학적 입장에서 年月日時를 나타내는 방법으로만 사용해 왔기 때문이다.

干支度數를 단순히 물리적인 시간을 나타내는 방법으로 사용했다면, 干支度數보다 더 편리하고 간단한 '數'가 있으며, 또 선진 성학 경전은 단순한 물리적인 연월일시의 의미를 넘어선 근원적 존재의 存在原理를 표상하고 있기 때문에 干支度數原理가 易道의 표상이라

---

7) 『周易』,「說卦」, 第二章, "立天之道曰陰與陽"
8) 『周易』,「重火離卦」, 彖辭, "日月 麗乎天"
9) 柳南相, 『中國哲學 其二』, 觀中 강의 노트 참조, 硏經院.

는 본질적 의의를 가지고 있는 것이다. 즉 干支度數原理는 단순한 물리적 시간을 나타내는 단위에 그치는 것이 아니라 시간의 근원이 되는 時間性 原理의 표상이라는 본질적 의의를 내포하고 있는 것이다.

干支度數原理가 근원적인 存在原理를 표상하는 본질적 의의와 내용을 분명하게 밝히고 있는 경전은 한국역학인『정역』이다. 『정역』을 저작한 金一夫는 선진 성학의 연구를[10] 통해 干支度數原理가 易道의 근원적인 내용인 曆數原理의 표상체계임을 밝히고, 그 구조와 내용을 구체적으로 말씀하고 있다.

이에 본장에서는『정역』에서 밝히고 있는 曆數原理의 표상체계인 干支度數原理의 연원을 고찰하기 위해서 먼저 干支度數가 易道의 표상체계임을 밝혀 干支度數原理가 易學의 근본문제임을 제기하고, 이어서 선진 성학 경전에 표상된 干支度數原理를 밝힘으로써 干支度數原理의 연원이 선진 성학에 있음이 드러나게 될 것이며, 마지막으로 漢代 이후 干支度數原理의 본래적 의의가 망각되어 어떻게 이해되고 있는지 간략히 검토함으로 干支度數原理의 연구가『정역』을 중심으로 이루어져야 함을 제기하고자 한다.

본 장에서는 干支度數原理의 연원을 중심으로 고찰하기 때문에 干支度數原理의 기본 구조와 표상하고 있는 역수원리의 구체적인 내용에 대해서는 다음 기회로 미루고자 한다.

---

10) 『正易』, 「十五一言」 '九九吟'에서는 "『서경』을 읽고 『주역』을 배우는 것은 先天의 일이다."(第十八張, "讀書學易 先天事요")라고 하여 先秦 聖學의 연구를 통해 曆數原理를 표상하는 干支度數原理를 闡明하였음을 밝히고 있다.

# 1. 曆數原理의 표상체계인 干支度數

易學은 天道·地道·人道의 三才之道를 일관하는 근원적인 존재의 존재원리인 易道를 밝히는 학문이다.11) 『주역』에서는 易道를 變化之道로 규정하고, 이것을 時間性의 原理로 밝히고 있다. 「계사하」에서는 "易의 글됨이 始에 근원하여 그 終에서 요약하여 그것을 質(내용)로 삼고, 六爻가 서로 섞여 있는 것은 오직 時義性을 표상하는 物이다."12)라고 하여 易道가 시간성의 원리임을 말씀하고 있다.

이 時間性의 原理는 물리적인 시간의 근거되는 형이상적 존재원리로 "天道에 응하여 時를 행한다."13)라고 하여 天道의 내용으로 밝히고 있다. 時間性의 原理가 天道의 내용임을 중지곤괘(䷁) 文言에서는 "天道를 받들어 時를 행하는 것이라."14)라 하였으며, 山火賁卦(䷕ 산화비괘) 단사에서는 "天文을 깨우쳐서 時의 변화를 살피느니라."15) 하여 天道와 時(時間性의 原理)를 관련하여 말씀하고 있다.

『주역』에서는 天道인 時間性의 原理의 구조와 작용원리에 대하여 "終始原理를 두려워하는 것은 그 요체가 无咎이니 이것을 일러 易道라고 한다."16)고 하고, "終始原理를 크게 자각하면 六位가 時에

---

11) 『周易』, 「繫辭下」, 第十章, "易之爲書也 廣大悉備 有天道焉 有人道焉 有地道焉 兼三才而兩之 故 六 六者 非他也 三才之道也"
12) 『周易』, 「繫辭下」, 第九章, "易之爲書也 原始要終 以爲質也 六爻相雜 唯其時物也"
13) 『周易』, 「火天大有卦」, 彖辭, "應乎天而時行"
14) 『周易』, 「重地坤卦」, 文言, "承天而時行"
15) 『周易』, 「山火賁卦」, 彖辭, "觀乎天文 以察時變"

따라 완성되니"[17])라 하여 終始原理로 말씀하고 있다. 즉 始終으로 규정되는 물리적 시간이 時間性 原理의 차원에서는 終하면 곧 始하는 終始原理로 규정되는 것이다.[18]

『서경』과 『논어』에서는 終始原理를 작용원리로 하는 時間性 原理를 다음과 같이 밝히고 있다.

> "天道인 曆數原理가 네 몸에 있으니, 진실로 그 中을 잡아라. 四海가 困窮하면 하늘의 祿이 영원히 끊어지리라."("天之曆數ㅣ 在汝躬이라 汝終陟元后하리라 人心은 惟危하고 道心은 惟微하니 惟精惟一하야사 允執厥中하리라 …… 四海困窮하면 天祿이 永終하리라"[19]) "堯曰咨爾舜아 天之曆數ㅣ 在爾躬이니 允執其中하라 四海困窮하면 天祿이 永終하리라")[20]

이것은 帝堯가 帝舜에게, 帝舜이 禹임금에게 하신 말씀으로 聖統의 전수 과정에서 성인의 뜻이 집약적으로 담긴 핵심 내용이다. 성인은 『주역』에서 밝히고 있는 時間性의 原理인 天道를 '天之曆數'로 말씀하여, 天道를 曆數原理로 규정하고 있다.

이상에서 『주역』을 비롯한 선진 성학에서는 天道를 曆數原理로 말씀하고, 그 내용은 時間性의 原理이며, 時間性 原理의 구조와 작용원리는 終始原理로 밝히고 있음을 알 수 있다.

---

16) 『周易』, 「繫辭下」, 第十一章, "懼以終始 其要 无咎 此之謂易之道也"
17) 『周易』, 「重天乾卦」, 彖辭, "大明終始 六位時成"
18) 임병학, 「易學의 變化之道와 時間性 原理」, 『東西哲學硏究』, 한국동서철학회, 제38호, 2005, 166~168쪽 참조.
19) 『書經』, 「虞書」, 大禹謨.
20) 『論語』, 堯曰.

『주역』에서 天道를 표상하고 있는 첫 번째 卦인 중천건괘(䷀)의 大象에서는

> "天道의 運行이 健하니 君子가 이것을 본받아 스스로 强健하고 쉬지 않는다."("象曰天行 健 君子 以 自彊不息")[21]

라고 하여, 天道의 운행원리인 '天行'이 강건하니 君子는 이것을 본받아 스스로 강건하여 쉬지 않는다고 한 것이다. 여기서 天道의 운행원리인 '天行'에 유의하면서, 다른 卦에서는 '天道의 운행원리(天行)'에 대하여 어떻게 밝히고 있는지 고찰해 보고자 한다.

먼저, 18번째 卦인 山風蠱卦(䷑ 산풍고괘)에서는

> "先甲三日後甲三日은 마친 즉 시작이 있는 終始原理로 天道의 運行이다."("先甲三日後甲三日 終則有始 天行也")[22]

이라 하여, 天道의 운행원리를 '先甲三日后甲三日'로 말씀하고 있다. 그리고 時間性의 原理의 내용과 구조인 終始原理가 干支度數로 표상됨을 직접 밝혀 干支度數가 易道의 표상체계임을 분명하게 알수 있다. 先甲三日后甲三日은 天干을 중심으로 말씀한 것으로 先甲三日은 '辛·壬·癸'이며, 后甲三日은 '乙·丙·丁'으로 六度數를 가리킨다. 그리고 先과 后의 기준이 되는 '甲'度數까지 합하면 七度數가 됨을 알 수 있다.

---

21) 『周易』, 「重天乾卦」, 大象辭.
22) 『周易』, 「山風蠱卦」, 彖辭.

天道의 운행원리가 七度數임을 24번째 卦인 地雷復卦(䷗ 지뢰복괘)에서는

"그 道를 반복하여 七日에 다시 돌아오는 것이 天道의 운행이다 …… 복함에 천지의 마음을 깨달을 수 있구나."("反復其道七日來復 天行也 …… 復 其見天地之心乎")[23]

라 하여, 天道 운행원리를 '七日來復'으로 말씀하여, 天道의 운행원리가 '七日'이라는 理數로 표상됨을 알 수 있다. 『주역』에서 理數로 易道를 표상하는 체계는 河圖洛書이다. 즉 天道가 河圖洛書象數의 理數로 표상됨을 밝힌 것이다. 산풍고괘(䷑)에서 말씀한 先甲三日后甲三日의 七度數와 지뢰복괘(䷗)의 '七日'[24]이 모두 易道의 표상체계를 말씀하고 있다고 하겠다.

또, 23번째 卦인 山地剝卦(䷖ 산지박괘)에서는

"순응하여 그치는 것은 象을 보는 것이니 군자는 消息盈虛의 天道 운행을 숭상한다."("順而止之 觀象也 君子 尙消息盈虛 天行也")[25]

라 하여, 象을 보아 君子가 日月의 消息盈虛로 들어나는 天道의 운

---

23) 『周易』, 「地雷復卦」, 彖辭.
24) 『주역』 「水火旣濟卦」 六二 小象辭에서는 "七日得은 以中道也ㅣ라"하여 七日을 天道인 中道라고 규정하고 있다. 이 외에도 「水火旣濟卦」 六二 爻辭에서 "勿逐하면 七日에 得하리라"하고, 「重雷震卦」 六二 爻辭에서 "勿逐이라도 七日得하리라"하여 七日의 度數를 말씀하고 있다.
25) 『周易』, 「山地剝卦」, 彖辭.

행원리를 숭상한다고 하였으니, 天道인 일월원리가 象으로 표상됨을 알 수 있다. 여기서 象은 구체적으로 六爻重卦의 卦象을 의미하는 것으로 卦爻象數를 말씀한 것이라 하겠다. 卦爻象數에서도 六爻로 구성된 重卦는 上爻에서 다시 初爻로 돌아오는데 七度數가 헤아려져, 위의 '七日'과 일치하게 되는 것이다.

이상에서 『주역』에서는 天道의 운행원리를 '天行'으로 말씀하고, 이 天道 운행원리를 '先甲三日后甲三日'의 干支度數와 '七日'의 河圖洛書象數 그리고 '象'의 卦爻象數로 표상하고 있음을 밝히고 있다.

이러한 세 가지 易道의 표상방법에서 干支度數와 河洛象數는 曆數原理의 표상체계로 天道인 時間性의 原理를 직접 표상한 것이라면, 卦爻象數는 卦象原理의 표상체계로 天道를 주체적으로 자각하여 人道로 표상한 것이라 하겠다.

易道의 표상방법에 대해서 『서경』에서는

"이에 羲氏와 和氏에게 命하여 공경히 天道에 순응하야 日月星辰을 曆하고 象하여 人時를 공경히 주라고 하셨다."("乃命羲和하샤 欽若昊天하야 曆象日月星辰하야 敬授人時하시다")26)

라고 하여, 일월성신의 운행원리인 時間性의 原理의 표상체계가 曆數原理와 卦象原理임을 밝히면서 時間性의 原理를 自覺하여 백성들에게 시간의 의의를 가르쳐 주라고 하신 것이다.

그런데 『주역』에서는 "易道는 卦象原理이니"27)라고 하여 卦象原

---

26) 『書經』, 「虞書」, 堯典.
27) 『周易』, 「繫辭下」, 第三章, "易者 象也"

理를 통해 人道인 性命之理를 위주로 易道를 밝히고 있기 때문에[28] 天道를 표상하는 干支度數原理와 河圖洛書原理에 대해서는 대체만 밝히고, 구체적인 내용에 대해서는 '退藏於密'하여 은밀하게 감춰 놓고 있다.[29] 즉 선진 성학에서는 天道를 曆數原理로 말씀하고 易學의 가장 근본적인 문제로 제기하고 있으나, 漢代 이후 曆數原理를 망각하게 됨으로 曆數原理를 표상하고 있는 干支度數原理와 河圖洛書原理도 망각하게 된 것이다.[30]

漢代 이후 干支度數原理의 망각은 『정역』에 이르러서야 그 본래 면목이 밝혀지게 되었다. 『정역』에서는 "易道는 曆數原理이니"[31]라 하여 天道인 曆數原理를 중심으로 易道를 밝히고 있기 때문에 『주역』과 선진 성학에서 말씀한 干支度數原理가 易道의 근원적인 내용인 曆數原理의 표상체계임을 밝히고, 干支度數原理에 대하여 구체적으로 밝히고 있다.

먼저, 曆數原理의 표상체계인 干支度數와 河洛象數에 대하여 다음과 같이 말씀하고 있다.

"三百六十當朞日을 大一元三百數는 九九中에 排列하고 无无位六

---

28) 『周易』, 「說卦」, 第二章에서는 "昔者聖人之作易也는 將以順性命之理이니"라 하여 聖人이 『周易』을 著作한 목적이 장차 후세 君子들이 性命之理에 순응하게 함임을 밝히고 있다. 여기서 性命之理는 仁禮義智 四德原理를 내용으로 하는 人道이다.

29) 『周易』, 「繫辭上」, 第十一章, "聖人 以此 洗心 退藏於密"
「繫辭下」, 第六章, "夫易 彰往而察來 而微顯闡幽"

30) 柳南相, 「正易의 圖書象數原理에 關한 研究」, 『論文集』, 제8권 제2호, 忠南大學校 人文科學研究所, 1981, 184~185쪽 참조.

31) 金恒, 『正易』, 「大易序」, "易者는 曆也ㅣ니"

十數는 一六宮에 分張하야 單五를 歸空하면 五十五點昭昭하고 十五를 歸空하면 四十五點斑斑하다"[32]

여기서 三百六十은 일월운행원리의 구체적 내용인 正曆朞數이며, 无无位數 六十은 干支度數의 六十度數이며, 五十五點은 河圖數이며, 四十五點은 洛書數로 六十 干支度數에서 五數를 귀공하면 河圖數 五十五數가 되고, 十五를 귀공하면 洛書數 四十五가 됨을 알 수 있다. 즉 日月의 운행정사인 正曆이 六十 干支度數로 표상됨을 알 수 있으며, 또한 河圖洛書의 象數는 干支度數에 근거하여 형성되었음을 알 수 있는 것이다.

「十五一言」에서는 天地를 '己位'와 '戊位'의 干支度數로 말씀하고, 天地의 인격적 뜻을 대행하는 일월운행원리를 太陰太陽으로 규정하여 太陰太陽의 胞胎養生成終復原理를 干支度數로 밝히고 있다.[33] 즉 太陰은 庚子, 戊申, 壬子, 庚申, 己巳, 庚午, 己酉의 七度이며, 太陽은 丙午, 甲寅, 戊午, 丙寅(壬寅), 辛亥, 壬子, 庚午의 七度이라 하겠다.

「十一一言」'十一歸體詩'에서는 易道를 政令度數와 律呂度數로 규정하고, "政令은 己庚壬甲丙이요 呂律은 戊丁乙癸辛을"[34]라고 하여 干支度數로 易道를 표상하였으며, '雷風正位用政數'에서는 己位와 戊位를 중심으로 天地道德原理와 天地度數原理를 밝히면서, 天道가 庚·壬·甲·丙이며, 地數가 丁·乙·癸·辛이라 하여 天地道

---

32) 金恒, 『正易』, 「十五一言」, 第十八張.
33) 金恒, 『正易』, 「十五一言」, 第三·四張 참조.
34) 金恒, 『正易』, 「十一一言」, 第二十四張.

德原理와 天地度數原理가 干支度數로 표상됨을 밝히고 있다.[35]

또한 易學의 가장 근본적인 문제인 先后天變化原理에 대해서도 "丙甲庚三宮은 先天之天地니라. 丁乙辛三宮은 后天之地天이니라. 先天은 三天兩地니라. 后天은 三地兩天이니라. 子寅午申은 先天之先后天이니라. 丑卯未酉는 后天之先后天이니라"[36]고 하여 干支度數가 先后天變化原理로 표상하고 있음을 밝히고 있다.

이상에서 고찰한 바와 같이 『정역』에서는 干支度數를 중심으로 天道인 曆數原理를 표상하고 있으며, 『주역』은 干支度數가 天道의 운행원리를 표상하는 체계임을 밝히고 있음을 알 수 있다.

여기서 『주역』과 『정역』의 관계에 대하여 논급해 보면, 史的으로는 『주역』을 비롯한 선진 성학에 근거를 두고 『정역』의 干支度數原理가 밝혀졌지만, 원리적인 측면에서는 天道인 曆數原理를 천명한 『정역』의 干支度數原理에 근거하여 人道인 性命之理를 밝힌 『주역』의 卦爻原理가 전개되었다고 하겠다. 즉 人道는 天道에 존재근거를 두고 있기 때문에 『정역』의 干支度數原理를 근거로 『주역』의 性命之理가 밝혀진 것이다. 이것은 성인에게 주어진 사명에 따른 것으로 坤策聖人은 人道를 밝힐 사명이 있다면, 乾策聖人은 天道를 밝힐 사명이 주어졌기 때문이다. 이를 『정역』 첫머리에서는

"오호 성스럽구나! 夫子의 성스러움이여 知天의 聖人도 聖人이시고 樂天의 聖人도 聖人이시나 親天의 聖人은 오직 夫子 聖人이시다. 天地의 無形之景을 一夫가 능히 洞觀하고 天地의 有形之理는 夫子

---

35) 金恒, 『正易』, 「十一一言」, 第二十六張 참조.
36) 金恒, 『正易』, 「十五一言」, 第十四張.

께서 먼저 方達하시니라."("嗚呼聖哉라 夫子之聖乎여 知天之聖도 聖
也시요 樂天之聖도 聖也시나 親天之聖은 其惟夫子之聖乎신저 洞觀天
地無形之景은 一夫能之하고 方達天地有形之理는 夫子先之시니라")[37]

라고 하여, 坤策 聖統을 집대성하여 『주역』을 완성한 孔子와 乾策
聖人으로 『정역』을 저작한 一夫의 관계를 밝히고 있다.

다음 절에서는 『정역』에서 말씀되고 있는 干支度數原理가 선진 성학
에서는 어떻게 말씀되고 있는지 연원적 입장에서 고찰해 보고자 한다.


## 2. 干支度數原理의 연원


### 1) 『주역』에 표상된 干支度數原理

『주역』을 비롯한 선진 성학은 易道에 근거하여 聖人에 의해 형성
된 학문이다. 聖人은 三才之道를 일관하는 易道를 자각한 존재로
자신이 자각한 易道를 후세 君子들을 위하여 저작한 것이 선진 성
학 경전이다. 따라서 易道의 표상체계인 干支度數가 선진 성학의 경
전에서 말씀되고 있음을 찾아볼 수 있다.

먼저, 聖人의 易道 자각이 어떻게 이루어졌는지 고찰하면서 『주역』

---

37) 金恒, 『正易』, 「大易序」.

에 표상된 干支度數原理에 대하여 밝혀 보고자 한다. 『주역』에서는 聖人의 易道 자각에 대하여

"天地의 본성을 체득함으로써 신명의 덕에 통한다."("以體天地之撰 以通神明之德")38)

"옛날에 伏犧氏가 천하에 왕도정치를 행하심에 …… 神明의 德에 통하여 만물의 뜻에 맞게 나누었다."("古者包犧氏之王天下也 ……以通 神明之德 以類萬物之情")39)

"聖人이 이것으로써 齋戒하여 그 德을 神明하게 하신 것이다."("聖 人 以此齋戒 以神明其德夫")40)

라고 하여, 聖人이 神明의 德에 감통하여 易道를 자각했음을 말씀하고 있다. 또한, 「說卦」에서는

"옛날에 聖人이 易을 지음에 神明한 德에 그윽이 참여하여 그것으로 蓍를 낳았으며, 參天兩地의 數에 의지하고, 陰陽의 변화에서 卦를 세웠으며, 剛柔作用을 발휘하여 爻를 表象하였으며, 道德에 和合하고 義에서 다스리며, 理致를 窮究하고 性을 다하여 命에 이르니라."("昔 者聖人之作易也 幽贊於神明而生蓍 參天兩地而倚數 觀變於陰陽而立 卦 發揮於剛柔而生爻 和順於道德而理於義 窮理盡性 以至於命")41)

라고 하여, 聖人이 易經을 저작한 과정을 말씀하면서 먼저 天地의

---

38) 『周易』, 「繫辭下」, 第六章.
39) 『周易』, 「繫辭下」, 第二章.
40) 『周易』, 「繫辭上」, 第十一章.
41) 『周易』, 「說卦」, 第一章.

본성인 神明한 德에 그윽이 참여하여, 자각한 易道를 河圖洛書原理로 표상하고, 卦爻原理로 표상하였다고 밝힌 것이다.

이상에서 聖人이 저작한 『주역』의 근본문제를 밝히기 위해서는 聖人이 자각한 '神明之德(신명지덕)'에 대하여 고찰하지 않을 수 없다.

먼저 위 인용문에서 天地의 本性을 체득함으로써 神明의 德에 통한다고 하였으니, '神明之德'이 天地의 본성임을 생각할 수 있다. 『주역』에서는 "天地之心",42) "天地之大德",43) "天地之情",44) 天命45) 등으로 말씀하여 天地의 본성이 인격성임을 밝히고 있다. 또 '神明'이 대상적 개념이 아니라 인격적 존재의 存在原理이기 때문에 '神明의 德'이라고 말씀한 것이다. 따라서 '神明'이란 인격성을 내용으로 하는 인격적 존재의 存在原理로 天地의 본성을 의미하는 말이라 하겠다. 그래서 「說卦」 제1장의 마지막에 "和順於道德而理於義 窮理盡性"라 하여 聖人이 神明原理를 자각하여 도덕에 화순하고 의에서 다스리며 이치를 궁구하고 본성을 다한다고 하였던 것이다.

『주역』이 말씀하고 있는 神明에 대하여 『정역』에서는

"오호라 日月의 政事여 至神至明하니 글은 말을 다 하지 못하노라."("嗚呼라 日月之政이여 至神至明하니 書不盡言이로다")46)

라 하여, 日月의 政事가 지극히 神明하다고 말씀하고 글로는 말을

---

42) 『周易』, 「地雷復卦」, 彖辭.
43) 『周易』, 「繫辭下」, 第一章.
44) 『周易』, 「雷天大壯卦」, 彖辭.
45) 『周易』, 「天雷无妄卦」, 彖辭. 「澤地萃卦」, 彖辭.
46) 金恒, 『正易』, 「十五一言」, 第八張.

다 하지 못한다고 하였다. 즉 日月의 政事가 神明하다는 것으로 『정역』에서는 日月의 政事를 太陰·太陽으로 말씀하고, 太陰·太陽의 作用을 干支度數로 표상하고 있기 때문에[47] 神明이 干支度數原理의 말씀한 것이라 하겠다. 또한 『정역』에서는 '日月之德'[48]이라 하여 日月의 政事가 물리적 운행이 아니라 德을 본성으로 하는 인격성을 내용으로 함을 밝혀, 『周易』의 '神明之德'과 같이 天地의 본성이 드러난 日月의 政事의 내용이 인격적 존재의 德임을 밝히고 있다. 따라서 『주역』에서 근본문제로 밝히고 있는 '神明'은 日月之政을 표상하는 干支度數原理의 인격적 표현으로 '神明原理'를 가리키는 것이라 하겠다.

한편, 干支度數原理를 직접 말씀하고 있는 산풍고괘(☶)에서는

"蠱는 元亨하니 大川을 건넘이 이로우니 先甲三日하며 後甲三日이니라."("蠱 元亨 利涉大川 先甲三日 後甲三日")[49]

"先甲三日後甲三日은 終한즉 始하는 天道의 운행원리이다."("先甲三日後甲三日 終則有始 天行也")[50]

라고 하여, 앞 장에서 고찰한 바와 같이 先甲三日 后甲三日이 時間性의 原理의 구조인 終始原理를 표상하여 이것이 天道의 운행원리임을 밝히고 있는 것이다. 그리고 重風巽卦(☴ 중풍손괘)에서는

---

47) 金恒, 『正易』, 「十五一言」, 第三張, 第四張, 第十一張, 第十二張에서 구체적으로 말씀하고 있다.
48) 金恒, 『正易』, 「十五一言」, 第六張, "嗚呼라 日月之德이여 天地之分이니"
49) 『周易』, 「山風蠱卦」, 卦辭.
50) 『周易』, 「山風蠱卦」, 彖辭.

"九五는 貞이니 吉하여 후회가 없는 것이라 이롭지 않음이 없으니 처음은 없고 마침이 있는 것이라 先庚三日이요 後庚三日이니 吉하니라."("九五 貞 吉 悔亡 无不利 无初有終 先庚三日 後庚三日 吉")[51]

라고 하여, 先庚三日과 後庚三日이 '无初有終'의 時間性의 原理를 밝히는 天道의 표상임을 나타내고 있다.

산풍고괘(䷑)의 '先甲三日後甲三日'과 중풍손괘(䷸)의 '先庚三日後庚三日'은 모두 天干을 중심으로 干支度數原理를 나타낸 것이다. 先甲三日과 後甲三日은 甲을 중심으로 앞과 뒤의 三度인 辛·壬·癸·甲·乙·丙·丁의 일곱 도수를 가르치는 것이며, 先庚三日과 後庚三日은 庚을 중심으로 앞과 뒤의 三度인 丁·戊·己·庚·辛·壬·癸의 일곱 도수를 가르치는 것이다. 이 先甲三日後甲三日과 先庚三日後庚三日을 합하면 甲·乙·丙·丁·戊·己·庚·辛·壬·癸의 十天干이 됨으로『주역』에서는 天干을 중심으로 干支度數原理를 표상하고 있음을 알 수 있다.

『주역』에서 핵심적으로 말씀한 '先甲三日後甲三日'과 '先庚三日後庚三日'을 六十 干支度數(序卦原理)와 결부하여 고찰하면, '先甲三日後甲三日'에서 先甲三日은 辛酉·壬戌·癸亥이며, 后甲三日은 乙丑·丙寅·丁卯로 后天에서 先天으로 넘어가는 終始原理를 밝힌 것이다. 또 '先庚三日後庚三日'에서 先庚三日은 丁酉·戊戌·己亥이며, 后庚三日은 辛丑·壬寅·癸卯로 先天에서 后天으로 넘어가는 終始原理를 표상한 것이다.[52] 따라서 『주역』에서 先甲三日 后甲三

---

51) 『周易』,「重風巽卦」, 九五 爻辭.

52) 李正浩,『正易과 一夫』, 아세아문화사, 1978, 110~111쪽 참조.

日과 先庚三日 后庚三日을 핵심적으로 말씀한 것은 易道인 曆數變化原理가 先后天變化原理임을 밝히기 위한 것이라 하겠다.

이 외에도 『주역』에서는 天干의 여섯 번째 도수인 '己'度數를 중심으로 干支度數原理를 상징하고 있는 곳은 다음과 같다.

"初九는 위태로움이 있으리니 己度數면 이로우니라."("初九 有厲 利己")53)

"初九는 己度數의 일이거늘 빨리 해야 가도 허물이 없으리니 덜 것을 헤아리니라."("初九 己事 遄往 无咎 酌損之")54)

"革은 己日이라야 이에 믿을 것이니 元亨利貞하여 후회가 없으리라."("革 己日 乃孚 元亨利貞 悔亡")55)

"六二는 己日에 바뀔 것이니 征하면 길하여 허물이 없을 것이라."("六二 己日 乃革之 征 吉 无咎")56)

위에 引用된 卦爻辭에서 '己'를 종래에는 모두 마칠 '已'로 해석하고 있으나, 澤火革卦(䷰ 택화혁괘)에서 '己日'이 마칠 已라면 '終日'이라는 표현이 더 바람직할 것으로 생각된다. 天干의 '己'度數는 十數로 后天 河圖 原理를 상징하는 度數이다.

그리고 天干의 己度數가 표상하는 十數원리를 중심으로 干支度數를 상징하고 있는 곳은 水雷屯卦(䷂ 수뢰둔괘)의 六二爻57)와 山澤損

---

53) 『周易』, 「山天大畜卦」, 初九 爻辭.
54) 『周易』, 「山澤損卦」, 初六 爻辭.
55) 『周易』, 「澤火革卦」, 卦辭.
56) 『周易』, 「澤火革卦」, 六二 爻辭.
57) 『周易』, 「水雷屯卦」, 六二 爻辭, "六二 屯如邅如 乘馬班如 匪寇 婚媾 女子 貞 不字 十年 乃字"

卦(☶ 산택손괘)  六五爻,58)  風雷益卦(☲ 풍뢰익괘)  六二爻59) 등이라
하겠다.

또한 干支度數原理의 인격적 표현이 神明原理라고 할 때, 風山漸
卦(☶) 初六爻에서 "初六은 鴻漸于干이니 小子ㅣ 厲하나 有言이라
无咎ㅣ니라"라 하여 天干의 '干'을 밝히고 있으며, 이 初爻와 대응
관계에 있는 六四爻에서는 "六四는 鴻漸于木이니 或得其桷이면 无
咎ㅣ리라" 하여 '木'(神道)을 말하여, 初六의 干이 단순히 '물가 干'
이나 '방패 干'의 의미가 아니라 四爻의 木道(神道)와 대응하는 干
支度數原理의 '干'을 의미함을 알 수 있다.

이상에서 고찰한 바와 같이 『주역』에서 聖人이 神明之德에 통하
여 易道를 자각한 것은 바로 干支度數原理의 인격성인 신명원리를
자각했음을 의미하는 것임을 알 수 있다. 즉 『주역』에서는 干支度數
原理의 근본적인 내용인 도덕원리를 神明原理로 규정하여 天地의
본성인 인격성을 의미하는 것으로 밝히고 있는 것이다.

또한 산풍고괘(☶)와 중풍손괘(☴)에서는 先甲三日 后甲三日과 先
庚三日 后庚三日을 직접 말씀하여 天干을 중심으로 干支度數가 표
상하고 있는 근본원리가 曆數變化原理에 근거한 先后天變化原理임
을 밝히고 있음을 알 수 있다.

---

58) 『周易』, 「山澤損卦」, 六五 爻辭, "六五 或益之 十朋之 龜 弗克違 元吉"
59) 『周易』, 「風雷益卦」, 六二 爻辭, "六二 或益之 十朋之 龜弗克違 永貞 吉
　　王用享于帝 吉"

## 2) 『서경』과 『시경』에 표상된 干支度數原理

『서경』과 『시경』이 聖學을 집대성한 孔子에 의해서 산정되었음과 『주역』과 아울러 선진 성학의 三經으로 존숭되었기 때문에 선진 성학의 근본내용인 人道를 표상하면서 아울러 그 존재 근거인 天道를 말씀하고 있음은 생각할 수 있을 것이다.

『서경』과 『시경』은 『주역』에 형이상학적 근거를 두고 그 존재 근거로서 天道를 표상하는 干支度數原理에 대해서도 말씀하고 있는 것이다. 『서경』과 『시경』은 易學이 표상하고 있는 干支度數原理에 근거하여, 그 구체적 내용인 政令原理와 律呂原理를 중심으로 각각 저작된 경전이라 하겠다.[60]

『서경』은 政令原理에 근거하여 堯舜으로부터 禹·湯·箕子·文王·武王·周公으로 이어지는 聖統에 따라서 역사적 사실을 통해서 天道인 曆數原理와 人道의 구체적 실천원리인 왕도정치원리를 밝히고 있으며, 『시경』은 律呂原理에 근거하여 十國의 風과 大雅·小雅 그리고 周頌·魯頌·商頌의 詩 三百餘篇을 말씀하여, 인간의 내면적 성정을 통해 天命을 감통하고 天道를 감통함으로써 君子之道로 천하를 감화시키는 원리를 밝히고 있다고 하겠다.

먼저 『서경』을 중심으로 干支度數原理에 대하여 고찰해 보자.

『서경』에서 五典으로 불리는 堯典, 舜典, 大禹謨, 皐陶謨, 益稷에서는 직접 天道인 曆數原理를 말씀하여 干支度數原理에 근거하여 王道政治를 구현하였음을 알 수 있다.

---

60) 柳南相, 『中國哲學 其一』, 觀中강의노트 참조, 硏經院.

天道에 대하여 직접 말씀한 大禹謨篇에서는

"天道인 曆數原理가 너의 몸에 있는 것이라 너는 장차 元后에 오를 것이다. 人心은 오직 위태롭고 道心은 오직 은미한 것이니 오직 精一하여 진실로 그 中을 잡아라……四海가 困窮하면 天祿이 영원히 끊어질 것이다."("天之曆數ㅣ 在汝躬이라 汝終陟元后하리라 人心은 惟危하고 道心은 惟微하니 惟精惟一하야사 允執厥中하리라 …… 四海困窮하면 天祿이 永終하리라")[61]

라고 하여, 天道인 '曆數'를 직접 말씀하면서 天道가 인간 본성으로 내재화되었기 때문에 본성을 자각하여 정치를 올바로 해야 사해가 곤궁하지 않아 천록이 끊어지지 않음을 밝히고 있다. 여기서 人道인 왕도정치원리의 근거가 되는 '天之曆數'는 天道인 曆數原理로 '曆數'는 시간의 근거가 되는 時間性의 原理를 표상하는 체계로 干支度數原理라 하겠다.

첫째 篇인 堯典篇에서는 天干의 세 번째 도수인 '寅'度數를 말씀하여 先天 閏月이 운행하고 있음을 말씀하고,[62] 이어서

"이에 羲氏와 和氏에게 命하여 공경히 天道에 순응하야 日月星辰을 曆하고 象하여 人時를 공경히 주게 하셨다. …… 朞數는 三百六十六日이니 閏 달을 사용해야 四時를 定하고 歲를 이루어 진실로 百工

---

61) 『書經』, 「虞書」, 大禹謨.
62) 『書經』, 「虞書」, 堯典, "分命羲仲하샤 宅嵎夷하시니 曰暘谷이니 寅賓出日하야 …… 分命和仲하샤 宅西하시니 曰昧谷이니 寅餞納日하야 ……" 여기서 '寅'은 夏나라의 '寅月歲首'를 의미하는 것으로 閏曆이 운행됨을 의미한다고 하겠다.

을 다스려……”(“乃命羲和하샤 欽若昊天하야 曆象日月星辰하야 敬授
人時하시다. …… 帝曰咨汝羲暨和아 朞는 三百有六旬有六日이니 以
閏月이라샤 定四時成歲하야 允釐百工하야 ……”)63)

라고 하여, 堯임금은 天道인 曆數原理를 자각하여, 曆數原理에 의해
운행되는 日月星辰을 통해서 그 운행원리를 밝혀 曆數로 표상하고
卦象으로 표상하여 백성들에게 天時를 알려 주라고 한 것이다. 여기
서 日月의 운행원리인 干支度數原理를 자각하여 一年의 朞數가 三
百六十六日의 先天 閏月이 운행함을 직접 밝힌 것이다.
  益稷篇에서는 先甲三日의 干支度數를 직접 말씀하고 있는데,

    “내 비로소 時間性의 原理에 순응하여 塗山氏에게 장가들어 辛壬
    癸甲이며”(“予創若時하야 娶于塗山하야 辛壬癸甲이며”)64)

  즉 『주역』의 산풍고괘(☴) ‘先甲三日後甲三日’에서 先甲三日의 辛·
壬·癸와 甲을 말씀하여 先天度數 중심으로 日月의 운행원리를 干
支度數로 표상하고 있는 것이라 하겠다.
  「夏書」 甘誓篇에서는

    “有扈氏가 五行을 협박하고 업신여기며 三正을 태만하여 버리니
    天이 그 天命을 끊으시니”(“有扈氏ㅣ 威侮五行하며 怠棄三正할새 天
    用勦絶其命하시나니”)65)

---

63) 『書經』, 「虞書」, 堯典.
64) 『書經』, 「虞書」, 益稷.
65) 『書經』, 「夏書」, 甘誓.

라고 하였으니, 여기서 五行은 天道原理이며, 三正은 子·丑·寅의 正으로[66] 天道인 曆數를 의미하는 것이라 하겠다. 즉 有扈氏가 天道인 曆數原理를 무시하니 하늘이 天命을 끊어 버린 것이다. 三正은 구체적으로 曆數原理에 근거하여 周나라는 子月歲首, 殷나라는 丑月歲首, 夏나라는 寅月歲首를 사용했음을 말씀한 것이다.

한편,「商書」에서는 殷代 王의 이름이 모두 干支度數로 되어 있는데, 이것은 干支度數原理가 天道인 曆數原理를 표상하고 있기 때문에 天道를 대행하는 존재의 의의로서 命名한 것이라 미루어 생각할 수 있을 것이다. 또한 太甲上·中·下篇의 三篇은『주역』의 산풍고괘(䷑) '先甲三日後甲三日'의 先天 '甲'度數와 三日을 말씀하여 '先甲三日'에 근거하여 편성되었고, 盤庚上·中·下篇의 三篇은『주역』의 중풍손괘(䷸) '先庚三日後庚三日'의 后天 '庚'度數와 三日을 말씀하여 '后庚三日'에 근거하여 편성되었음을 알 수 있다.[67]

이 외에도 聖統을 중심으로 왕도정치원리를 밝히면서 干支度數를 사용하여 時義性을 표상하는 방법으로 여러 곳에서 말씀하고 있다.[68]

---

66) 蔡沈은『書經』註에서 "三正은 子丑寅의 正이다"(三正子丑寅之正也)라고 밝히고 있다.
67) 柳南相,『書經』, 註 참조.
68)『書經』,「周書」, 泰誓, "惟戊午 王次于河朔"
　　武成, "惟一月壬辰旁死魄越翼日癸巳 王朝步自周 于征伐商" "丁未祀于周廟. 邦甸侯衛駿奔走 執豆籩. 越三日庚戌 柴望大告武成" "旣戊午 師渡孟津 癸亥 陳于商郊 俟天休命. 甲子昧爽 受率其旅 若林"
　　洛誥, "予惟乙卯 朝至于洛師"
　　顧命, "甲子 王乃洮頮水 丁卯 命作冊度 越七日癸酉 伯相命士須材"
　　畢命, "惟十有二年六月庚午朏越三日壬申 王朝步自宗周" 등에서 干支度數를 말씀하고 있다.

다음으로『시경』에서 표상되고 있는 干支度數에 대하여 고찰해 보자.

『시경』은 인간의 정감을 중심으로 君子之道를 표상하고 있기 때문에 干支度數原理에 대하여 직접 고찰하는 데는 어려움이 있으나 구체적으로 논급해 보도록 하겠다.『시경』은 일반적으로 詩三百으로 말씀하고 있는데 이 三百은 바로 干支度數原理가 표상하는 曆數變化의 목표인 正曆의 朞數 三百六十度의 三百度數를 의미하는 것이라 하겠고, 六十은『서경』의 五十八篇과 관계된 度數라 하겠다.[69]

먼저『시경』「小雅」吉日章에서는

　　"좋은 날 戊에 이미 伯하며 이미 祈禱하니 …… 좋은 날 庚午에 이미 나의 말을 골라"("吉日維戊 旣伯旣禱 …… 吉日庚午 旣差我馬")[70]

라고 하여, 天干에서 五數를 상징하는 다섯 번째 度數인 '戊'와 六十 干支度數의 일곱 번째 度數인 '庚午'를 말씀하고 있다. 戊는 天干의 本體度數로 丁·乙·癸·辛의 本體로 律呂作用의 基準度數이며,[71] '庚午'는『周易』의 序卦原理에서 일곱 번째 卦인 地水師卦(䷆ 지수사괘)로 上經의 天地合德原理를 위주로 표상하고 있는 卦이다.

「小雅」十月之交章에서는

　　"시월달이 交會하는 초하루 辛卯에 日食이 있으니 ……"("十月之交 朔日辛卯 日有食之 ……")[72]

---

69) 柳南相,『中國哲學 其一』, 觀中강의노트 참조, 硏經院.
70)『詩經』,「小雅」, 吉日章.
71) 金恒,『正易』,「十一一言」, 第二十五張, "政令은 己庚壬甲丙이오 呂律은 戊丁乙癸辛을 地十爲天天五地하니"

이라 하여, '交'는 일월이 交會하는 것으로 그믐과 초하루가 交하는 날이 辛卯날에 月食이 있다고 하였다. '辛卯'는 六十 干支度數에서 28번째 도수로 『주역』의 序卦原理에서는 澤風大過卦(☱☴ 택풍대과괘)이며, 일월운행원리에 따른 天地變化 현상을 직접 표상하는 卦이다.

이상에서 『서경』과 『시경』에 표상된 干支度數原理에 대하여 고찰해 보았다. 선진 성학의 경전에서는 人道를 중심으로 표상하고 있기 때문에 그 존재 근거로서의 天道인 曆數原理에 대하여 말씀하고 있지만, 曆數原理의 표상체계인 干支度數原理에 대하여 은밀히 감춰 놓고 구체적으로 밝히고 있지 않음을 알 수 있다.


## 3. 漢代 이후 干支度數原理의 망각


『주역』을 비롯하여 선진 성학에서는 干支度數原理를 易道의 표상체계로 말씀하였으나, 漢代 이후 干支度數原理의 본래적 의의가 망각되었다. 따라서 본 장에서는 漢代 이후 易學者들의 干支度數에 대한 이해를 고찰해 봄으로써 干支度數原理의 본래적 의의가 망각된 易學史的 전개과정을 밝힐 수 있으며, 아울러 先秦 聖學에서 말씀되고 있는 干支度數原理의 본래적 의의와 내용을 밝히기 위해 『정역』 연구의 필요성이 제기될 것이다.

---

72) 『詩經』, 「小雅」 十月之交章.

漢代에는 干支度數를 이른바 '六甲'이라 하여 시간을 셈하는 방법으로 이용하거나 讖緯說과 결부시켜 이해함으로써 易學에 있어서 중요한 문제로 다루어지지 않았다. 먼저 漢代에 사용된 干支에 대하여 살펴보면 다음과 같다.[73]

첫째, 京房이 納甲說과 納支說을 주장하면서 六爻重卦와 八卦에 天干과 地支를 결합하여, 각 卦는 十天干에 각 爻는 十二支에 배정하여 밝히고 있다. 그리고 京房易에 근거하고 있는 『易緯乾鑿度(역위건착도)』에서는 '八卦方位說'을 주장하여 八卦와 五常(仁禮義智信) 그리고 十二地支를 배합하여 음양의 消長과 사계의 寒暑 변천의 원리를 설명하고, '爻辰說'을 주장하여 12辰에 六十四卦와 十二支를 배치하여 설명하고 있다.

둘째, 『易緯稽覽圖(역위계람도)』에서는 64卦를 통해 1년의 음양의 氣가 消長하는 가운데 '用事'함을 설명하면서 12월을 十二地支와 병행하고 있다.

셋째, 『淮南子(회남자)』, 「天文訓」에서는 音律에 있어서 12律과 24節氣를 배합시키고 十二支에 배당하여 干支를 말하고 있다.

넷째, 『漢書』, 「律歷志」에서도 干支를 통해 音律과 卦의 배합을 설명하고 있다.

다섯째, 『周易參同契(주역참동계)』에서는 納甲說(납갑설)을 이용하여 우주 음양의 消長을 설명하고 있다. 이상(以上)과 같이 여러 분야에서 干支(六甲)를 사용하고 있음을 알 수 있다.

---

73) 漢代 易學에서 干支의 사용에 대한 자료는 鈴木由次郎의 『漢易 研究』(日本, 明德出版社, 昭和三十八年)와 심경호 옮김의 『주역철학사』(예문서원, 1998)를 참고하였다.

그러나 漢代 易學은 『주역』을 복서의 책으로 보는 관점이 농후하여 干支度數의 근본원리에 대해서는 한마디로 언급 없이 물리적인 변화 법칙을 해석하는 데 그치고 있는 것이다. 이것은 漢代 易學이 물리적 자연법칙을 밝히는 象數論에 치우친 나머지 형이상학적 원리에 대해서는 언급하지 못하였기 때문이다.[74]

漢代 이후에도 干支(六甲)를 사용하고 있지만, 漢代에서 논의된 범위를 크게 벗어나지 않고, 천문학적 입장에서 일상적인 시간을 셈하는 방법이나 물리적 변화법칙 등을 셈하는 데 이용해 온 것이다.

구체적으로 『주역』에서 밝히고 있는 干支度數原理에 대한 漢代 이후 易學者들의 견해를 고찰해 보면, 먼저 干支度數原理의 인격적 표현인 神明之德에 대하여 唐代 孔穎達(공영달)은 『周易正義(주역정의)』에서

"만물의 변화니 혹은 生하고 혹은 成하는 것이 神明之德이다."("萬物變化 或生或成 是神明之德")[75]

"神의 道 됨이 陰陽不測하고 오묘하고 정해진 방향이 없이 생성변화하니 그러한 까닭을 알지 못하고 그러한 것이다."("神之爲道 陰陽不測 妙而无方 生成變化 不知所以然而然者也")[76]

라고 하여, 만물의 변화로 생성하는 것이며, 陰陽不測하고 妙하고 无方으로 생성변화하는 것을 神明之德이라 하여 물리적 사물의 변화로

---

74) 柳南相, 「正易思想의 根本問題」, 『論文集』, 제7권 제2호, 충남대학교 인문과학연구소, 1980, 228쪽 참조.
75) 孔穎達, 『周易正義』, 「繫辭下」, 第六章 疏.
76) 孔穎達, 앞의 책, 「說卦」, 第一章 疏.

규정하고 있음을 알 수 있다. 宋代 朱子는

"神明之德은 健順動止의 性과 같다."("神明之德 如健順動止之性")77)

고 하여, 健順動止의 性과 같다고 하였다. 즉 漢代 이후 易學者들은 神明을 만물의 생성변화나 陰陽健順의 본성으로 규정하여, 天地의 본성으로 天道를 표상하는 干支度數原理의 인격성을 표상하는 개념임을 분명하게 밝히지 못하였다.

『주역』에서 干支度數原理를 직접 밝히고 있는 산풍고괘(䷑)와 중풍손괘(䷸)에 대한 漢代 이후 易學者의 주석을 고찰해 보면, 먼저 魏晉時代 왕필은

"甲은 創制의 今이요 申命을 일러 庚이니 甲庚은 모두 申命을 이른 것이다."("甲者 創制之今, 申命今謂之庚, 甲 庚 皆申命之謂")78)

라고 하여, 산풍고괘(䷑)의 '先甲三日後甲三日'과 중풍손괘(䷸)의 '先庚三日後庚三日'의 甲과 庚은 모두 중풍손괘(䷸) 大象의 "象曰隨風이 巽이니 君子ㅣ 以하야 申命行事하나니라"의 '申命'을 말하는 것이라고 하였다. 공영달은 『주역정의』에서

"甲은 創制의 今이요 …… '甲'은 造作新令의 날이니 甲 앞의 三日은 허물을 고쳐 스스로 새로움을 취하는 고로 辛을 쓰고, 甲 뒤의 三

---

77) 朱子, 『周易本義』, 「繫辭下」, 第二章 註.
78) 孔穎達, 『周易正義』, 「山風蠱卦」, 卦辭 註.

日은 丁寧의 뜻을 취하는 고로 丁을 쓰는 것이다.”(“甲者 創制之今 …… ‘甲’者造作新今之日 甲前三日 取改過自新 故用辛也 甲後三日 取丁寧之義 故用丁也”)[79]

라고 하여, 先甲三日은 新의 뜻으로 辛이며 後甲三日은 丁寧의 뜻으로 丁이라고 하면서 왕필의 주석을 그대로 받아들이고 ‘新’과 ‘丁寧’을 부가한 것이라 하겠다.

北宋의 정이천은

“甲은 數의 머리이고 일의 시작이니 별의 甲乙과 같으며 甲은 第甲令으로 모두 머리를 말하고 일의 단서이다. …… 甲은 일의 머리요 庚은 변하여 바뀜의 머리이니 政敎의 類를 制作한즉 甲을 이른 것은 그 머리를 드는 것이요, 명령을 시행하는 일을 發號하는 것은 곧 庚을 이른 것이니 庚은 更과 같으니 변하여 바뀌는 바가 있다.”(“甲 數之首 事之始也 如辰之甲乙 甲第甲令 皆謂首也 事之端也…… 甲者事之首 庚者 變更之首 制作政敎之類則云甲 擧其首也 發號施令之事則云庚 庚 猶更也 有所更變也”)[80]

“先庚三日 后庚三日 吉은 命令을 出하여 고쳐서 바꾸는 道이니 마땅히 이와 같은 것이다. …… 十干의 戊己는 中이 되니 中을 지난즉 변하니 고로 庚이라 이르니 일이 바뀌는 것으로 마땅히 始에 근원하여 終을 요약하는 것인 先甲后甲의 뜻과 같으니 이와 같은즉 吉하다.”(“先庚三日後庚三日吉 出令更改之道 當如是也 …… 十干 戊己爲中 過中則變 故謂之庚 事之改更 當原始要終 如先甲後甲之義 如是則吉也”)[81]

---

79) 孔穎達, 『周易正義』, 「山風蠱卦」, 卦辭 註.
80) 程伊川, 『易傳』, 「山風蠱卦」, 卦辭 註.

라고 하여, 甲은 일의 시작으로 머리이며, 庚은 變更의 머리로 변하여 바뀌는 바가 있다고 하였다. 干支度數에서 天干이 甲으로 시작하기 때문에 일의 시작이라 하고, 庚은 天干의 중심인 戊己를 지나 새롭게 시작하기 때문에 변하여 바뀌는 바가 있다고 하였던 것이다.

宋代 신유학을 완성한 朱子는 『주역본의』에서

> "甲은 날의 시작이며 일의 단서이다. 先甲三日은 辛이요 后甲三日은 丁이니"("甲 日之始 事之端也 先甲三日 辛也 後甲三日 丁也")[82]
>
> "庚은 更이요 일의 변화니 先庚三日은 丁이요 後庚三日은 癸이니 丁은 그 變化의 앞에서 丁寧하는 바이요 癸는 그 변화의 뒤에서 헤아리는 것이니 變化하여 바뀌는 바가 있고 이 占을 얻은 자 이와 같은즉 吉하다."("庚 更也 事之變也 先庚三日 丁也 後庚三日 癸也 丁 所以丁寧於其變之前 癸 所以揆度於其變之後 有所變更而得此占者 如是則吉也")[83]

라고 하여, 『주역정의』의 주석과 정이천의 『易傳(역전)』을 그대로 계승하고, 先甲三日의 辛은 自新이며, 後甲三日과 先庚三日의 丁은 丁寧이고, 後庚三日의 癸는 揆度[84]의 의미로 해석하고 있다. 즉 일의 단서와 변화에 있어서 丁寧 揆度하라는 聖人의 경계 말씀으로 이해하고 구체적인 도수를 제시하고 있지는 못한 것이다.

또한 漢代 象數易學을 중심으로 주석한 『周易述義(주역술의)』에서는

---

81) 程伊川, 『易傳』, 「重風巽卦」, 九五爻辭 註.

82) 朱子, 『周易本義』, 「山風蠱卦」, 卦辭 註.

83) 朱子, 『周易本義』, 「重風巽卦」, 九五爻辭 註.

84) 朱子, 『周易本義』, 「山風蠱卦」, 卦辭 잔註 참조.

"先甲後甲은 모두 乾震을 쓰는 것이니 甲은 乾으로 乾은 納甲이
된다. 先甲三日은 先乾三卦이니 先乾三卦는 震이요 後乾三卦는 艮이
니 艮陽이 마친즉 震陽이 시작하니 乾行이 식지 않는 것이다."("先甲
後甲 兼用乾震也 甲 乾也 乾納甲也 先甲三日 先乾三卦也 先乾三卦
爲震 後乾三卦爲艮 艮陽終則震陽始 乾行不息也")85)

　이라 하여, 漢代 유행한 納甲說을 근거로 干支度數를 해석하여86)
干支度數와 八卦를 연관시켜 이해하고 있다.
　　이상에서 漢代 이후 주석에 의하면, 한대 이후 역학자들은 산풍고
괘(☶)의 '先甲三日後甲三日'과 중풍손괘(☴)의 '先庚三日後庚三日'에
서 밝히고 있는 내용이 終始原理로 時間性의 原理임을 파악하지 못
했던 것이다. 이것은 漢代 이후 易學者들이 先秦 聖學에서 말씀하
고 있는 曆數原理를 물리적인 시간의 운행법칙인 冊曆으로 이해하
고, 사시운행의 선후적 순서와 같이 성인의 왕위 계승의 순서를 나
타내는 것으로 오해하여 易學의 근본문제인 曆數原理를 상실하였기
때문이다.
　　易學의 근본문제인 曆數原理의 망각에 대하여 『정역』에서는 "옛
사람들의 뜻과 생각이 도달하지 못한 것이라"87)라고 하여 한대 이후
역학자들의 뜻과 생각이 미치지 못했다고 하였다. 이는 『정역』이 표

---

85) 傅恒 외, 『周易述義』, 「山風蠱卦」, 卦辭 註.
86) 『周易述義』에서는 「重風巽卦」, 九五爻辭 註에서도 "蠱之先甲後甲 用
　　乾震也 巽之先庚後庚 亦用乾震也 後天卦位震東兌西震納庚 先震三卦
　　爲乾 後震三卦爲坤 甲之先後艮陽終則震陽始 乾行也 庚之先後 坤由
　　兌以歸於乾亦乾行也"라 하여 納甲說과 결부하여 干支度數를 註釋하
　　고 있다.
87) 金恒, 『正易』, 「十五一言」, 第六張, "古人意思不到處라."

상하고 있는 曆數原理를 중심으로 易學의 干支度數原理와 河圖洛書原理 그리고 卦爻象數原理가 연구돼야 함을 밝힌 것이라 하겠다.

이상의 고찰을 통해 필자는 『정역』이 말씀하고 있는 干支度數原理의 연원이 『주역』을 비롯한 선진 성학에 있음을 밝혔다. 아울러 干支度數原理의 연원을 고찰하면서 다음과 같은 몇 가지 결론을 얻을 수 있었다.

첫째, 干支度數는 근원적 존재의 存在原理인 易道의 표상체계라는 것이다. 즉 易道는 變化之道로서 時間性의 原理를 내용으로 하는데, 干支度數原理가 바로 時間性 原理의 구조와 내용인 終始原理를 표상하고 있는 것이다. 선진 성학과 『정역』에서는 時間性 原理를 曆數原理로 규정하여 干支度數原理가 天道인 時間性 원리를 표상하는 체계임을 밝히고 있다.

둘째, 『주역』을 비롯한 선진 성학이 人道를 중심으로 天地人 三才之道를 표상하기 때문에 干支度數의 기본구조와 내용에 대해서는 구체적으로 말씀하고 있지 않지만, 天地의 본성을 표상하는 干支度數原理를 神明原理로 규정하고 있으며, 『주역』산풍고괘(䷑)와 중풍손괘(䷸)에서는 先甲三日 后甲三日과 先庚三日 后庚三日을 직접 말씀하여 干支度數原理가 표상하는 曆數變化原理의 근본내용이 先后天變化原理임을 핵심적으로 밝히고 있다.

셋째, 한대 이후 역학자들은 선진 성학에서 말씀하고 있는 曆數原理를 물리적인 시간의 운행법칙인 冊曆으로 이해하고, 사시운행의 선후적 순서와 같이 성인의 왕위 계승의 순서를 나타내는 것으로 오해하여 易學의 근본문제인 干支度數原理를 망각하게 되었다.

마지막으로 『주역』과 『정역』은 서로 陰陽的 관계로 『정역』이 표상하는 曆數原理는 『주역』이 표상하는 人道인 性命之理의 존재론적 근거가 되며, 『주역』의 卦爻原理는 『정역』의 曆數原理가 人道로 구현되는 것을 밝히고 있다. 따라서 근원적인 측면에서는 『정역』의 연구를 통해 『주역』의 세계를 밝혀 나갈 때 易學의 본래 면목이 분명하게 밝혀질 것이라 생각된다.

# 제 9 장

## 맺음말

　지금까지 필자는 선진 성학의 근본문제인 曆數原理를 표상하고 있는 易學의 河圖洛書原理를 밝히기 위해 變化之道와 時間性 原理를 고찰하였으며, 河圖와 洛書의 논리적 구조와 曆數原理的 內容에 대하여 밝혀 보았다. 또한 선진 성학 경전과 한국 성리학에 나타난 河圖洛書를 고찰하고, 曆數原理를 표상하는 干支度數原理의 연원에 대하여 고찰하였다. 이에 아래와 같은 결과에 도달하게 되었다.

　1. 河圖와 洛書는 성인이 天地의 道를 주체적으로 자각하여 밝힌 근원적 存在原理인 變化之道의 표상체계이며, 河洛原理는 선진 성학의 존재근거가 되는 근원적인 存在原理임을 알 수 있었다.

　2. 易學의 근본문제인 變化之道는 乾坤으로 표상되는 乾坤之道이며, 乾坤之道는 體의 측면에서는 陰陽原理이고 작용의 측면에서는 剛柔原理임을 알 수 있다. 이 陰陽原理는 日月原理이며 日月原理는 時間性의 原理이다. 따라서 變化之道는 時間性의 原理임이 밝혀진 것이다.

　3. 變化之道 자체의 측면에서는 形而上의 道가 자기 전개 전개작용에 의해 形而下로 드러나는 것이 변화이며, 人道의 측면에서는 君

子의 언행을 통해서 만물의 존재의미를 밝혀 天人이 합덕됨으로 三才가 成道合德되는 것임을 알 수 있었다.

4. 變化之道인 時間性의 原理는 시간의 존재 근거가 되는 形而上的 존재로서 『주역』을 비롯한 선진 성학과 『정역』에서는 曆數原理로 밝히고 있다. 이러한 易學의 근본문제인 曆數原理를 체용적 구조로 표상한 것이 河圖와 洛書이다.

5. 河圖와 洛書는 體用의 관계로 그 구조적 측면에서 河圖는 十五 天地를 本體로 하고 一六・二七・三八・四九가 각각 합덕하는 天地陰陽의 合德原理를 표상하며, 洛書는 作用의 주체인 五皇極을 本體로 하여 一九・二八・三七・四六이 각각 대응하여 작용하는 四象作用원리를 표상하고 있다. 따라서 河圖는 十五를 體로 하는 十五本體原理와 四象이 正位에서 用政하는 합덕원리를 표상하고 있으며, 洛書는 五를 體로 하여 四象의 分生作用으로 드러나는 작용원리를 표상하고 있다.

6. 河洛原理의 논리적 구조는 체용구조로서 三極을 體로 하고, 河圖的 倒生逆成作用原理와 洛書的 逆生倒成作用原理를 用으로 하고 있다. 그런데 河圖와 洛書가 體用의 관계인 것처럼 倒逆生成作用原理도 體用의 관계로서 倒生逆成作用이 體라면 逆生倒成作用은 用이 된다.

7. 河圖와 洛書의 본체수를 합하면 二十이 되고, 작용수를 合하면 八十이 되며, 體用을 합하면 百數가 된다. 河圖와 洛書는 曆數變化原理를 표상하는 것이기 때문에 河圖와 洛書에서 드러나는 本體數 二十과 體用合德數 一百은 曆數變化原理를 구성하는 도수로서 本體度數인 无位數原理와 體用合德度數인 一元數原理를 표상하고 있다.

8. 无位數原理는 河洛原理의 본체도수를 표상하는 원리로서 无位數 二十은 공간적 위상이 없는 形而上的 존재이면서 만물의 존재 근거가 되는 가장 근원적인 존재를 표상하는 도수이다. 无位數 二十은 无无位數 六十에서 귀공된 單五와 十五를 합한 數인 동시에 河圖와 洛書에서는 天地를 나타내는 十과 五(河圖, 体) 그리고 五行作用原理(洛書, 用)를 합한 수이다. 이는 易道의 體用的 구조를 표상한 것이다. 五行作用原理의 구체적 내용인 天의 倒生逆成作用과 地의 逆生倒成作用을 가능케 하는 근원적 원리를 표상하는 이수이다.

9. 一元數原理는 曆數原理의 작용원리를 표상하는 數로서 合德된 天地로 체용적 구조를 밝히고 있다. 河圖의 五十五數와 洛書의 四十五數가 합덕된 것으로 본체수 二十을 제외하면 생성작용수 八十을 통해 曆數의 변화원리를 추연하게 된다.

10. 『정역』에서는 河洛原理를 日月之政에 의한 四曆의 생성변화를 내용으로 하는 天之曆數原理로 규정하였다. 河圖와 洛書가 모두 體用의 구조를 통하여 易道를 표상하고 있지만 洛書의 본체도수 五는 河圖의 본체도수 十五의 작용성을 밝히고 있기 때문에 本體原理는 河圖의 本體度數인 十五本體原理를 근거로 하며, 河圖에서 四象이 正位에서 작용하는 것은 洛書의 四象作用原理로 귀결되기 때문에 작용원리는 洛書의 四象作用原理에 근거하고 있음이 밝혀졌다. 따라서 河洛原理의 曆數原理的 내용 체계는 十五 本體를 위주로 하는 十五尊空爲體原理와 天地의 합덕에 의하여 이루어지는 작용원리에서는 九·六合德爲用原理로 귀결되는 것이다.

11. 十五尊空爲體原理는 본체도수 十五度가 九·六의 用度數로 전환되고, 用度數 九·六이 장성하여 합덕됨으로써 다시 十五 본체도

수로 귀공되는 것이다. 日月의 측면에서는 四曆變化를 통해 十五 度數가 본체도수가 되는 十五歸體原理이고, 인간의 측면에서는 인간이 자신의 본래성을 깨달아 天地의 도덕성을 자각하여 그 道德的 의지를 현실에서 실천 구현함으로써 十五尊空爲體原理가 완성되는 것이다.

12. 九·六合德爲用原理는 四曆이 생성변화하는 것으로 음양의 合德曆인 原曆에서 음양이 분리되어 閏曆이 生하고 그것이 成長하여 다시 음양이 합덕된 正曆으로 변화됨이 밝혀졌다. 구체적인 䇤數에서는 三百七十五日의 原曆을 근거로 三百六十六日의 閏曆이 生되고, 다시 성장하여 三百六十五과 四分度之一日의 閏曆이 되고, 다시 長成하여 三百六十 正曆으로 완성되는 用九·用八·用七·用六의 四曆變化原理이다.

13. 十五 天地를 본체로 하여 이루어지는 四曆變化原理가 음양의 合德曆인 三百六十 正曆의 운행으로 완성되기 때문에 正曆의 구조원리를 이해함으로써 十五 天地의 내용을 覺得할 수 있다. 正曆䇤數 三百六十은 大一元數 三百과 无无位數 六十으로 구성되며, 大一元數 三百은 一元數 百에 三才를 乘한 것이며, 无无位數 六十은 无位數 二十에 三才를 乘한 것이다.

14. 四曆變化原理를 통해서 易學의 근본문제인 先后天變化原理가 드러나게 되었다. 陰陽의 曆이 나누어져서 운행되는 閏曆의 세계가 先天이며, 음양이 합덕된 三百六十 正曆이 운행되는 세계가 后天이다. 따라서 曆數原理의 내용인 四曆變化原理는 先天 閏曆에서 后天 正曆으로 변화하는 先后天變化原理임이 밝혀졌다.

15. 天道를 표상하는 河圖洛書原理의 내용인 十五尊空爲體原理와 四曆變化原理가 人道에 있어서는 聖統原理와 四德原理로 밝혀지게

된다. 十五尊空爲體原理에 의해 탄강된 聖人은 十五 聖統으로 전개되며, 四曆變化原理는 天道의 인간 주체화 원리로서 인간 본래성인 四德原理로 내재화된 것이다.

16. 十五尊空爲體原理는 十五 聖統의 연원으로 우주와 인류역사의 중심축을 이루는 中道이며, 九・六合德爲用原理에 의해 전개되는 四曆變化原理는 十五 本體度數가 九・六의 用度數로 나누어져 작용하는 正道이다. 따라서 易學이 밝히고 있는 中正之道의 본래적 의미가 河圖洛書의 十五尊空爲體原理와 九・六合德爲用原理(四曆變化原理)를 내용으로 함이 밝혀지는 동시에 이 天之曆數原理가 인간의 주체적 자각을 통하여 드러나는 天人合德의 存在原理임이 밝혀지게 되었다.

17. 聖人은 十五尊空爲體原理에 연원하여 탄강된 존재로 天之曆數原理를 주체적으로 자각하여 天地의 본성을 밝혀 후세 군자들이 인격적 존재로 살아가도록 中正之道를 밝힌 先天的 존재이며, 君子는 聖人이 밝힌 中正之道의 근원적 내용인 天之曆數原理를 자각하여 자신의 본성으로 주체화된 四德原理를 실천하여 先天 聖人之道를 밝히는 后天的 使命을 가진 존재이다. 따라서 聖人이 말씀한 中正之道와 君子가 실천해야 할 四德原理가 본질적으로 하나임을 알 수 있는 것이다.

18. 河圖洛書原理와 선진 성학 경전에서는 『주역』을 비롯한 三經과 四書에 표상된 河圖洛書原理에 대하여 고찰하였다. 三經은 『주역』의 역도를 근거로 정령도수원리를 표상한 『서경』과 율려도수원리를 표상한 『시경』으로 분류되는 체계를 가지고 있기 때문에 人道인 性命之理와 왕도정치원리 그리고 君子之道를 표상하고 있지만 그

근거가 되는 天地之道를 표상하는 하도낙서원리를 밝히고 있음을 알
수 있었다.

또한 四書는 君子之道를 중심으로 『논어』는 군자의 학문원리를,
『맹자』와 『대학』은 군자의 실천원리인 왕도정치를, 『중용』은 時中之
道인 군자의 본성을 밝히고 있기 때문에 그 존재 근거가 되는 天地
之道를 표상하는 河圖와 洛書를 말씀하고 있음을 알 수 있었다.

19. 河圖洛書原理와 한국 성리학에서는 한국 성리학을 대표하는
퇴계와 율곡의 역학관을 중심으로 고찰하였다. 퇴계와 율곡은 송대
도서역학을 계승하면서도 河圖洛書에 대한 독창적인 견해를 밝히고
있음을 알 수 있었다. 특히 퇴계역학의 '金火相爲用說'을 비롯하여
『啓蒙傳疑』에서 밝힌 '河圖行合說', '卦源於數說', '圖書相爲體用說'
등은 송대 도서역학의 한계를 극복하려는 퇴계역학의 결정체라고 하
겠다. 또한 율곡역학에서 河圖는 天地自然의 象에, 洛書는 人事當然
의 道에 배당하여 이해한 것은 河圖洛書에 대한 독특한 견해라 하
겠다.

20. 曆數原理와 干支度數原理의 연원에서는 干支度數가 근원적 존
재의 存在原理인 易道의 표상체계라는 것이다. 즉 易道는 變化之道
로서 時間性의 原理를 내용으로 하는데, 干支度數原理가 바로 時間
性 原理의 구조와 내용인 終始原理를 표상하고 있는 것이다. 선진
성학과 『정역』에서는 時間性의 原理를 曆數原理로 규정하여 干支度
數原理가 天道인 時間性의 원리를 표상하는 체계임을 밝히고 있다.
또한 간지도수의 연원이 『주역』을 비롯한 선진 성학에 있음이 밝혀
졌다. 『주역』에서는 天地의 본성을 표상하는 干支度數原理를 神明
原理로 규정하고, 산풍고괘(䷑)와 중풍손괘(䷸)에서는 先甲三日　后甲

三日과 先庚三日 后庚三日을 직접 말씀하여 干支度數原理가 표상하는 曆數變化原理의 근본내용이 先后天變化原理임을 핵심적으로 밝히고 있다.

이상에서 본 연구는 天道인 河圖洛書原理의 해명을 통해 인간의 존재근거를 밝힘으로써 易學이 밝히고 있는 이상적 인격체인 君子的 삶의 의미를 제시하였다. 이에 실존적 인간으로 현대를 살아가는 우리가 추구해야 하는 삶의 본질적 의의는 天道에 순응하여 인간 본래성으로 주체화된 天地의 본성인 道德原理(四德原理)를 자각하여 실천하는 것임을 알 수 있었다.

아울러 본 研究에서는 河洛原理의 연구와 더불어 干支度數를 통하여 표상된 神明原理를 연구해야 할 필요성이 제기되었다. 干支度數原理는 體用一元的 관점에서 曆數原理를 밝히고 있기 때문에 근원적으로는 河洛原理도 干支度數原理에 근원하고 있다고 하겠다. 따라서 干支度數原理를 밝히고 있는 『정역』을 연구하고, 그것을 바탕으로 『주역』을 연구함으로써 易學의 본래 면목이 밝혀지게 될 것이다.

정역원문 *

# 正

# 易

* 『正易』은 1966년 正經學會에서 간행한 板本을 臺本으로 하였으며, 토
  는 1976년 鶴山 李正浩선생님의 『正易硏究』 부록으로 제시된 것을 臺
  本으로 하였다.

大易序라

聖哉라 易之爲易이여 易者는 曆也니 無曆이면 無聖이요 無聖이면 無易이라 是故로 初初之易과 來來之易이 所以作也시니라

夫子親筆吾已藏하니 道通天地無形外라 伏羲粗畫文王巧하니 天地傾危二千八百年이라

嗚呼聖哉라 夫子之聖乎여 知天之聖도 聖也시요 樂天之聖도 聖也시나 親天之聖은 其惟夫子之聖乎신저 洞觀天地無形之景은 一夫能之하고 方達天地有形之理는 夫子先之시니라 嗚呼聖哉라 夫子之聖乎여 文學宗長은 孔丘是也시요 治政宗長은 孟軻是也시니 嗚呼라 兩夫子시여 萬古聖人也시니라

一夫事實이라

淵源은 天地無窮化无翁이요 來歷은 新羅三十七王孫이라 淵源無窮來歷長遠兮여 道通天地無形之外

也로다

我馬頭通天地第一元은 金一夫로다

　一夫事蹟이라

三千年積德之家에 通天地第一福祿云者는 神告也
시오

六十年率性之工에 秉義理大著春秋事者는 上敎也
시니라

一夫敬書하니 庶幾逃罪乎인져

辛巳 六月 二十二日　一夫

十五一言이라

嗚呼라 盤古化하시니 天皇无爲시고 地皇載德하시고
人皇作이로다 有巢旣巢하시고 燧人乃燧로다 神哉伏
羲劃結하시고 聖哉神農耕市로다 黃帝甲子星斗요 神
堯日月甲辰이로다 帝舜七政玉衡이요 大禹九疇玄龜
로다 殷廟에 可以觀德이요 箕聖乃聖이시니 周德在玆
하야 二南七月이로다 麟兮我聖이여 乾坤中立하사 上
律下襲하시니 襲于今日이로다

嗚呼라 今日今日이여 六十三 七十二 八十一은 一
乎一夫로다

擧便无極이니 十이니라

十便是太極이니 一이니라

一이 无十이면 无體요 十이 无一이면 无用이니 合하면
土라 居中이 五니 皇極이니라

地는 載天而方正하니 體니라

天은 包地而圓環하니 影이니라

大哉라 體影之道여 理氣囿焉하고 神明萃焉이니라

<第一張>

天地之理는 三元이니라

元降聖人하시고 示之神物하시니 乃圖乃書이라

圖書之理는 后天先天이요 天地之道는 旣濟未濟니라

龍圖는 未濟之象而倒生逆成하니 先天太極이니라

龜書는 旣濟之數而逆生倒成하니 后天无極이니라

五居中位하니 皇極이니라

易은 逆也니 極則反하나니라

土極하면 生水하고 水極하면 生火하고 火極하면 生金하고 金極하면 生木하고 木極하면 生土하니 土而生火하나니라

金火互宅은 倒逆之理니라

嗚呼至矣哉라 无極之无極이여 夫子之不言이시니라

不言而信은 夫子之道시니라

晩而喜之하사 十而翼之하시고 一而貫之하시니 儘我
萬世師신져

天四면 地六이요 天五면 地五요 天六이면 地四니라

天地之度는 數止乎十이니라 &lt;第二張&gt;

十은 紀요 二는 經이요 五는 綱이요 七은 緯니라

戊位는 度順而道逆하야 度成道於三十二度하니 后
天水金太陰之母니라

己位는 度逆而道順하야 度成道於六十一度하니 先
天火木太陽之父니라

太陰은 逆生倒成하니 先天而后天이요 旣濟而未濟니라

一水之魂이요 四金之魄이니 胞於戊位成度之月初
一度하고 胎於一九度하고 養於十三度하고 生於二十
一度하니 度成道於三十이니라

終于己位成度之年初一度하고 復於戊位成度之年

十一度니라

復之之理는 一八七이니라

五日一候요 十日一氣요 十五日一節이요 三十日一月이요 十二月一朞니라

太陽은 倒生逆成하니 后天而先天이요 未濟而旣濟니라

<第三張>

七火之氣요 八木之體니 胞於己位成度之日一七度하고 胎於十五度하고 養於十九度하고 生於二十七度하니 度成道於三十六이니라

終于戊位成度之年十四度하고 復於己位成度之年初一度니라

復之之理는 一七四니라

十五分一刻이요 八刻一時요 十二時一日이니라

　　天地合德三十二요 地天合道六十一을 日月同宮
　　有无地요 月日同度先后天을 三十六宮先天月이

大明后天三十日<sub>을</sub>

四象分體度<sub>는</sub> 一百五十九<sub>니라</sub>

一元推衍數<sub>는</sub> 二百一十六<sub>이니라</sub>

后天<sub>은</sub> 政於先天<sub>하니</sub> 水火<sub>니라</sub>

先天<sub>은</sub> 政於后天<sub>하니</sub> 火水<sub>니라</sub>


金火一頌<sub>이라</sub>

聖人垂道<sub>하시니</sub> 金火明<sub>이로다</sub> 將軍運籌<sub>하니</sub> 水土平<sub>이로다</sub> 農夫洗鋤<sub>하니</sub> 歲功成<sub>이로다</sub> 畵工却筆<sub>하니</sub> 雷風生<sub>이로다</sub> 德符天皇<sub>하니</sub> 不能名<sub>이로다</sub> 喜好一曲瑞鳳鳴<sub>이로다</sub> 瑞鳳鳴兮<sub>여</sub> 律呂聲<sub>이로다</sub>　　　　　&lt;第四張&gt;

金火二頌<sub>이라</sub>

吾皇大道當天心<sub>하니</sub> 氣東北而固守<sub>하고</sub> 理西南而交通<sub>이라</sub> 庚金九而氣盈<sub>이요</sub> 丁火七而數虛<sub>로다</sub> 理金火之互位<sub>하야</sub> 經天地之化權<sub>이라</sub> 風雲動於數象<sub>이요</sub>

歌樂章於武文이라 喜黃河之一淸이여 好一夫之壯觀이라 風三山而一鶴이요 化三碧而一觀이라 觀於此而大壯하니 禮三千而義一이라

金火三頌이라

北窓淸風에 暢和淵明无絃琴하고 東山第一三八峯에 次第登臨하야 洞得吾孔夫子小魯意를 脫巾掛石壁하고 南望靑松架短壑하니 西塞山前白鷺飛를 懶搖白羽扇하고 俯瞰赤壁江하니 赤赤白白互互中에 中有學仙侶하야 吹簫弄明月을

金火四頌이라　　　　　　　　　　　　　＜第五張＞

四九二七金火門은 古人意思不到處라 我爲主人次第開하니 一六三八左右分列하야 古今天地一大壯觀이요 今古日月第一奇觀이라 歌頌七月章一篇하고 景慕周公聖德하니 於好夫子之不言이 是今日이로다

金火五頌이라

嗚呼라 金火互易은 不易正易이니 晦朔弦望進退屈

伸律呂度數造化功用이 立이라 聖人所不言이시니 豈

一夫敢言이리오마는 時요 命이시니라

嗚呼라 日月之德이여 天地之分이니 分을 積十五하면

刻이요 刻을 積八하면 時요 時를 積十二하면 日이요 日

을 積三十하면 月이요 月을 積十二하면 朞니라

朞는 生月하고 月은 生日하고 日은 生時하고 時는 生刻

하고 刻은 生分하고 分은 生空하니 空은 无位시니라

帝堯之朞는 三百有六旬有六日이니라

帝舜之朞는 三百六十五度四分度之一이니라  <第六張>

一夫之朞는 三百七十五度니 十五를 尊空하면 正吾

夫子之朞이 當朞三百六十日이니라

五度而月魂生申하니 初三日이요 月弦上亥하니 初八

日이요 月魄成午하니 十五日이 望이니 先天이니라

月分于戌하니 十六日이요 月弦下巳하니 二十三日이

요 月窟于辰하니 二十八日이요 月復于子하니 三十日

이 晦니 后天이니라

月合中宮之中位하니 一日이 朔이니라

六水九金은 會而潤而律이니라

二火三木은 分而影而呂니라

　　一歲周天律呂度數라

分은 一萬二千九百六十이니라

刻은 八百六十四니라

時는 一百八이니라

日은 一九니라

　　理會本原原是性이라 乾坤天地雷風中을 　<第七張>

　　歲甲申六月二十六日戊戌에 校正書頌하노라

水土之成道이 天地요 天地之合德이 日月이니라

太陽恒常은 性全理直이니라

太陰消長은 數盈氣虛니라

盈虛는 氣也니 先天이니라

消長은 理也니 后天이니라

后天之道는 屈伸이요 先天之政은 進退니라

進退之政은 月盈而月虛니라

屈伸之道는 月消而月長이니라

抑陰尊陽은 先天心法之學이니라

調陽律陰은 后天性理之道니라

天地이 匪日月이면 空殼이요 日月이 匪至人이면 虛影이니라

潮汐之理는 一六壬癸水位北하고 二七丙丁火宮南하야 火氣는 炎上하고 水性은 就下하야 互相衝激하며 互相進退而隨時候氣節은 日月之政이니라

嗚呼라 日月之政이여 至神至明하니 書不盡言이로다

<第八張>

嗚呼라 天何言哉시며 地何言哉시리오마는 一夫能言하

노라

一夫能言兮여 水潮南天하고 水汐北地로다

水汐北地兮여 早暮難辨이로다

水火旣濟兮여 火水未濟로다

大道從天兮여 天不言가

大德從地兮여 地從言이로다

天一壬水兮여 萬折必東이로다

地一子水兮여 萬折于歸로다

　　歲甲申 流火 六月七日에 大聖七元君은 書하노라

嗚呼라 天地无言이시면 一夫何言이리오 天地有言하시
니 一夫敢言하노라

天地이 言一夫言하시니 一夫이 言天地言하노라

大哉라 金火門이여 天地出入하고 一夫出入하니 三才
門이로다

日月星辰이 氣影하고 一夫氣影하니 五元門이로다

八風이 風하고 一夫風하니 十无門이로다　　　　<第九張>

　　日月은 大明乾坤宅이요 天地는 壯觀雷風宮을 誰

　　識先天復上月이 正明金火日生宮가

化无上帝言이시니라

復上에 起月하면 當天心이요 皇中에 起月하면 當皇心

이라 敢將多辭古人月하야 幾度復上當天心고

　　月起復上하면 天心月이요 月起皇中하면 皇心月이니

　　普化一天化翁心이 丁寧分付皇中月이로소이다

化无上帝重言이시니라

推衍에 无或違正倫하라 倒喪天理父母危시니라

　　不肖敢焉推理數리오마는 只願安泰父母心하노이다

　　歲甲申七月十七日己未에 不肖子金恒은 敢泣奉

　　書하노라

　　化翁親視監化事라

嗚呼라 金火正易하니 否往泰來로다

嗚呼라 己位親政하니 戊位尊空이로다

嗚呼라 丑宮이 得旺하니 子宮이 退位로다

嗚呼라 卯宮이 用事하니 寅宮이 謝位로다　　　<第十張>

嗚呼라 五運이 運하고 六氣가 氣하야 十一歸體하니 功
德无量이로다

无極體位度數라

己巳 戊辰 己亥 戊戌이니라

度는 逆하고 道는 順하니라

而數는 六十一이니라

皇極體位度數라

戊戌 己亥 戊辰 己巳니라

度는 順하고 道는 逆하니라

而數는 三十二니라

月極體位度數라

庚子 戊申 壬子 庚申 己巳니라

初初一度는 有而无니라

五日而候니라

而數는 三十이니라

日極體位度數라

丙午 甲寅 戊午 丙寅 壬寅 辛亥니라　　　&lt;第十一張&gt;

初初一度는 无而有니라

七日而復이니라

而數는 三十六이니라

化翁은 无位시고 原天火시니 生地十己土니라

己巳宮은 先天而后天이니라

地十己土는 生天九辛金하고

天九辛金은 生地六癸水하고

地六癸水는 生天三乙木하고

天三乙木은 生地二丁火하고

地二丁火는 生天五戊土니라

戊戌宮은 后天而先天이니라

天五戊土는 生地四庚金하고

地四庚金은 生天一壬水하고

天一壬水는 生地八甲木하고

地八甲木은 生天七丙火하고 <第十二張>

天七丙火는 生地十己土니라

地十己土는 生天九庚金하고

天九庚金은 生地六癸水하고

地六癸水는 生天三甲木하고

天三甲木은 生地二丙火하고

地二丙火는 生天五戊土니라

天五戊土는 生地四辛金하고

地四辛金은 生天一壬水하고

天一壬水는 生地八乙木하고

地八乙木은 生天七丁火하고

天七丁火는 生地十己土니라

地十己土는 成天一壬水하고

天一壬水는 成地二丁火하고

地二丁火는 成天九辛金하고

天九辛金은 成地八乙木하고

地八乙木은 成天五戊土니라　　　　　　　　　　　<第十三張>

天五戊土는 成地六癸水하고

地六癸水는 成天七丙火하고

天七丙火는 成地四庚金하고

地四庚金은 成天三甲木하고

天三甲木은 成地十己土니라

丙甲庚三宮은 先天之天地니라

丁乙辛三宮은 后天之地天이니라

先天은 三天兩地니라

后天은 三地兩天이니라

子寅午申은 先天之先后天이니라

丑卯未酉는 后天之先后天이니라

　上元丑會干支圖라

己丑宮은 庚寅 辛卯 壬辰 癸巳 甲午 乙未 丙申
丁酉 戊戌이니라

己亥宮은 庚子 辛丑 壬寅 癸卯 甲辰 乙巳 丙午
丁未 戊申이니라 　　　　　　　　　<第十四張>

己酉宮은 庚戌 辛亥 壬子 癸丑 甲寅 乙卯 丙辰
丁巳 戊午니라

己未宮은 庚申 辛酉 壬戌 癸亥 甲子 乙丑 丙寅
丁卯 戊辰이니라

己巳宮은 庚午 辛未 壬申 癸酉 甲戌 乙亥 丙子
丁丑 戊寅이니라

己卯宮은 庚辰 辛巳 壬午 癸未 甲申 乙酉 丙戌
丁亥 戊子니라

二十八宿運氣圖라

| 癸 | 甲 | 乙 | 丙 | 丁 | 戊 | 己 | 庚 | 辛 | 壬 | 癸 | 甲 | 乙 | 丙 | 丁 |
|---|---|---|---|---|---|---|---|---|---|---|---|---|---|---|
| 未 | 申 | 酉 | 戌 | 亥 | 子 | 丑 | 寅 | 卯 | 辰 | 巳 | 午 | 未 | 申 | 酉 |
| 軫 | 翼 | 張 | 星 | 柳 | 鬼 | 井 | 參 | 觜 | 畢 | 昴 | 胃 | 婁 | 奎 | 壁 |
| 癸 | 甲 | 乙 | 丙 | 丁 | 戊 | 己 | 庚 | 辛 | 壬 | 癸 | 甲 | 乙 | 丙 | 丁 |
| 丑 | 寅 | 卯 | 辰 | 巳 | 午 | 未 | 申 | 酉 | 戌 | 亥 | 子 | 丑 | 寅 | 卯 |

<第十五·六張>

| 戊 | 己 | 庚 | 辛 | 壬 | 癸 | 甲 | 乙 | 丙 | 丁 | 戊 | 己 | 庚 | 辛 | 壬 |
|---|---|---|---|---|---|---|---|---|---|---|---|---|---|---|
| 戌 | 亥 | 子 | 丑 | 寅 | 卯 | 辰 | 巳 | 午 | 未 | 申 | 酉 | 戌 | 亥 | 子 |
| 室 | 危 | 虛 | 女 | 牛 | 斗 | 箕 | 尾 | 心 | 房 | 氐 | | | 亢 | 角 |
| 戊 | 己 | 庚 | 辛 | 壬 | 癸 | 甲 | 乙 | 丙 | 丁 | 戊 | 己 | 庚 | 辛 | 壬 |
| 辰 | 巳 | 午 | 未 | 申 | 酉 | 戌 | 亥 | 子 | 丑 | 寅 | 卯 | 辰 | 巳 | 午 |

亢角二宿尊空詩라

何物이 能聽角고 神明氐不亢을 室張三十六은 莫莫
莫无量을

武功은 平胃散이요 文德은 養心湯을 正明金火理하니 律呂調陰陽을

九九吟이라

凡百滔滔儒雅士아 聽我一曲放浪吟하라 讀書學易 先天事라 窮理修身后人誰오 三絶韋編吾夫子는 不言无極有意存을 六十平生狂一夫는 自笑人笑恒多笑를 笑中有笑笑何笑요 能笑其笑笑而歌를

<第十七張>

三百六十當朞日을 大一元三百數는 九九中에 排列하고 无无位六十數는 一六宮에 分張하야 單五를 歸空하면 五十五點昭昭하고 十五를 歸空하면 四十五點斑斑하다 我摩道正理玄玄眞經이 只在此宮中이니 誠意正心하야 終始无怠하면 丁寧我化化翁이 必親施敎하시리니 是非是好吾好아

十五歌라

水火旣濟兮여 火水未濟로다

旣濟未濟兮여 天地三元이로다

未濟旣濟兮여 地天五元이로다

天地地天兮여 三元五元이로다

三元五元兮여 上元元元이로다

上元元元兮여 十五一言이로다

十五一言兮여 金火而易이로다 　　　　　　&lt;第十八張&gt;

金火而易兮여 萬曆而圖로다

萬曆而圖兮여 咸兮恒兮로다

咸兮恒兮兮여 十兮五兮로다

　　先后天正閏度數라

先天은 體方用圓하니 二十七朔而閏이니라

后天은 體圓用方하니 三百六旬而正이니라

原天은 无量이니라

　　先后天周回度數라

先天은 二百一十六萬里니라

后天은 三百二十四萬里니라

先后天合計數는 五百四十萬里니라

盤古五化元年壬寅으로 至大淸光緖十年甲申히 十
一萬八千六百四十三年이니라

　　余年三十六에 始從蓮潭李先生하니 先生이 賜號

　　二字曰觀碧이라하고 賜詩一絶曰　　　　&lt;第十九張&gt;

觀淡은 莫如水요 好德은 宜行仁을 影動天心月하니
勸君尋此眞하소

　　立道詩라

靜觀萬變一蒼空하니 六九之年始見工을 妙妙玄玄
玄妙理는 无无有有有无中을

　　无位詩라

道乃分三理自然이니 斯儒斯佛又斯仙을 誰識一夫
眞蹈此오 无人則守有人傳을

歲甲申月丙子日戊辰二十八에 書正하노라

正易詩라

天地之數는 數日月이니 日月이 不正이면 易匪易이라

易爲正易이라사 易爲易이니 原易이 何常用閏易가

布圖詩라

萬古文章日月明하니 一張圖畵雷風生이라 靜觀宇
宙无中碧하니 誰識天工待人成가 　　　　<第二十張>

# 金 火 正 易 圖

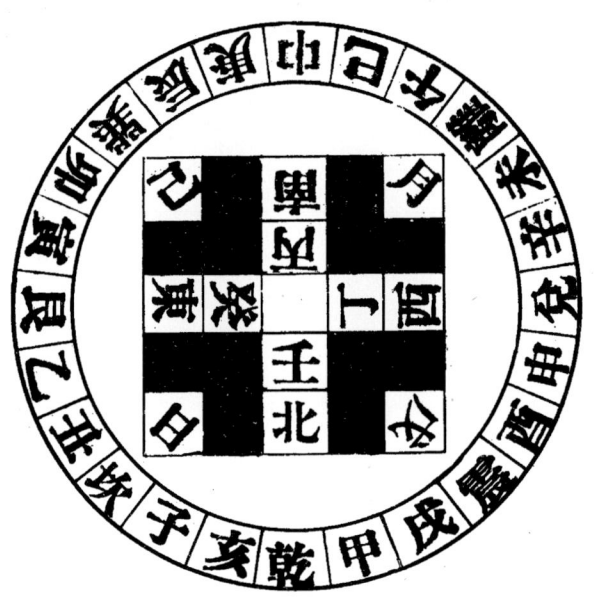

<第二十一張>

十 一 一 言이라

十土六水는 不易之地니라

一水五土는 不易之天이니라

天政은 開子하고 地政은 闢丑이니라

丑運은 五六이요 子運은 一八이니라

一八은 復上月影生數요 五六은 皇中月體成數니라

九七五三一은 奇니라

二四六八十은 偶니라

奇偶之數는 二五니 先五는 天道요 后五는 地德이니라

一三五次는 度天이요 第七九次는 數地니 三天兩地
니라

天地地天하니 后天先天이니라

先天之易은 交易之易이니라

后天之易은 變易之易이니라

易易九宮하고 易易八卦니라

卦之離乾은 數之三一이니 東北正位니라

卦之坎坤은 數之六八이니 北東維位니라　　　<第二十二張>

卦之兌艮은 數之二七이니 西南互位니라

卦之震巽은 數之十五니 五行之宗이요 六宗之長이니

中位正易이니라

干之庚辛은 數之九四니 南西交位니라

　　洛書九宮生成數라

天一生壬水하고 地一成子水니라

天三生甲木하고 地三成寅木이니라

天七生丙火하고 地七成午火니라

天五生戊土하고 地五成辰土하니 戌五는 空이니라

天九生庚金하고 地九成申金이니라

　　三五錯綜三元數라

甲己夜半生甲子丙寅頭니라

乙庚夜半生丙子戊寅頭니라

丙辛夜半生戊子庚寅頭이니라

丁壬夜半生庚子壬寅頭이니라

戊癸夜半生壬子甲寅頭이니라 <第二十三張>

   河圖八卦生成數라

地十生己土하고 天十成丑土니라

地四生辛金하고 天四成酉金이니라

地六生癸水하고 天六成亥水니라

地八生乙木하고 天八成未木하니 卯八은 空이니라

地二生丁火하고 天二成巳火니라

   九二錯綜五元數라

己甲夜半生癸亥 丁卯頭이니라

庚乙夜半生乙亥 己卯頭이니라

辛丙夜半生丁亥 辛卯頭이니라

壬丁夜半生己亥 癸卯頭이니라

癸戊夜半生辛亥 乙卯頭이니라

十一歸體詩라

火入金鄕金入火요 金入火鄕火入金을 火金金火原
天道라 誰遣龍華歲月今고

政令은 己庚壬甲丙이요 呂律은 戊丁乙癸辛을 地十
爲天天五地요 卯兮歸丑戌依申을　　　<第二十四張>

十은 十九之中이니라

九는 十七之中이니라

八은 十五之中이니라

七은 十三之中이니라

六은 十一之中이니라

五는 一九之中이니라

四는 一七之中이니라

三은 一五之中이니라

二는 一三之中이니라

一은 一一之中이니라

中은 十十一一之空이니라

堯舜之厥中之中이니라

孔子之時中之中이니라

一夫所謂包五含六十退一進之位니라

小子아 明聽吾一言하라 小子아　　　　　<第二十五張>

　雷風正位用政數라

己位는 四金一水八木七火之中이니 无極이니라

无極而太極이니 十一이니라

十一은 地德而天道니라

天道라 圓하니 庚壬甲丙이니라

地德이라 方하니 二四六八이니라

戊位는 二火三木六水九金之中이니 皇極이니라

皇極而无極이니 五十이니라

五十은 天度而地數니라

地數라 方하니 丁乙癸辛이니라

天度라 圓하니 九七五三이니라

　四正七宿用中數라

先天은 五九니 逆而用八하니 錯이라 閏中이니라

后天은 十五니 順而用六하니 合이라 正中이니라

五九는 太陰之政이니 一八七이니라

十五는 太陽之政이니 一七四니라　　　　　　　<第二十六張>

易은 三이니 乾坤이요 卦는 八이니 否泰損益咸恒旣濟

未濟니라

嗚呼라 旣順旣逆하야 克終克始하니 十易萬曆이로다

　十一吟이라

十一歸體兮여 五八尊空이로다

五八尊空兮여 九二錯綜이로다

九二錯綜兮여 火明金淸이로다

火明金淸兮여 天地淸明이로다

天地淸明兮여 日月光華로다

日月光華兮여 琉璃世界로다

世界世界兮여 上帝照臨이로다

上帝照臨兮여 于于而而로다

于于而而兮여 正正方方이로다

正正方方兮여 好好无量이로다

乙酉歲 癸未月 乙未日 二十八에 不肖子 金恒

은 謹奉書하노라                    <第二十七張>

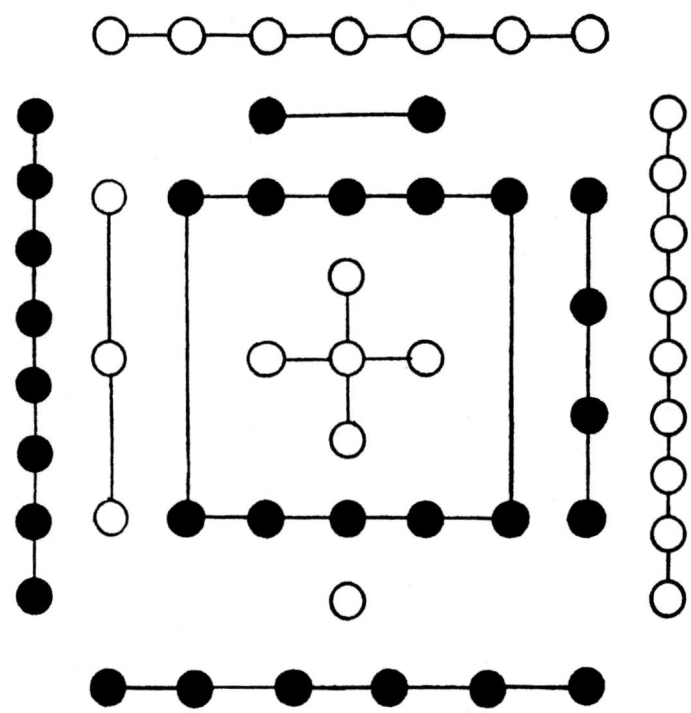

# 書　　　　　洛

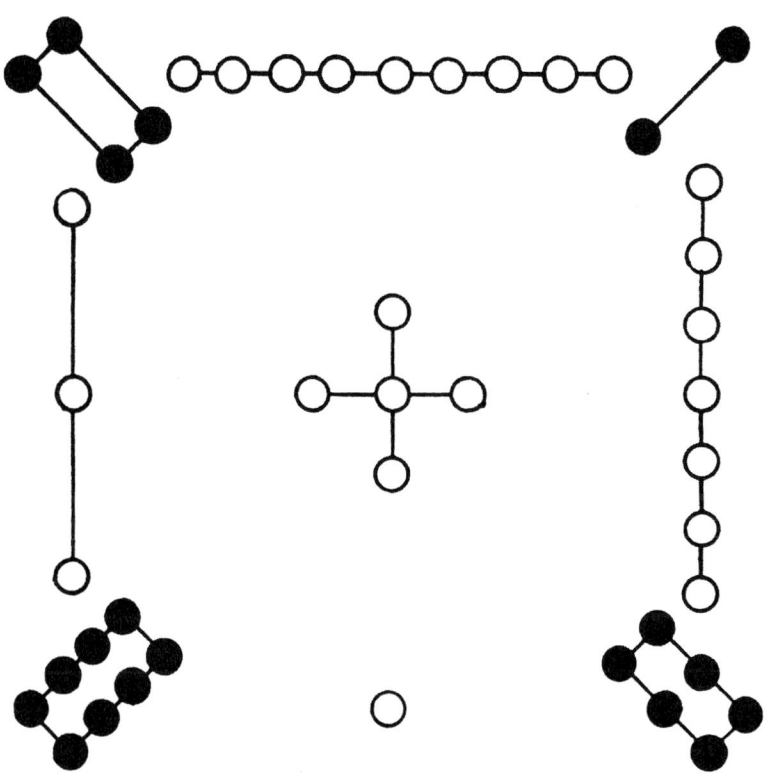

<第二十八張>

# 伏羲八卦圖

乾一

兌二

巽五

離三

坎六

震四

艮七

坤八

# 文 王 八 卦 圖

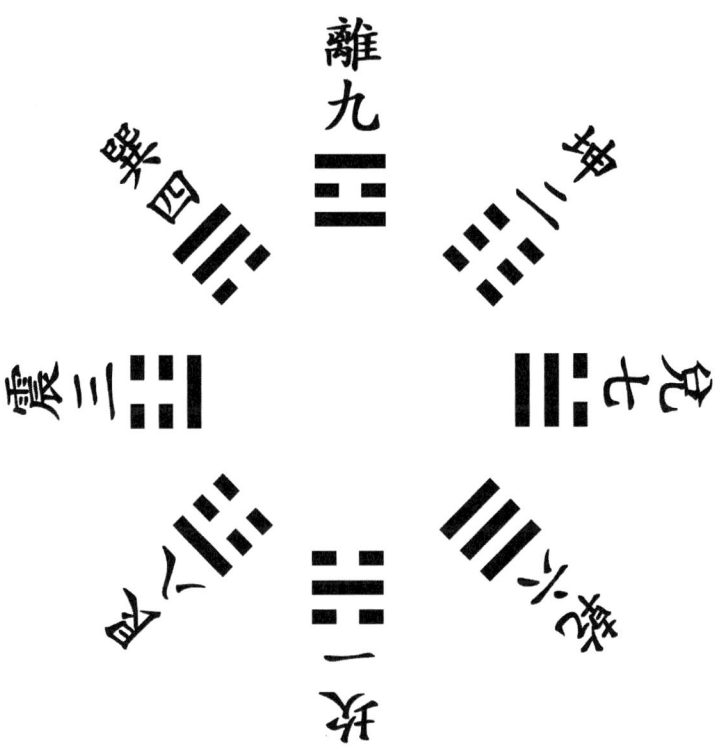

# 正易八卦圖

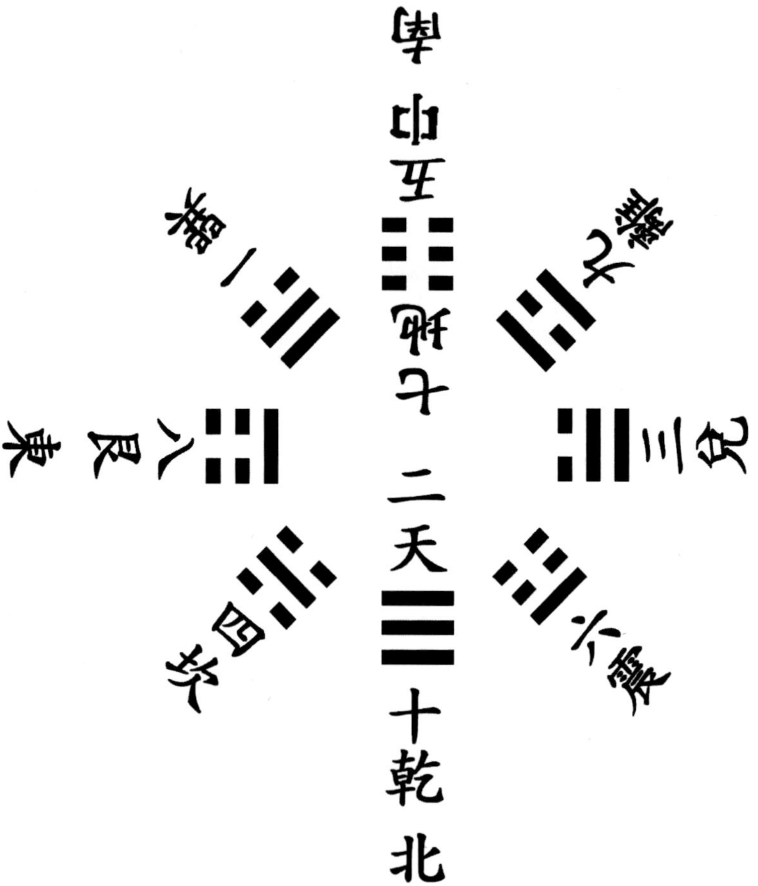

# 十干原度數

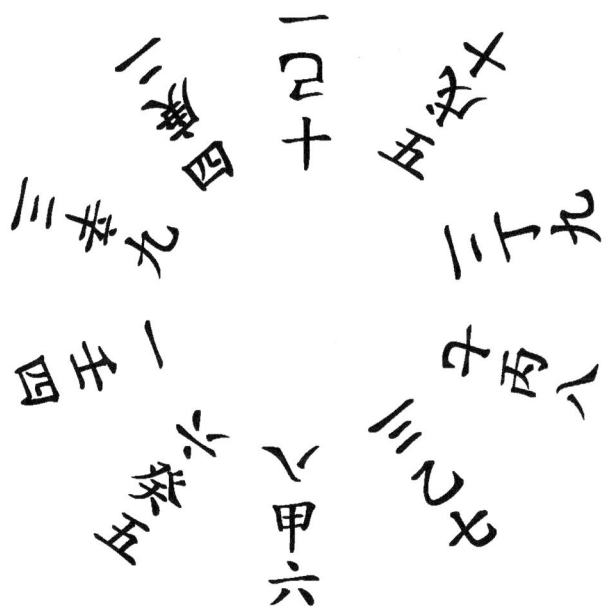

<第三十張>

十二月二十四節氣候度數라

卯月初三日乙酉酉正一刻十一分이 元和니라

　　十八日庚子子正一刻十一分이 中化니라

辰月初三日乙卯卯正一刻十一分이 大和니라

　　十八日庚午午正一刻十一分이 布化니라

巳月初三日乙酉酉正一刻十一分이 雷和니라

　　十八日庚子子正一刻十一分이 風化니라

午月初三日乙卯卯正一刻十一分이 立和니라

　　十八日庚午午正一刻十一分이 行化니라

未月初三日乙酉酉正一刻十一分이 建和니라

　　十八日庚子子正一刻十一分이 普化니라

申月初三日乙卯卯正一刻十一分이 清和니라

　　十八日庚午午正一刻十一分이 平化니라

酉月初三日乙酉酉正一刻十一分이 成和니라

　　十八日庚子子正一刻十一分이 入化니라

戌月初三日乙卯卯正一刻十一分이 咸和니라

<第三十一張>

十八日庚午午正一刻十一分이 亨化니라

亥月初三日乙酉酉正一刻十一分이 正和니라

十八日庚子子正一刻十一分이 明化니라

子月初三日乙卯卯正一刻十一分이 至和니라

十八日庚午午正一刻十一分이 貞化니라

丑月初三日乙酉酉正一刻十一分이 太和니라

十八日庚子子正一刻十一分이 體化니라

寅月初三日乙卯卯正一刻十一分이 仁和니라

十八日庚午午正一刻十一分이 性化니라

<第三十二張>

· 저자 ·

임병학        ·약 력·

林炳學        1989년 2월 경북 안동고등학교 졸업(38회)
            1994년 2월 충남대 사회대 정치외교학과 졸업
            1999년 2월 충남대 대학원 정치외교학과 졸업(정치사상 및 비교정치 전
                    공, 정치학석사)
            2002년 2월 충남대 대학원 철학과 졸업(동양철학 전공, 문학석사)
            2005년 2월 충남대 대학원 철학과 졸업(동양철학 전공, 철학박사)
            현재 충남대 인문과학연구소 객원연구원
                    충남대·청양대·한밭대·청주대 등 출강

            ·주요논저·
            연구논문
            「유길준과 안국선의 국가관념 비교」
            「易學의 人間 本來性에 關한 研究」
            「易學의 변화지도와 시간성 원리」
            「干支度數原理의 연원에 관한 고찰」
            「계사상편 제10장의 曆數原理的 고찰」
            「계사상편 제5장의 曆數原理」
            「계사하편 제1장과 卦象原理」
            「계사상편 제1장과 乾坤原理」 외 다수

            저서
            『周易과 한국철학』(공저, 문진출판사, 2005)
            이외에 研經院 編著인 『周·正易經合編』 출판에 참여함.

# 易學과 河圖洛書

| | |
|---|---|
| • 초판 인쇄 | 2008년 8월 18일 |
| • 초판 발행 | 2008년 8월 18일 |
| • 지 은 이 | 임병학 |
| • 펴 낸 이 | 채종준 |
| • 펴 낸 곳 | 한국학술정보㈜ |
| | 경기도 파주시 교하읍 문발리 513-5 |
| | 파주출판문화정보산업단지 |
| | 전화  031) 908-3181(대표) · 팩스  031) 908-3189 |
| | 홈페이지  http://www.kstudy.com |
| | e-mail(출판사업부)  publish@kstudy.com |
| • 등    록 | 제일산-115호(2000. 6. 19) |
| • 가    격 | 32,000원 |

ISBN   978-89-534-9908-9 93150 (Paper Book)
        978-89-534-9909-6 98150 (e-Book)